"十四五"普通高等教育本科部委级规划教材

# 进出口贸易理论与实务

顾闻彦　沈文捷　王　华◎主　编

王建国 ◎ 副主编

中国纺织出版社有限公司

# 内 容 提 要

本书分为理论篇和实务篇两部分,在系统介绍进出口贸易基本理论和政策的基础上,对进出口贸易实务操作进行了详细阐述。全书共 16 章,每章通过学习目标明确关键问题,通过案例导入引导学生注重理论联系实际,通过思考题为学生掌握分析问题和解决问题的方法奠定基础。同时,本书增添了纺织品进出口贸易相关实例,便于读者学习参考。

本书既可以作为应用型本科院校经济管理类和进出口贸易相关专业师生的教材,也可以作为相关从业人员的参考用书。

**图书在版编目(CIP)数据**

进出口贸易理论与实务 / 顾闻彦, 沈文捷, 王华主编; 王建国副主编. -- 北京: 中国纺织出版社有限公司, 2025.5. --("十四五"普通高等教育本科部委级规划教材). -- ISBN 978-7-5229-2860-9

Ⅰ. F740.4

中国国家版本馆 CIP 数据核字第 20255XR527 号

---

责任编辑: 由笑颖　　责任校对: 高 涵　　责任印制: 王艳丽

中国纺织出版社有限公司出版发行
地址: 北京市朝阳区百子湾东里 A407 号楼　　邮政编码: 100124
销售电话: 010—67004422　　传真: 010—87155801
http://www.c-textilep.com
中国纺织出版社天猫旗舰店
官方微博 http://weibo.com/2119887771
三河市宏盛印务有限公司印刷　　各地新华书店经销
2025 年 5 月第 1 版第 1 次印刷
开本: 787×1092　1/16　印张: 14.25
字数: 308 千字　定价: 58.00 元

# 前　言

近年来,全球贸易环境和我国进出口贸易形势都在发生深刻的变化。2020年,国际商会第723E号出版物,即《国际贸易术语解释通则2020》(*International Rules for the Interpretation of Trade Terms 2020*,INCOTERMS®2020),正式实施。2022年,《区域全面经济伙伴关系协定》(*Regional Comprehensive Economic Partnership*,RCEP)正式生效。其间,我国也颁布和修订了相应的法律法规。随着国际贸易环境的快速发展和变化,国际贸易规则的不断修订与完善,全球贸易规则从"效率优先"向"安全与效率平衡"的范式转型。其通过精细化风险分配、强化单据管理及嵌入新兴实践,为国际贸易提供了稳定性框架。因此学习和领会新通则的内容及其变化是十分重要的。编者结合自己的学习和理解,尽量在本书中体现新通则的精神。为了满足高等教育改革的要求,适应全球贸易的新形势,应对进出口贸易领域发生的新变化,培养我国进出口贸易需要的复合型人才,在总结多年教学和实践经验的基础上,完成本书的编写。

本书分为两部分,第一部分为理论篇,第二部分为实务篇,系统阐述了进出口贸易的基本理论和政策,并对进出口贸易实务进行讲解,还引入了纺织服装贸易相关实例。本书的编写内容,将国际贸易理论和国际贸易实务相结合,突出理论联系实际,更全面、系统和完整地反映国际贸易的发展和变迁,便于学生全面掌握进出口贸易的发展脉络。本书的编写模块,用案例导入作先导,便于学生提高学习兴趣和开阔视野。为了在书中尽可能突出实用性、适用性和可操作性,编者特邀江苏斯得福纺织有限公司有丰富实践经验的一线专家王华先生和王建国先生编写了相关内容。

本书是集体智慧与协作的成果。参编人员有:南通大学沈文捷(第一至第五章),江苏斯得福纺织有限公司王华(第六至第八章),南通大学顾闻彦(第九至第十五章),江苏斯得福纺织有限公司王建国(第十六章)。数字资源《联合国国际货物销售合同公约》和《区域全面经济伙伴关系协定》(节选)由南通大学金欣怡协助整理。第一至第五章PPT文件由沈文捷整理,第六至第十六章PPT文件由顾闻彦整理。本书在编写和出版过程中,得到了南通大学和中国纺织出版社有限公司的大力支持。在此,我们对南通大学的专家评委,对中国纺织出版社有限公司的有关工作人员,对给予支持帮助的所有人士,致以最诚挚的感谢。

由于编者水平有限,本书可能存在疏漏和错误之处,恳请各位读者、专家批评指正。

编者

2025年2月

# 目　录

## 第一部分　理论篇

# 第二部分　实务篇

第一部分

# 理论篇

# 第一章　导论

## 学习目标

1. 了解国际贸易产生的条件与发展。
2. 知悉国际贸易、对外贸易与国内贸易的异同。
3. 掌握对外贸易的基本分类。
4. 明确国际贸易常用的统计标准。

导论

## 案例导入

### 携手推动全球贸易大船破浪前行

近年来,全球经济稳定增长拉动市场需求,全球供应链、价值链协作持续,供需的有效结合为贸易增长提供支撑。全球化趋势不可逆转,跨国公司在全球范围内进行产业布局,数字经济的蓬勃发展进一步促进全球互联互通,这些都是推动全球贸易增长的重要力量。全球贸易增长的背后,究竟有着怎样的"喜"与"忧"?以中国为代表的发展中经济体在全球贸易格局中扮演着何种角色?

联合国贸易和发展会议发布的报告显示,中国为全球贸易增长做出了重要贡献。中国在全球贸易中既是重要的供给方,也是关键的需求方还是许多发展中国家重要的贸易伙伴。

中国在稳定全球产业链供应链、促进贸易自由化方面发挥着关键作用。一方面,中国是制造大国,产品不仅充分满足国内需求,还大量出口至全球各地,特别是对新兴市场国家的出口增长势头突出。在共建"一带一路"引领下,中国贸易方向不断向新兴市场拓展,深刻影响并积极推动全球贸易格局向多极化发展。另一方面,中国拥有超大规模市场,通过缩减外商投资准入负面清单、开展服务贸易等举措,持续扩大高水平对外开放,为全球贸易增长与开放型世界经济做出重要贡献。

全球经济形势复杂多变,任何一个经济体都无法靠单打独斗应对共同挑战,也无法在面对共同问题时独善其身。各方理应积极行动维护多边主义,捍卫以世贸组织为代表的国际贸易合作机制。中国一贯坚定维护全球多边贸易体制,支持对世贸组织进行必要改革,增强其权威性和有效性,并提出一揽子改革方案,得到"全球南方"国家的普遍支持。面对单边主义、保护主义等逆全球化杂音,中国坚定以合作谋发展,团结各方力量寻求对话与合作,在地区和全球层面加强产业链供应链协作。例如,中国落实好《区域全面经济伙伴关系协定》,高质量推进共建"一带一路",为推动全球贸易和投资增长做出重要贡献。

资料来源:《人民日报》海外版

# 第一节  研究对象与研究任务

**一、国际贸易学是经济学的重要分支**

国际贸易(International Trade)是世界各国商品、服务、资本、技术、信息等社会经济要素相互进行交换活动的总和。它是国际分工与生产、交流与合作不断发展的具体体现和必然结果,反映了世界各国在政治、经济、文化、社会、科技等各个方面的相互联系与依存关系。

国际贸易学是经济学科中不可缺少的组成部分,是国际经济学的重要内容。国际贸易学是在经济学理论的基础上,研究国际间商品和服务交换的运动规律、特点、规则和发展趋势,分析国家或地区之间的商品和服务交换过程中带有普遍性和本质性的问题,从而更好地为社会经济发展服务。对外贸易的发展是各国出现剩余产品和政治实体后的必然产物。因而,国际贸易是一门理论性、政策性、社会实践性很强的学科。

本书重点阐述进出口贸易的理论、政策和实务。贸易理论是指揭示国际贸易产生原因、分工结构以及贸易利益的理论。国际贸易理论的发展大致经历了古典、新古典、新贸易理论阶段。贸易政策是一国国民经济的重要组成部分,总体分析国际分工和世界市场,重点研究对外贸易与经济发展的关系,以及政府有关贸易的政策与措施等。贸易实务是以单个经营对外贸易的企业为研究对象的,主要研究有关商品交易手续、价格、行情分析、销售战略等。

对国际贸易的研究以科学发展观指导下的理论结合实际为基本原则。一方面,以资本主义生产方式下的国际贸易作为分析的立足点,着重考察国际贸易的一般性规律。从历史上看,资本主义生产方式的发展使对外贸易成为一种世界性的现象,成为各国经济运行的一个重要条件。这个过程同时也是一种客观的进步过程,不以人的意志为转移。因此,对国际分工、贸易政策的分析,都偏重于不同社会制度下的共性存在。本书将以对国际生产关系的分析为前提,着重探讨社会生产力发展和国际经济进步的共同规律,揭示那些适应生产国际化发展的规律及实现形式。另一方面,以马克思主义的国际经济理论为指导,注重分析和综合国际贸易的一般理论,结合我国对外贸易发展的实际,对国际贸易进行探讨。

**二、国际贸易与国内贸易的比较**

国际贸易是指世界各国(或地区)之间有形商品、服务、资本、技术、信息等社会经济要素相互交换的活动,是世界各国(或地区)对外贸易的总和,也是世界各国(或地区)在国际分工的基础上相互联系的主要形式。国际贸易的规模在一定程度上反映了经济国际化、全球化的发展与趋势。

国内贸易(Domestic Trade)是各个国家(或地区)建设强大国内市场的重要组成部分,是构建新发展格局的重要支撑,对推动经济高质量发展、更好满足人民美好生活需要具有重要意义。相对于国内贸易而言,国际贸易活动本身有很大的特殊性,两者之间存在以下重要差别。

**(一)发展基础不同**

国内贸易的基础是国内的生产分工。在正常条件下,市场机制能调节生产资源在各地区和各部门之间的配置。例如,资金、技术、劳动力等生产要素在国内可以自由流动,从而使资源得到有效利用。

国际贸易的基础是国际分工,生产要素在国家之间的转移或多或少会受到各种因素限制,最明显的例子就是国际劳务流动的严格限制。这会造成各国的生产成本和商品价格出现很大的差异,从而会影响国际分工的格局。例如,尽管美国诸多行业存在着大量的劳务需求,但其劳动力市场只对北美自由贸易协议(NAFTA)的内部成员开放,主要从墨西哥引进劳务,并在市场准入方面严格限制其他国家劳务的进入,政府基本上不批准中低级劳务的工作申请。日本目前只对拥有专门技术、技能和知识的外国人发放就业签证,限制其他外国人参与就业。

第二次世界大战之后,资本、技术、劳动力的国际流动具有明显的增长趋势。20世纪90年代以来,生产要素的全球流动性大大增强。流动方式主要有三种:第一种是对流,以人和物资的移动为特征,如邮件和包裹的输送及劳动力的流动等;第二种是传导,指各国或各区域间的各种交易,如财政交易、外商投资等;第三种是辐射,包括信息的流动和新思想、新技术的扩散。实际生活中三者是互相交叉、包容的。通过生产要素的自由流动,利用本国的比较优势与其他国家进行交换,可以使资源得到最有效配置。然而由于经济利益、社会稳定和其他方面的原因,各国生产要素市场相对分隔的局面难以彻底消除。

**(二)面临环境不同**

1. 经济政策

为了维持经济的稳定和发展,每个国家的政府都会制定符合本国经济发展要求的财政政策、货币政策、产业发展政策等经济政策。各国政府制定政策时一般都是从本国利益出发,外国的利益总是放在次要的位置上。如中国目前实行的是着力扩大国内需求,多渠道、多举措、稳增长的财政政策。

各国政府的政策会对国际贸易产生或大或小的影响。各国的对外贸易政策是国内经济政策的一种延伸。有关关税、配额的规定,既会限制本国的进口,也会影响他国的出口。商品输出到他国之后,还可能受到进口国歧视性的国内政策限制。国际贸易受到来自政府方面的干预,要比国内贸易多得多。

2. 法律环境

各个国家的各项法律法规,尤其是经济立法有很大的差别,使国际贸易在缔结协定和执行合同方面要比国内贸易复杂得多。市场经济是法制经济,没有适当的法律保护,贸易的风险就会骤然增加。在国内贸易中,双方适用于同样的法律,而国际贸易就缺乏这个前提条件。如国际贸易中当事人双方在签订合同时存在以哪国法律为准则的问题,合同执行中发生纠纷时也如此。中国法律属于中国特色的社会主义法系,同时借鉴吸收了大陆法系(又称罗马—德意志法系)的实体法律和英美法系的控辩思想,并保留了中华法系的优秀理念;美国法律属于英美法系,也叫海洋法系;法国、德国、日本等国实行的是大陆法系。

现代国际经济技术合作日益增多,多国合营的企业更涉及企业所在地的各方面法律问题,如法人待遇、土地使用、捐税等。由于各国的法律规定不尽相同,所以国际经济关系错综复杂。除此以外,国际贸易领域还有许多国际惯例,也要求外贸从业者熟悉掌握,以维护自己的利益。

### 3. 文化环境

各个国家和民族在历史发展的长河中都形成了自己独特的文化传统,这对国际贸易有着深刻的影响。在国际贸易的交往中,首先会遇到语言不同的问题。文化方面的差异更直接影响如何做广告、如何洽谈业务、如何销售商品等一系列实际问题。各种文化都包含着自身的特殊价值观念,如不深入观察和研究,轻则可能丧失市场,重则有导致国家关系紧张的危险。而国内贸易通常是在同一文化或相处很久、关系较密切的不同文化中进行的,不会遇到国际贸易中那么多的矛盾或冲突。

### (三)国际贸易比国内贸易复杂

与国内贸易活动相比,国际贸易交易涉及众多国家和地区,地域更为宽广,涉及的产品种类也更加丰富。各个国家、地区贸易政策的不同,以及每个国家的贸易发展水平存在区别,使开展国际贸易的难度也进一步增大,风险也更大。国际贸易面临的风险有信用风险、商业风险、汇率风险等。

### 1. 信用风险

信用风险,又称违约风险,是指借款人或交易对方因种种原因,不愿或无力履行合同条件而构成违约,致使投资者或交易对方遭受损失的可能性。信用风险存在不对称性、累积性、非系统性和内源性等四大特征。

在国内贸易中,交易双方的信用比较容易了解。而在国际贸易中,由于联系的不便,资信调查比较困难,信息不对称情况的存在甚至使得到的信息是虚假的。在通过国际互联网络从事贸易日益增多的情况下,国际贸易中的信用风险更是有增无减。

### 2. 商业风险

商业风险,是指在商业活动中由于各种不确定因素引起的,给商业主体带来获利或损失的机会或可能性的一切客观经济现象。国际贸易中的商业风险无处不在,比如市场价格的波动、物价的波动、消费者的价值观的变化等,都能导致市场经济条件下的商业风险。商业风险具有可预见性和可归责性的特征,风险的大小不改变是否属于商业风险的性质。

与国内贸易相比,国际贸易交货期较长、市场行情变化快,这往往使合同不能得到履行,从而会给交易的一方带来经济上的损失。

### 3. 汇率风险

汇率风险是指投资者在国际投资中可能面临的汇率变动所带来的风险。汇率波动可能会导致投资者的投资收益受到影响,甚至可能会导致投资者的投资损失。企业在日常经营中,从签订合同到收到/付出货款再到结售汇,往往需要经历数月甚至更长的时间周期,汇率的波动会对企业经营利润产生影响。汇率风险敞口来自日常生产经营的多个环节,如出口货款收汇、进口货款付汇、外币存款等资产、外币贷款/债券等债务、境外投资、报表折算等。

此外,国际贸易中还存在国际运输路途中货物灭失的运输风险及因政变、罢工等带来的政治风险等。

### 三、国际贸易与对外贸易的比较

#### (一)国际贸易和对外贸易的联系

首先,国际贸易和对外贸易的一致性表现在两者都是商品、服务和要素的交换活动,都指代"跨越国界的交易活动"。

其次,国际贸易和对外贸易都不仅指代进出口贸易本身,还包括国家关系、企业关系、不同国家和企业之间的关系、政策关系、法律关系等。

再次,虽然利益主体不同,各国国情不同,资源环境、商业习惯、社会习俗不同,国际贸易和对外贸易经营的目的都是取得利润或者经济效应。

最后,对外贸易是国际贸易的基础,国际贸易是世界各国对外贸易的综合表现和反映,是世界各国对外贸易的总和。

#### (二)国际贸易和对外贸易的区别

1. 国际贸易的内涵

国际贸易是站在世界的角度,以全球为视点,来审视各国之间的交换活动和交换关系的。具体表现为三个方面。

第一,研究世界各国商品、服务、资本、技术、信息等的交换关系,从中找出规律性的东西。对在国际贸易中存在的各种问题、纠纷和矛盾,进行沟通和协调,寻求积极的解决途径和办法。

第二,研究制定全球性的,符合世界各国共同利益,使各国都能够共同遵守、遵照执行的国际贸易法律法规和规则,建立国际贸易新秩序,促进世界贸易协调、稳定、公平、有序地向前发展。如世界贸易组织的多边贸易谈判、多边贸易协议和规则、国际公约、国际惯例等。

第三,在预测世界经济发展的新动向、新趋势的基础上,推动全球贸易和投资自由化的进程,最终实现经济全球化和区域经济一体化。

2. 对外贸易的内涵

对外贸易是指一个特定国家(或地区)同其他国家(或地区)之间所进行的商品和服务的交换活动。

在某些岛屿国家(或地区)以及对外贸易活动主要依靠海运的国家(或地区),如英国和澳大利亚等,也把对外贸易活动称为海外贸易(Oversea Trade)。此外,对外贸易又称国外贸易(External Trade)或者进出口贸易(Import and Export Trade)。

对外贸易是站在自己国家的立场上,以本国为视点和出发点,来研究本国与世界各国的交换活动和交换关系的。主要表现在四个方面。

第一,研究和处理好本国与世界各国、各区域经贸集团组织及各个国际组织的关系,积极开展双边、诸边和多边的经贸合作。

第二,根据国家和企业的具体需要,开展进出口贸易的实际操作。如发生问题,出现争端和纠纷,应积极寻求国际贸易组织及其规则的保护,采取公正、合理的应对措施和解决办法。

第三,在不违背国际贸易原则,与国际公约和国际惯例保持一致的基础上,制定符合本国国情的政策、法律法规和制度,规范企业行为,维护企业的合法权益,为企业提供有力的支持、服务和帮助,促进本国对外贸易的发展。

第四,制订全国各行业、各产业的整体规划,加强各行业、产业之间的联合,形成集群化产业,建立国内外统一的一体化流通渠道和网络体系,不断开拓国际市场。

我国在《中华人民共和国对外贸易法》中明确,中国实行统一的对外贸易制度,维护外贸秩序;鼓励发展对外贸易,保障对外贸易经营者的合法权益;平等互利;互惠对等。

### 四、本书研究的主要内容

本书研究的内容既包括国际贸易分工理论、国际贸易政策和措施、国际贸易协调机制,也包括进出口贸易运行和操作的国际惯例、贸易术语、交易程序和交易条件等。具体来说主要包括以下几个方面。

**(一)国际贸易的基本概念及一般规律**

国际贸易是国际分工发展的必然结果,是随着生产力的发展而出现并发展的。在其发展过程中,随着生产力的变革,交换活动的领域和范围不断扩大,形式和内容也更加多样化,当代的国际贸易已成为各国对外关系的重要基础和纽带。掌握国际分工和国际贸易发展过程中的基本概念和一般发展规律,了解世界市场发展过程,是深入学习、研究国际贸易理论和战略的前提。

**(二)国际贸易的基本理论与学说**

在社会经济发展过程中,理论与实践总是相互影响并相互作用。理论是对实践的总结,同时又服务于实践,使实践有新的发展。在国际贸易的形成和发展过程中,各个时期的经济学家们,都十分重视对国际贸易各种矛盾与规律的研究探讨,形成了国际贸易的理论体系。学习和研究这些理论,从而探讨我国对外贸易发展过程中的实际问题,是课程研究的重要内容。

**(三)国际贸易政策与措施**

国际贸易是由各国(或地区)的对外贸易构成的,它直接涉及各国的经济发展和财富的积累,反映各国在国际分工和世界经济中的地位和作用。因此,各国都制定了有利于本国经济和社会发展的对外贸易政策,并采取了许多相应的措施,如关税措施、非关税措施、鼓励出口的措施、出口限制措施等。这些政策、措施的理论依据及实施手段,以及不同经济发展阶段的贸易策略,也是国际贸易研究的主要领域之一。

**(四)国际贸易协调机制**

第二次世界大战以后,国际贸易政策和体制发生了很大变化,在经济全球化大趋势的推动下,从保护贸易逐步走向管理贸易,经济全球化与区域经济一体化进程同时加快。20世纪90年代以后,经济全球化趋势使生产要素在全球间更加自由地流动,各种传统的限制性的壁垒不断减少甚至逐步消除。特别是21世纪初世界贸易组织新一轮谈判的启动,各成员方都力图通过更多的国际协调和干预,使国际贸易更加规范有序。因此,掌握世界贸易组织的基本内容,研究多边贸易规则体系和基本原则,是本课程必不可少的重要内容。

**(五)国际贸易的运行与操作**

国际间商品交换的过程具体体现在进出口业务的各个环节。在贸易实践中,贸易适用的有关法律、惯例与交换过程中实际操作存在差异。研究国际贸易适用的法律和国际惯例,熟悉国际上行之有效的贸易习惯做法,掌握贸易合同中的交易条件和权利义务,了解国际贸易资金融通的方法和途径,对于全面、系统地学习国际贸易课程有着重要的实践意义。

# 第二节 国际贸易的基本分类

## 一、按商品流动方向分类

### (一)出口贸易

出口贸易(Export Trade)又称输出贸易,指一国将自己生产或加工的商品输往国外市场销售。从国外输入的商品,既未在本国消费,又未经加工而再出口,称作复出口或再输出(Re-export Trade)。

### (二)进口贸易

进口贸易(Import Trade)又称输入贸易,指一国从国外市场购进的外国商品在本国国内市场销售。输往国外的商品未经加工又输入本国,叫作复进口或再输入(Re-import Trade)。

各国(或地区)在进行对外贸易统计时,并不是把所有运入境内的货物都列为进口,也不是把所有运往境外的货物都列为出口。列入进口与出口范围的货物必须是因为买卖而运出运进的货物,否则不属于进出口之列。如境外馈赠而运进的货物、本国在境外举行展览而运出的货物等,就不能算作进出口货物。

### (三)过境贸易

过境贸易(Transit Trade),又称通过贸易,指某种商品从 A 国经由 B 国向 C 国输送销售,对 B 国来说,就是过境贸易。这种贸易对 B 国来说,既不是进口,也不是出口,仅仅是商品过境而已。

### (四)净出口与净进口

一国(或地区)在同类产品上通常是既有出口又有进口。在一定时期(通常为一年)内,某种商品的出口量与进口量加以比较,如出口量大于进口量,称为净出口(Net Export);反之,如出口量小于进口量,则称为净进口(Net Import)。净出口与净进口是以数量来反映一国(或地区)某类商品在国际贸易中所处的地位。

## 二、按商品形态分类

### (一)货物贸易

货物贸易(Commodity Trade)是指物质商品的进出口。由于物质商品是有形的,可以看得见、摸得着的,因此货物贸易通常又称作有形贸易(Visible Trade)。

为用于国际贸易商品的统计和对比,联合国曾于1950年编制《国际贸易标准分类》(SITC),1951年由联合国经济和社会理事会推荐给各成员国使用,并于1960年和1974年先后两次修订。SITC采用经济分类标准,即按原料、半制品、制成品分类并反映商品的产业部门来源和加工程度。在标准分类中,目录编号采用五位数:第一位数表示类,第二位数表示章,第三位数表示组,第四位数表示分组,第五位数表示项目。根据这个标准,国际贸易中的商品分为10类、63章、233组、786个分组和1924个基本项目。这10大类商品见表1-1。

表1-1　国际贸易商品标准分类

| 目录编号 | 商品 | 类别 |
|---|---|---|
| 0类 | 食品及主要供食用的活动物 | 初级产品 |
| 1类 | 饮料及烟类 | |
| 2类 | 燃料以外的非食用粗原料 | |
| 3类 | 矿物燃料、润滑油和有关原料 | |
| 4类 | 动植物油及油脂 | |
| 5类 | 未列名化学品及有关产品 | 工业制成品 |
| 6类 | 主要按原材料分类的制成品 | |
| 7类 | 机械及运输设备 | |
| 8类 | 杂项制品 | |
| 9类 | 没有分类的其他商品 | |

SITC在我国较少使用。我国海关总署为了更好地与世界其他国家的进出口进行横向比较,通常在进行进出口货物贸易统计时,使用SITC分类进行统计。往年数据可以在海关总署和国家统计局查询和下载。

为适应国际惯例,促进对外贸易的发展,我国从1992年1月1日开始对有形商品的分类正式采用《商品名称及编码协调制度》(以下简称《协调制度》),并根据我国实际进出口情况,编制了新的商品目录。《协调制度》是目前国际上通用的国际贸易商品分类制度,它是在《海关合作理事会分类目录》和联合国《国际贸易标准分类》的基础上,参照国际上其他商品分类体系制定的。

**(二)服务贸易**

服务贸易(Service Trade)是指服务商品的跨国交易,是服务贸易的提供者以提供劳动的形式满足他人需要并获取报酬的交换活动。由于服务商品基本上都是无形的,是看不见、摸不着的,因此服务贸易通常又被称作无形贸易。按照世界贸易组织《服务贸易总协定》的定义,国际服务贸易可以分为四种模式。

模式一:跨境提供,自一成员领土向任何其他成员领土提供服务。例如外国工程师在境外向中国国内提供建筑设计图及远程咨询等。

模式二:境外消费,在一成员领土内向任何其他成员的服务消费者提供服务。例如中国人到欧洲旅游,越南人到中国留学等。

模式三:商业存在,由一成员的服务提供者通过任何其他成员领土内的商业存在提供服务,商业存在的形式包括独资公司、合资公司、分公司、办事处等。如外国商业银行在中国设合资银行。

模式四:自然人移动,由一成员的服务提供者通过在任何其他成员领土内的自然人存在来提供服务。例如美国会计师来华工作、韩国的演唱团体去澳大利亚开演唱会、中国的护士到国外提供医疗护理服务等。

国际服务贸易通常又分为要素服务贸易和非要素服务贸易。要素服务贸易是一国向他国提供劳动、资本、技术及土地等生产要素服务,从国外获取报酬的活动。它包括对外直接投资和间接投资的收益、侨民汇款及技术贸易的收入等。非要素服务贸易是狭义的服务贸易,它指通过提供严格符合"服务"定义的服务而获取外汇收入的交易,如国际运输、旅游、教育、卫星发射、咨询、会计等。在实际活动中,按照《服务贸易总协定》的分类,国际服务贸易分为商业、通信、建筑及工程、销售、教育、环境、金融、健康与社会、旅游、文化与体育、运输业及其他等 12 类 155 个项目。

### 三、按商品交换关系分类

#### (一) 直接贸易

直接贸易(Direct Trade),是指商品生产国与商品消费国直接买卖商品的行为,没有第三国参与。生产国直接出口,消费国直接进口。

#### (二) 间接贸易

间接贸易(Indirect Trade),是指商品生产国与商品消费国之间没有直接发生贸易关系,而是通过第三国买卖商品的行为。商品通过第三国销售到消费国,对生产国来说是间接出口,对消费国来说是间接进口。

转口贸易(Entrepot Trade),是间接贸易的主要表现形式。商品生产国与商品消费国通过第三国进行贸易,对第三国来说就是转口贸易。即使商品直接从生产国运到消费国去,只要两国之间并未直接发生交易关系,而是由第三国转口商分别同生产国与消费国发生的交易关系,仍属于转口贸易。从事这种贸易的大多是地理位置优越、运输便利、贸易限制较少的国家(或地区),如伦敦、荷兰鹿特丹和新加坡等地。

### 四、按统计标准分类

#### (一) 总贸易体系

总贸易体系(General Trade System)是指以国境为标准划分和统计的进出口贸易。凡进入国境的外购商品一律列为进口;凡离开国境的外销商品一律列为出口。前者为总进口,后者为总出口。总进口额与总出口额相加就是一国的总贸易额。

总贸易体系统计标准在日本、美国、英国、加拿大等国被采用,我国也采用这种统计方法。

### (二)专门贸易体系

专门贸易体系(Special Trade System)是指以关境为标准划分和统计的进出口贸易。关境是一个国家海关法则全部生效的领域。

一般来说,国家的关境与国境是一致的,多数国家的海关都设置在国境上。但实际上也有一些国家的关境与国境并不完全一致,因为建有自由贸易区或保税区。以关境为标准统计对外贸易的国家规定,当外国商品进入国境后,如果暂时存放在保税区,不进入关境,则这些商品一律不列为进口。只有从外国进入关境的商品,以及从保税区提出后进入关境的商品,才列为进口,称作专门进口。与此相反,从国内运出关境的商品,即使没有运出国境,也被列为专门出口。专门进口额与专门出口额相加即为专门贸易额。这种对外贸易统计标准被意大利、法国、德国、瑞士等国采用。

### (三)总贸易体系与专门贸易体系的关系

总贸易体系与专门贸易体系的统计数额是不相同的。第一,关境和国境往往不一致,如经济特区广泛存在。第二,对某些特殊形式的贸易两者的处理方式不同,例如,过境贸易计入总贸易额但不会列入专门贸易额。我国采用的是总贸易体系。

总贸易体系和专门贸易体系反映的问题各不相同,前者包括所有进出入该国的商品,反映一国在国际商品流通中所处的地位;后者只包括那些进口是用于该国生产和消费,出口是由该国生产和制造的商品,反映一国作为生产者和消费者在国际贸易中所起的作用。

## 五、按清偿工具分类

### (一)自由结汇贸易

自由结汇贸易(Free-liquidation Trade)又称现汇贸易,是指以货币作为清偿工具的国际贸易。在当今的国际贸易中,一般作为清偿工具的货币主要有美元、欧元、日元、英镑等。这种贸易方式通常不用现金支付,价款结算办法主要有两种:一种为有证支付,即卖方在货物发运前,要以收到买方通过银行开出的符合合同规定要求的信用证或保函为前提,银行起中间保证作用;另一种为无证支付,即无须金融机构从中作保,完全凭双方的信用,价款结算虽然也通过银行,但银行只受委托,代表有关交易方面办理货款支付。在支付时间上,分别有预付、即付和延付。世界上大多数国家都采用现汇贸易方式。

### (二)易货贸易

易货贸易(Barter Trade)是指以货物经过计价作为清偿工具的国际贸易,又称换货贸易。采用这种贸易方式,大多由于某些国家外汇不足,无法以自由结汇方式或者外汇支付方式与他国进行交易。它的特点是:把进口与出口直接联系起来,贸易双方有进有出,一方既是卖方,又是买方,进出平衡,不以外汇支付。这就要求互换的货物要品种相当,换货的总金额相等。尽管这种古老的贸易方式在现代贸易中有许多缺陷,但由于近些年一些国家外汇短缺、国际性债务危机和某些发达国家的外贸逆差,使易货贸易仍得以沿用。

埃及的易货贸易相当发达。埃及虽拥有140多亿美元的外汇储备,但在中东局势长期不稳的情况下,出于长期战略和国家经济安全的考虑和应对可能出现的危机,一般不轻易使用这部分外汇。埃及政府提倡易货贸易出于两方面的考虑：一是在外汇短缺的情况下，为满足人民生活和发展生产的需要而进口，即需求拉动型；二是在进口需求存在的前提下，为扩大出口而提出的一种交换市场的条件，即市场互换型。因此，即使未来埃及外汇收入增加，政府为扩大出口仍会采用易货贸易方式开展贸易。

### 六、按运输方式分类

运输方式是运输业中由于使用不同的运输工具、设备线路，通过不同的组织管理形成的运输形式。

#### (一)海运贸易

海运贸易是指通过海上各种船舶运送货物的贸易行为，它是国际贸易最主要的运输方式。随着国际航运业的发展，现代化的造船技术更加先进，船舶日趋大型化。当前，国际贸易中的货物有三分之二以上是通过海运进行的。

#### (二)陆运贸易

陆运贸易是指通过陆上各种交通工具(火车与汽车等)运输商品的行为，它经常发生在各大陆板块内部陆地相连的国家之间。

#### (三)空运贸易

空运贸易是指通过航空器具运送货物的行为，它适合鲜活食品、贵重物品和急需商品的运送。

#### (四)管道运输

管道运输是用管道作为运输工具的一种长距离输送液体和气体物资的运输方式，是一种专门由生产地向市场输送石油、煤和化学产品的运输方式，是统一运输网中干线运输的特殊组成部分。

#### (五)多式联运

多式联运以集装箱运输为基础，是指海、陆、空各种运输方式结合运送货物的行为。国际物流革命促进了这种方式的贸易。

## 第三节 国际贸易常用的统计标准

### 一、对外贸易额与对外贸易量

#### (一)对外贸易额

对外贸易额(Value of Foreign Trade)是以货币金额表示的一国对外贸易规模的指标，又称对外贸易值。一定时期内一国从国外进口货物的全部价值，称为进口贸易总额或进口总额；一定时期内一国向国外出口货物的全部价值，称为出口贸易总额或出口总额。两者相加为对外贸易额，也称进出口贸易总额或进出口总额，它是反映一国对外贸易规模的重要指标之一。由于美元长期以来是国际主要货币，为了便于国际比较，许多国家通行以美元计量的方法。联合国编制和发表的世界各国对外贸易额的资料,也是以美元表示。

从世界范围看,一国的出口就是另一国的进口。如果把世界各国的进出口额相加作为国际贸易值,不仅会出现重复计算,而且没有任何独立的经济意义。因此,对于国际贸易而言,一般是把各国的出口贸易额相加来表示国际贸易规模的大小。所以,国际贸易额一般是指世界出口贸易总额。

把世界上所有国家的进口总额或出口总额按同一种货币单位换算后加在一起,即世界进口总额或世界出口总额。由于各国一般都按离岸价格(FOB,即启运港船上交货价,不包括保险费和运费)计算货物贸易出口额,按到岸价格(CIF,即成本、保险费加运费)计算货物贸易进口额,因此,世界出口总额往往小于世界进口总额。

**(二)对外贸易量**

对外贸易量(Quantum of Foreign Trade)是以不变价格计算的反映贸易规模的指标。由于国际市场上的物价经常变动,各国货币的币值也经常波动,因此,用价值表示的对外贸易值或国际贸易值并不能确切地反映一国对外贸易或国际贸易的实际规模。如果用贸易量,即进出口商品的数量、重量等表示,则可避免这种缺陷。就某一种商品来说,用数量单位表示十分容易,但就一个国家的全部进出口商品来说,却无法直接用数量单位表示。因商品不同,计量单位也不同,无法相加。为了准确反映对外贸易的实际规模,各国通常都采用以固定年份为基期计算的进口或出口价格指数减去统计年份的进口额或出口额的方法,得到相当于按不变价格计算的进口额或出口额。由此得出的贸易值由于消除了价格变动的影响,单纯反映量的变化,所以称为对外贸易量。对外贸易量指标不仅可以比较确切地反映出对外贸易的规模,便于把不同时期的对外贸易额进行比较,还可以计算各个时期定期或环比的物量指数。

## 二、对外贸易差额

**(一)对外贸易差额**

对外贸易差额是指一个国家(或地区)在一定时期内(通常为一年)出口贸易总额与进口贸易总额相比的差额。

**(二)贸易顺差与贸易逆差**

当出口总额大于进口总额时,称为贸易顺差或贸易盈余,也称出超;当出口总额小于进口总额时,称为贸易逆差或贸易赤字,也称入超。通常贸易顺差以正数表示,贸易逆差以负数表示。当出口总额与进口总额相等时,则称为贸易平衡。

一个国家(或地区)在一定时期内的贸易表现为顺差还是逆差,主要取决于其进出口的商品种类、数量、价格水平以及当时的国际经济形势。贸易差额是衡量一个国家对外贸易状况的重要指标,也是表示一个国家经济状况和国际收支状况的重要指标。

## 三、贸易条件

**(一)贸易条件的概念**

贸易条件(Terms of Trade)是指一国在一定时期内的出口商品价格与进口商品价格之间

的比率。因此,贸易条件又被称为"进出口交换比价"或简称"交换比价"。

**(二)贸易条件指数的种类及其意义**

由于一个国家的进出口商品种类繁多,难以直接用进出口商品的价格进行比较,因此通常用一国在一定时期(如一年)内的出口商品价格指数同进口商品价格指数对比进行计算。

1. 商品贸易条件指数

商品贸易条件指数是一定时期内一国出口商品价格指数与进口商品价格指数之比。它表示一国每出口一单位商品可以获得多少单位的进口商品。

以 $P_x$ 代表出口商品价格指数,$P_m$ 代表进口商品价格指数,则商品贸易条件指数 $T$ 为:

$$T = \frac{P_x}{P_m} \times 100$$

如果商品贸易条件指数大于100,表明同等数量的出口商品换回了比基期更多的进口商品,贸易条件得到改善;如果商品贸易条件指数小于100,则表明贸易条件恶化。可见,贸易条件的实质是国际贸易利益的分割问题。

假定2000年为基准年,某国进口价格指数、出口价格指数均为100,商品贸易条件指数也是100。2020年年底该国的出口价格指数下降10%,为90;进口价格指数上升10%,为110,那么该国商品贸易条件指数则为:

$$T = \frac{90}{110} \times 100 = 81.81$$

上述数据意味着2020年与2000年相比,该国的贸易条件恶化。

商品贸易条件指数的有效性通常只局限于不发生进出口商品结构变动的一定时期之内,它是用来表示在过去一个时期内单位商品的贸易利益是增加了还是减少了,即表示贸易利益的变动,并不能表示一国获得的贸易利益总量。而现实经济生活中,一国的进出口商品结构有时会发生较大的变动,如以前进口的商品现在转变为出口,就可能对商品贸易条件产生很大影响。所以说,这种指数的有效性只限于不发生结构变动的一定时期内。还需注意的是,商品贸易条件指数的变动只反映贸易条件是改善还是恶化,它并不能表示贸易条件是否合理。贸易条件合理不合理,需联系国际价值和国际交换的基础来综合考察。

商品贸易条件指数的下降并不必然意味着一国贸易利益的减少,这还要结合其他因素(如出口国和进口国双方的要素生产率状况等)进行具体分析,才能作出合理的判断。

2. 收入贸易条件指数

收入贸易条件指数是一定时期内出口量指数与商品贸易条件指数的乘积,它表示一国出口支付进口的能力。其计算公式为:

$$I = \frac{P_x}{P_m} \times Q_x$$

式中:$I$ 为收入贸易条件指数;$Q_x$ 为出口量指数。

回到上述例子,如果商品贸易条件指数变化相同,而该国的出口量指数从2000年的100上升到2020年的130,则该国的收入贸易条件指数为:

$$I = \frac{90}{110} \times 130 = 106.36$$

这说明,尽管该国商品贸易条件恶化,但由于出口能力的提高和出口收入的增加,该国收入贸易条件是改善的。

在现实的经济生活中,发展中国家要扩大出口,需要降低出口商品价格以扩大市场,但这显然会使商品贸易条件恶化;要维持比较有利的贸易条件,出口量又不容易增加。这个矛盾在发展中国家的经济发展较快时期尤其尖锐。解决这个矛盾的根本途径在于改善出口商品结构,提高劳动生产率。如果短期内难以做到,那么就要保证因出口数量扩大而增加的收入超过因商品贸易条件恶化而减少的收入。但长此以往,会导致国民收入的净流出,损害本国经济的长期发展。

3. 单项要素贸易条件指数

将一国贸易条件与该国出口商品生产部门的要素生产率结合起来考察,可以得到单项要素贸易条件状况。

单项要素贸易条件指数是一定时期内一国出口商品生产部门要素生产率指数与同期商品贸易条件指数的乘积。

单项要素贸易条件指数的计算公式为:

$$S = \frac{P_x}{P_m} \times Z_x$$

式中:$S$ 为单项要素贸易条件指数;$Z_x$ 为一国出口商品要素生产率指数。

再次回到上述例子,假定该国商品贸易条件指数变化情况与前例相同,而该国出口部门的要素生产率指数从 2000 年的 100 上升到 2020 年的 140,则该国单项要素贸易条件指数为:

$$S = \frac{90}{110} \times 140 = 114.55$$

上述数据说明,尽管该国的商品贸易条件恶化了,但由于这期间出口商品要素生产率指数提高的幅度大于商品贸易条件指数下降的幅度,因此要素贸易条件还是改善了。

4. 双项要素贸易条件指数

将一国贸易条件同时与该国进出口商品生产部门要素生产率结合起来考察,可以得到双项要素贸易条件状况。

双项要素贸易条件下不仅考虑出口商品要素生产率的变化,还考虑进口商品要素生产率的变化。其计算公式为:

$$D = \frac{P_x}{P_m} \times \frac{Z_x}{Z_m} \times 100$$

式中:$D$ 为双项要素贸易条件指数;$Z_m$ 为进口商品要素生产率指数。

假定该国商品贸易条件指数和出口商品要素生产率指数依旧不变,进口商品要素生产率指数从 2000 年的 100 上升到 2020 年的 110,则该国的双项要素贸易条件指数为:

$$D = \frac{90}{110} \times \frac{140}{110} \times 100 = 104.13$$

这说明,尽管该国的商品贸易条件恶化了,但由于这期间该国出口商品要素生产率指数提高的幅度大于进口商品要素生产率指数提高的幅度,就可能抵消商品贸易条件恶化,获得双项要素贸易条件的改善。也就是说,进出口国贸易竞争,实质上体现的是劳动生产率的竞争。劳动生产率水平的高低是决定一国商品国际竞争力的关键,也是影响一国分享贸易利益多少的主要因素。实际上,当生产某种商品的世界平均劳动时间不变时,一国的劳动生产率相对他国提高更快,就意味着贸易条件得到了改善。

上面探讨了贸易条件的含义,分析了衡量贸易条件状况的几种贸易条件指数的经济意义。无论何种贸易条件,总是要把出口价格指数与进口价格指数加以比较,而不是注意商品国际价格的变动。这是因为,国际贸易是以国家为基本经济单位的,各个国家通常既是出口者又是进口者,进口和出口的商品往往不同(即使是相同产品也是有差别的产品)。即使知道了商品国际价格及其变动,也必须考察各个国家实际的进出口商品数量及其结构,以确定一国贸易利益的变动情况,这就要研究贸易条件。贸易条件问题不是一般的商品国际价格问题,而是各国间贸易利益的分割问题。

贸易条件的好坏还关系到一国国际收支的平衡和经济的长期发展,因而是国际经济学界关注的重要问题。贸易条件指数除可以从一国的角度来研究外,还可以从一定的地区或整个世界范围内来进行考察。例如,可以计算出一定时期内世界上初级产品出口的贸易条件,即世界市场上初级产品与工业制造品的比价关系等。在当代国际贸易中,发展中国家初级产品的贸易条件一直趋于恶化。一方面,工业制成品的生产率相对于初级产品提高更快;另一方面,初级产品的需求相对下降,这是由各种替代品的出现、对原材料的消耗降低及需求的结构转变等原因造成的。

## 四、对外贸易依存度

### (一)概念

对外贸易依存度(Degree of Dependence on Foreign Trade),简称外贸依存度,又称外贸系数。它是指一国对外贸易额在其国内生产总值(或国民生产总值)中所占的比重,往往用来表示一国国民经济对进出口贸易的依赖程度。

### (二)类型与计算方法

1. 贸易总依存度

指一国贸易总额在国内生产总值(或国民生产总值)中所占的比重。

2. 出口依存度

指一国出口额在其国内生产总值(或国民生产总值)中所占的比重。

3. 进口依存度

指一国进口额在其国内生产总值(或国民生产总值)中所占的比重。

许多欧美学者将出口依存度定义为外贸依存度,不仅如此,用出口额占国内生产总值的比重来计算外贸依存度的方法,在很大程度上已经成为国际惯例。

### (三)意义

对外贸易依存度主要用于反映一国对外贸易在国民经济中的地位,同其他国家经贸联系的密切程度及该国参与国际分工、世界市场的广度和深度。一般而言,就横向比较,一国外贸依存度越高,则对外贸易在国民经济中的作用越大,与外部市场的经贸联系越紧密,经济开放度也越高;从纵向比较,如一国外贸依存度提高,不仅表明其外贸增长率高于国内生产总值(或国民生产总值)增长,还意味着其对外贸易对经济增长的作用加大,经济开放度提高。

但同时应该指出的是,过高的经济外向度同时意味着该国(或地区)卷入国际经济危机的可能性也大大增加,外界的经济波动也会对该国(或地区)造成经济冲击。

## 五、对外贸易结构

### (一)广义的对外贸易结构

指一定时期内贸易中货物贸易和服务贸易的构成情况,一般称为贸易结构。

### (二)狭义的对外贸易结构

指一定时期内货物贸易中各种商品的构成情况。一般称为商品贸易结构。

1. 对外贸易结构

是指一国在一定时期内货物贸易和服务贸易在其贸易额中所占的比重。

2. 国际贸易结构

是指一定时期内货物贸易额和服务贸易额在国际贸易总额中所占的比重。

3. 对外贸易商品结构

是指一定时期内一国进出口贸易中各种商品的构成,即某大类或某种商品进出口贸易与整个进出口贸易额之比,以份额表示。

4. 国际贸易商品结构

是指一定时期内各大类商品或某种商品在整个国际贸易中的构成,即各大类商品或某种商品贸易额与整个世界出口贸易额相比,以比重表示。

**思考题**

1. 国际贸易与对外贸易的区别是什么?

2. 相比国内贸易,国际贸易的复杂性体现在哪些地方?

3. 国际贸易条件有哪些表示方法?

4. 影响一国对外贸易依存度的因素有哪些?

# 第二章　国际分工

**学习目标**

1. 了解国际分工的产生与发展过程。
2. 知悉制约国际分工发展的各种因素。
3. 掌握当代国际分工的发展趋势。
4. 明确国际分工与国际贸易的相互关系。

国际分工

**案例导入**

## 中国在国际分工中的地位

在当今全球化时代,国际分工已经成为全球经济发展的主要模式之一。中国作为世界第二大经济体,在国际分工中所扮演的角色备受关注。

自1978年改革开放以来,中国实施以加工贸易和外商直接投资(FDI)为特征的出口导向战略,一部分新兴产业得到快速发展;与此同时,也有一批夕阳产业遭到淘汰。20世纪90年代起,中国对外开放进入快车道,国外产业加速布局中国市场;2001年中国正式加入世界贸易组织,是中国深度参与经济全球化的里程碑,标志着中国改革开放进入历史新阶段。近年来中国积极践行自由贸易理念,全面履行加入承诺,大幅开放市场,实现更广互利共赢,对中国经济改革和发展产生深远影响。由于中国在加入国际分工体系和全球价值链之前已经建立比较完整的工业体系,加之政府谨慎的态度,中国保存了较为完整的产业体系,重要产业依然自主可控。根据联合国工业发展组织的分类标准,中国是世界上唯一拥有大、中、小全部工业门类的国家。

中国参与国际分工有两种基本途径。第一种途径依照"雁行"模式,通过一般贸易方式加入国际分工体系,实现从纺织、钢铁到重化工业的产业升级和转移。这种分工是不同国家产业间的分工。第二种途径是通过加工贸易的方式加入全球价值链。这种分工是不同国家的企业在同一产品生产过程中的分工。参与分工的企业力图沿相应产业链实现向高技术、高价值增值的生产环节的升级。不同生产阶段通过加工贸易连接。

中国是世界制造业大国,在国际分工中扮演着重要的角色。中国制造的产品遍布全球,包括电子产品、纺织品、机械设备等。中国的制造业优势在于劳动力成本相对较低、规模经济效应明显。这使中国能够以较低的价格生产大规模、高质量的产品。因此,许多国际品牌选择将生产基地设在中国,以降低成本并提高效率。

中国的服务业也在国际分工中扮演着重要角色。随着中国经济的转型,服务业占GDP比重不断提高。中国的服务业包括金融、电子商务、旅游、咨询等多个领域。中国的服务业发展迅速,受到国际市场的认可。例如,中国的互联网金融、移动支付和电子商务等在全球范围内具有重要影响力。中国的服务业发展为国际分工带来了新的机会,进一步提升了中国在全球经济中的地位。

中国在全球价值链中所扮演的角色也越来越重要。全球价值链是指产品的生产过程中涉及的所有环节,包括研发、设计、生产、物流等。中国承担了许多制造环节,特别是组装和加工环节。这使中国能够从中获得较高的经济收益。

中国在国际分工中不仅是制造业和服务业的重要参与者,还是全球投资和对外援助的主要国家。中国通过成套项目、一般物资、技术合作、人力资源开发合作和债务减免等投资和援助方式加强与其他国家的经济合作,推动全球产业链的发展。中国的投资涵盖众多领域,包括基础设施建设、能源资源开发等。同时,中国还通过对外援助帮助发展中国家提升生产力水平和经济发展水平。这些举措加深了中国与其他国家的经济互动,提高了中国在国际分工中的地位和影响力。

资料来源:中国政府网

# 第一节　国际分工的产生与发展

## 一、国际分工的产生

国际贸易是国家与国家之间所展开的商品交换活动,因此,国际贸易的产生必须具备两个基本条件。第一个是经济条件,指随着社会生产力的发展能够提供交换用的剩余产品;第二个则是政治条件,指开始出现各自为政的国家实体。因此,社会生产力的发展、剩余产品的出现、社会分工的扩大,以及国家的形成是对外贸易产生的基础。人类发展到奴隶社会之后,才同时具备了这两个条件。

原始社会早期,生产力水平低下,人类处于自然分工的状态。这时的社会,既没有可供交换的剩余产品,也没有国家,因而也就不会有对外贸易。原始社会中后期,发生了三次社会大分工。畜牧业和农业之间的分工是人类社会的第一次社会大分工,它促进了生产力的发展,出现剩余产品。人类社会的第二次社会大分工是手工业从农业中分离出来,由此出现了以交换为目的的商品生产。它不仅进一步推动了社会生产力的进步,而且使社会相互交换的范围不断扩大,最终导致了货币的产生,产品之间的相互交换逐渐演变为以货币为媒介的商品流通。手工业与商业的分离是第三次社会大分工,伴随着商品流通的扩大,出现了不从事生产而专门从事商品交易的商人阶层。商人的交易活动开始超越国家和地域的界限,形成了最早的国家间的对外贸易。

## 二、资本主义社会以前的国际贸易

### (一)奴隶社会的国际贸易

奴隶社会是马克思主义五大社会形态之一,奴隶社会制度最早出现在埃及、西亚和印度,以古罗马的奴隶制最为典型。奴隶社会的主要特征是奴隶主占有生产资料和奴隶;奴隶没有人身自由,终身为奴;实行奴隶主阶级专政;拥有维护奴隶主阶级利益的完备的国家机器。

马克思主义认为,随着石器的发展,金属工具的出现,以及生产进一步发展,奴隶社会劳动生产率有了较大的提高。社会产品除维持人们的生活必需以外,开始有了剩余。剩余产品的出现,一方面为一部分人摆脱繁重的体力劳动,专门从事社会管理和文化科学活动提供了可能,从而促进了生产的发展;另一方面也为私有制的产生准备了条件。但是从总体上来说,奴隶社会中自然经济占统治地位,生产的直接目的主要是消费。商品生产在整个经济生活中的地位和作用是微不足道的,进入流通的商品很少,加上生产技术落后,交通运输工具简陋,各个国家对外贸易的规模和范围受到很大限制。

从国际贸易的商品结构来看,奴隶是当时欧洲国家对外交换的一种主要商品,例如希腊的雅典就是当时贩卖奴隶的一个中心。此外,奴隶主阶级需要的奢侈消费品,如宝石、香料、各种织物和装饰品等,在对外贸易中占有重要的地位。尽管奴隶社会对外贸易的影响有限,但对手工业发展的促进较大,在一定程度上推动了社会生产的进步。

**(二)封建社会的国际贸易**

马克思的历史唯物主义观将生产力作为社会发展的决定因素,从而将封建社会看作生产力发展的必然结果,是取代奴隶社会、孕育资本主义社会的必然阶段。国际贸易在封建社会取代奴隶社会之后有了较大发展。在封建社会,地主阶级统治其他阶级的根本即为封建土地所有制。地主阶级通过掌握土地这一生产资料,对使用土地的农民通过榨取地租、放高利贷等手段进行剥削。同时封建土地所有制的形式也不尽相同,有契约租赁、缴纳地租、雇用佃户等方式。从封建社会的中期开始,实物地租转变为货币地租,商品经济的范围逐步扩大,对外贸易也进一步增长。到封建社会的晚期,随着城市手工业的进一步发展,资本主义因素已经开始孕育和生长,商品经济和对外贸易都比奴隶社会有了明显的发展。

早期的国际贸易中心位于地中海东部,君士坦丁堡、威尼斯和北非的亚历山大是中世纪著名的三大国际贸易中心。公元 11 世纪以后,随着意大利北部和波罗的海沿岸城市的兴起,国际贸易的范围逐步扩大到地中海、北海、波罗的海和黑海沿岸。城市手工业的发展推动了当时国际贸易的发展,而国际贸易的发展又促进了手工业的发展和社会经济的进步,并促进了资本主义因素在欧洲各国内部的迅速发展。

在封建社会,中国的对外贸易已有所发展。公元前 2 世纪的西汉时代,我国就开辟了从新疆经中亚通往中东和欧洲的丝绸之路。中西商人沿丝绸之路互通有无,中国的丝、茶和瓷器等转销到地中海沿岸各国,西方前来的使者和商人络绎不绝,开创了中国同西方各国进行政治、经济、文化、宗教等往来的良好先例。明朝时期的郑和七次率领船队下西洋,把我国的绸缎、瓷器等输往国外,换回了香料、象牙、宝石等。通过对外贸易,我国的火药、罗盘和较先进的手工业技术输往了亚欧各国,同时也引进了玉米、红薯、胡萝卜和葡萄等农产品,这不仅推动了各自对外贸易的发展和亚欧间的经贸交往,也对世界文明的进程产生了深远的影响。

从贸易的商品结构来看,封建社会时期仍以奢侈消费品为主。例如,东方国家的丝绸、珠宝、香料,西方国家的呢绒、酒等。手工业品在国际贸易中的比重有了明显上升。与此同时,交通运输工具,主要是船只有较大进步,使国际贸易的范围扩大,更多国家和地区的产品进入了国际贸易领域。不过总体说来,由于自然经济仍占统治地位,封建社会的国际贸易在经济生活中的作用还相当小。

### 三、资本主义生产方式下国际贸易的发展

真正具有世界意义的国际贸易与资本主义生产方式的建立和发展紧密相关。资本主义(Capitalism)是一种以生产资料私有制为基础的社会制度。其主要内容是占有生产资料的资产阶级通过购买劳动力进行剥削。在这种制度下,以各种形态出现的资本是主要的生产资料。资本可以表现为用于购买劳动力和生产材料的货币和信贷,也可以表现为有形的机器(狭义上的资本),还可以表现为成品、半成品的存货。无论采取什么形式,它总是资产阶级掌控的由私人拥有的资本。资本主义的特点是:生产以销售为目的,出现买卖劳动力的市场,使用货币作为交换媒介;资本家占有资本,支配着生产过程和金融决策,经济行为以寻求利润为目标;资本之间存在竞争,但实质上则趋于垄断。

在资本主义生产方式下,国际贸易范围急速扩大,国际贸易活动遍及全球,贸易商品种类日益增多,国际贸易越来越成为影响世界经济发展的一个重要因素。而在资本主义发展的各个不同历史时期,国际贸易的发展又各具特征。

### (一)萌芽阶段(16~18世纪中叶)

资本主义生产方式的产生,在经济上必须具备两个条件:一方面,出现大批失去生产资料而不得不出卖自己劳动力的无产者;另一方面,巨额的货币和生产资料集中在少数人手里转化为资本。在封建社会内部,通过自然经济的解体和小商品生产者的分化,已经逐渐创造了一些条件,资本主义生产关系开始萌芽。但是,这远远不能适应资本主义生产发展的需要,必须进一步加速这两个条件的形成,加速从封建所有制生产方式向资本主义生产方式的转变。这一过程就是资本主义生产方式的准备时期,是在地理大发现以后,通过资本原始积累和工场手工业的发展而展开的。这一时期的国际贸易兼具开拓性和掠夺性。它不仅为资本主义生产提供了劳动力和资本,而且提供了广泛的产品销售市场。

地理大发现又名探索时代或发现时代、新航路的开辟、大航海时代。是15~17世纪,欧洲的船队出现在世界各处的海洋上,寻找新的贸易路线和贸易伙伴以发展欧洲资本主义。在这些远洋探索中,欧洲人发现了许多当时在欧洲不为人知的国家与地区。与此同时,欧洲涌现出了许多著名的航海家,其中有哥伦布、达·伽马、麦哲伦等。受经济利益与政治利益的双重驱使,这些人所进行的探索极大地扩展了已知世界的范围。新航路的开辟,使人类第一次建立起跨越大陆和海洋的全球性联系。各个大洲之间的相对孤立状态被打破,世界开始连为一个整体。伴随着新航路的开辟,东西方之间的文化、贸易交流开始大量增加,殖民主义与自由贸易主义也开始出现。欧洲这个时期的快速发展奠定了其超过亚洲繁荣的基础。新航路的发现,对世界各大洲在数百年后的发展也产生了久远的影响。对除欧洲以外的国家和民族而言,地理大发现带来的影响则是复杂而矛盾的,除物资交流外,带给原住民

的常是死亡和占领,可以说是一部大侵略史。殖民主义者用武力、欺骗和贿赂等办法,实行掠夺性的贸易,把许多国家变成殖民地国家并卷入国际贸易中。

**(二)发展阶段(18世纪60年代~19世纪70年代)**

随着资本主义的发展,资产阶级的经济、政治力量不断壮大,为各国的资产阶级革命准备了条件。英国在17世纪中叶,法国在18世纪末,德国及其他一些国家在19世纪中叶,先后爆发资产阶级革命,变革封建制度,从而为资本主义生产方式取代封建的生产方式扫清了道路。

18世纪中叶至19世纪中叶是资本主义的自由竞争时期,资本主义大机器工业建立并广泛发展。而大机器工业的建立和发展,一方面使社会生产力水平有了巨大提高,科学技术不断进步和应用于生产,商品产量大大增加,可供交换的商品空前增多,促进了生产力迅速发展,使资本主义生产关系扩展到一切生产部门,真正的国际分工开始形成;另一方面,大机器工业使交通运输和通信联络发生了巨大变革,为国际贸易提供了极大的便利并大大推动了国际贸易的发展。在资本主义自由竞争时期,国际贸易的各方面都发生了显著变化,其特点表现为以下几个方面。

1. 国际贸易量显著增长

在1800~1870年间,国际贸易交易量按当年的价格计算增长了6.7倍;如果忽略价格下跌的因素,实际贸易额增长了9.6倍,而在1720~1820年间,国际贸易额仅增长了1.74倍。在此期间国际贸易总量增长了十余倍,从本质上反映了资本主义世界市场基本形成,见表2-1。

表2-1　1840~1910年国际贸易年均增长率　　　　　　　　单位:%

| 时间 | 1840~1860年 | 1860~1870年 | 1870~1900年 |
|---|---|---|---|
| 国际贸易 | 4.84 | 5.53 | 3.2 |
| 国际工业生产 | 3.5 | 2.9 | 3.7 |

2. 英国成为世界工厂

在19世纪的世界贸易中,英国、法国、德国、美国居于重要地位,其中又以英国居最前列。第一次工业革命发生以后,英国的生产力水平得到了很大提升,英国从落后国家发展成为世界上最强大的国家之一,这场变革也推动了整个社会的发展。在纺织业中,当时英国已经发明了新型的纺织机器。在造船业中,当时英国已经制造出了各种新型军舰和军舰。依靠工业革命所造就的雄厚技术基础,英国取得世界工业的霸主地位,成为名副其实的"世界工厂"。与其在世界贸易中的垄断地位相适应,1870年英国拥有的商船吨位也居世界第一位,超过荷兰、法国、美国、德国、俄罗斯等国商船吨位的总和。依靠强大的海运业,英国从其他国家获得了廉价的原料,控制着其他国家的贸易往来,并取得了巨额的贸易收入。由于英国在世界工业和贸易中居于垄断地位,伦敦成了国际金融中心,英镑成为世界货币,直接影响着全世界的信用系统。

3. 国际贸易的商品结构发生变化

18世纪末以前的大宗商品交易,如香料、茶叶、丝绸、咖啡等,虽然绝对量在增加,但所占份额已经下降。在工业品的贸易中,以纺织品的增长最为迅速并占有重要地位。以前欧洲国家从中国和印度进口棉布,英国在 19 世纪完成工业革命以后,成为棉布的主要出口国,其出口商品中有 1/3~1/2 是纺织品。煤炭、钢铁、机器等商品的贸易量也有了很大的增长。

### 4. 国际贸易方式有所进步

这一时期国际定期集市的作用下降,现场看货交易逐渐转变为在样品展览会和商品交易所根据样品来签订合同。1848 年美国芝加哥 82 位商人发起组建了第一个谷物交易所。1862 年伦敦成立有色金属交易所,交易所的价格和库存对世界范围的有色金属生产和销售有着重要的影响。1865 年芝加哥期货交易所推出标准化合约,同时实行保证金制度,向签约双方收取不超过合约价值 10% 的保证金,作为履约保证,取代了原先使用的远期合同。这是具有历史意义的制度创新,促成了真正意义上的期货交易的诞生。1870 年,100 位纽约地区的棉花贸易商和代理人在纽约汉诺威广场聚会,联合创立了纽约棉花交易所。交易所里的投机交易也应运而生。

### 5. 国际贸易组织形式改进

19 世纪以前,为争夺对殖民地贸易的独占权,英国、荷兰、法国等纷纷建立了由政府特许的海外贸易垄断公司(如东印度公司等)。这些公司享受种种特权,拥有自己的机构、船队。随着贸易规模的扩大,享有特权的外贸公司逐步让位于在法律上负有限责任的股份公司,对外贸易的经营组织日趋专业化,成立了许多专门经营某一种或某一类商品(如谷物、纺织品、金属等)的贸易企业。同时,为国际贸易服务的组织也趋向专业化,出现了专门的运输公司、保险公司等,银行信贷业务在国际贸易中也开始被广泛运用。

### 6. 政府在对外贸易中的作用出现了转变

自由竞争时期的资本主义在国内主张自由放任。这反映在对外贸易上,就是政府对具体经营的干预减少。而在国际上为了调整各国彼此间的贸易关系,协调移民和其他待遇方面的问题,国家之间开始普遍签订贸易条约。这些条约最初是为了保障资本主义国家能公平竞争、发展相互的贸易往来,后来逐步变成在落后国家谋求特权,推行侵略扩张的工具。在这一时期,英国“世界工厂”的地位确立后,大力鼓吹和实行自由贸易政策。这对推动英国的出口起了很大的作用,形成了 19 世纪 50 年代以后的又一次工业增长高潮。而在德国和美国等后起的资本主义国家,政府则极力充当民族工业发展的保护者,采取各种措施限制进口,抵制英国商品的强大竞争。但当本国工业发展起来之后,就转向了自由贸易。

## (三)形成阶段(19 世纪 70 年代~第二次世界大战)

20 世纪初,各种垄断组织普遍出现在资本主义工业发达国家中,资本主义发展到了垄断时期。这一时期国际贸易也出现了一些新的变化。

### 1. 国际贸易格局和商品结构发生重大变化

继第一次工业革命后,以电力的发明与应用为标志的第二次工业革命于 19 世纪 70 年代发生。科技革命推动了经济增长,也促进了国际贸易的增长。但垄断形成了市场分割和垄断高价,对国际贸易增长带来了负面影响,因此这一时期同自由竞争时期相比增速放缓。随着世界工业生产的迅猛发展,工业制成品特别是重工业产品以及有色金属、稀有金属、石油等矿产原料在国际贸易中的比重大大提高。在这一时期内,美国和德国迅速崛起,而英国在国际贸易中的地位下降显著,其"世界工厂"的地位逐步丧失。

2. 国际贸易由一国垄断变为多国垄断

19 世纪 80 年代以来,资本主义各国的经济实力发生了重大变化。美国和德国注重保护国内市场,加速工业生产的发展,赶上并超过了英国的工业生产能力。1870~1913 年,英国的工业生产仅增长了 1.3 倍,而美国则增长了 8.1 倍,德国增长了 4.6 倍。同期,美国与德国对外贸易额的增长幅度均达到了 160%,而英国为 89%。英国在世界贸易额中的比重由22% 下降到 15%,美国则由 8% 上升到 11%,德国由 9.7% 上升到 13%。随着美、德两国对外贸易的扩大与发展,英国长期独霸和垄断国际贸易的地位被一些发达的资本主义国家所取代,国际贸易由一国垄断变为多国垄断。

3. 经济落后国家被卷进国际分工体系

垄断组织把资本输出和商品输出直接结合起来,加重了对殖民地的掠夺。同时殖民地不仅在对外贸易上,而是全部经济都卷入错综复杂的国际经济联系中,形成了资本主义的世界经济体系。这些经济落后国家由于加入了国际分工体系,或是由于受跨国公司或殖民体系的影响,不仅成为发达国家的原料产地、商品销售市场,还成为重要的投资场所。因此,国际贸易使这些国家纷纷卷入国际分工体系,成为资本主义世界经济体系中的重要组成部分。

4. 垄断势力加剧竞争,国际贸易受到冲击

这一时期,各主要资本主义国家之间的竞争更趋激烈,关税壁垒与非关税壁垒等贸易政策措施进一步加深了资本主义国家之间的矛盾,而经济发展不平衡的日益加剧,也使资本主义国家之间重新瓜分世界市场的争斗日趋尖锐,最终导致世界大战的爆发。两次世界大战,均使世界经济和国际贸易的发展受到很大的冲击。发生在 1929~1933 年的世界经济大危机更是破坏广泛,各主要资本主义国家的经济和贸易均陷入了普遍的衰退和萧条之中。

## 四、当代国际分工的新发展

第二次世界大战结束以来,尽管局部战争不断爆发,世界性经济危机也仍规律性地出现,但总体来说,世界进入了一个相对稳定的和平与发展时期,为经济发展提供了较好的环境,也为国际贸易的增长提供可能。

### (一)国际贸易规模空前扩大

第二次世界大战后,不仅国际贸易的规模迅速扩大,而且国际贸易的增长速度也超过了世界生产的增长速度。一方面世界经济高速增长,为国际贸易的增长奠定了雄厚的物质基础;另一方面第三次科技革命加快了世界各国产业结构和产业组织形式的调整,促进了进出口贸易的快速增长,也带动了国际技术贸易的迅速发展。据统计,自 20 世纪 80 年代以来,国际贸易额每年增长率均为 6.1%,比世界 GDP 增长率高出 1.5 个百分点。据联合国贸易和发展会议发布数据显示,2021 年国际贸易额达 28.5 万亿美元,创历史新高,比上年增长25%。其中,全球货物贸易额和服务贸易额分别为 22.4 万亿美元、6.1 万亿美元。

在此基础之上,国家之间不断加强贸易合作,越来越多的国家加入世界贸易组织,同时

也加入了各种区域性贸易组织,如欧盟、北美自由贸易区、东盟自由贸易区等。这些区域性贸易组织的形成和发展不但扩大了国际贸易规模,而且加强了国家间经济联系和贸易合作。

### (二)国际贸易的商品结构发生重大变化

当代国际贸易商品结构的变化,不仅表现在工业制成品和初级产品两大部门间的贸易相对比重的升降上,两大部门贸易的内部结构也有了改变。在工业制成品贸易中,劳动密集型产品的比重下降,资本密集型商品所占比重上升,高技术产品的增长加快,化工产品、机器和运输设备等的贸易比重增长也较快。

知识经济时代的到来使世界范围内产业结构走向智能化、高级化。技术密集型产品尤其是高附加值的成套设备和高科技产品将成为出口增长最快、贸易规模最大和发展后劲最足的支柱商品,高技术密集型产品所占比重将越来越大。在初级产品贸易中,石油贸易增长迅速,而原料和食品贸易发展缓慢。

### (三)国际贸易地理分布发生变化

战后国际贸易的地理分布表现为越来越多的国家参与国际贸易,各种类型国家的对外贸易都有了不同程度的增长。而增长最快的仍是发达国家间的相互贸易,发达国家与发展中国家间的贸易则相对缩减。

一方面,发达国家在国际贸易中仍保持主导地位。根据世界贸易组织 2024 年的统计数据,以货物进出口总值为统计口径的全球贸易国前十强中有 8 个是发达国家,分别是美国、德国、荷兰、日本、法国、韩国、英国和意大利。在发达国家中,日本和欧洲相关国家的贸易地位上升较快。传统优势国家美国 2024 年的货物进出口总值达到 5.425 万亿美元,这主要是由于美国是全球的最大消费国之一,且在经济复苏情况下对于进口的需求出现暴涨,推动贸易数据快速增长。

另一方面,发展中国家在国际贸易中的作用不断加强,新兴工业化国家处于领先地位。中国经济维持稳定增长,成为国际贸易分工的重要参与者。根据《中华人民共和国 2010 年国民经济和社会发展统计公报》,2010 年中国国内生产总值达到 39.798 万亿元人民币,国内生产总值增长速度明显快于世界主要国家或地区,超过日本成为世界第二大经济体;根据中国海关总署发布的数据,2024 年我国进出口总值达到 43.85 万亿元人民币,同比增长 5%,规模再创历史新高,我国作为货物贸易第一大国的地位更加稳固。升级版的中国制造和超大规模的中国市场是外贸高质量发展的源头活水。完整的产业体系,以科技创新引领新质生产力持续发展。迭代升级的中国制造,向广大贸易伙伴提供更多高端化、绿色化、智能化的商品。作为全球最具潜力的大市场之一,满足了多样化生产消费需求,也为世界各国提供了更多机遇。

### (四)国际服务贸易急剧发展

战后世界经济的恢复和发展,各类行业对服务的需求增加,形成了部门齐全的大规模国际服务市场,使国际服务贸易成为可能。随着第三次科学技术革命的发生,各国特别是发达国家产业结构不断优化,第三产业急剧发展,加上资本国际化和国际分工的扩大和深化,国际服务贸易在过去几十年中呈现快速增长的趋势。根据世界贸易组织的数据,全球服务贸易额在过去二十年中增长了近三倍;服务贸易在全球贸易中的占比不断提高,从 1995 年的 20%左右增长到目前的 25%左右;信息技术的快速发展和数字化转型推动国际服务贸易增长,云计算、人工智能、区块链等新技术的应用推动了跨境服务的便利性和效率提升;新兴市场国家和地区在国际服务贸易中的地位不断提升。例如,印度、中国和菲律宾等国家成为信息技术外包和商务流程外包的重要服务提供者。

**(五)跨国公司的迅速发展推动了国际贸易的快速增长**

第二次世界大战以后,跨国公司的迅速发展推动了国际贸易的快速增长。跨国公司实行全球化的经营方式,促进了资金、技术和先进管理方式在全球范围的流动,带动了相对落后国家和地区的产业结构调整,从而推动世界经济的持续发展。当代国际贸易中,70%的流转额是由跨国公司进行的,世界贸易额的 1/3、技术转让交易的 2/3 是在相同公司体系内母公司—子公司、子公司—子公司、子公司—母公司之间展开的。

目前全球跨国公司总数已超过 8 万家,它们大约控制着世界生产总值的 30%、世界贸易的 60%、技术研究开发及技术转移的 80%,其中世界 500 强中的绝大多数企业已来中国进行投资。

**(六)区域集团化贸易日益活跃**

第二次世界大战以后,国际竞争日益激烈,世界主要贸易国为保持其在全球市场上的竞争力不断寻求与其他国家联合,通过自由贸易区、关税同盟、共同市场等不同方式,组建区域贸易集团,实现区域内贸易自由化。20 世纪 90 年代,区域经济合作不断向深度和广度推进。特别是进入 21 世纪以来,区域贸易集团化步伐进一步加快,贸易集团激增,区域内贸易日益活跃和扩大,有力地推动了世界贸易的发展。区域内贸易的开放性高于排他性,目前区域内贸易的发展速度远远高于其对外贸易的增长速度。

但是,区域贸易集团的排他性和程度不同的贸易转移效应对世界贸易也产生了消极影响,在一定程度上困扰着世界贸易组织体制的正常运行和进一步发展。

总之,从国际贸易的历史发展中不难发现,尽管世界政治与经济的发展道路并不平坦,但总的趋势仍是不断前进的,特别是和平与发展已成为当今时代的两个主题。在科学技术革命的推动下,经济全球化、生产国际化的趋势越来越突出,这是国际贸易不断发展的强大动力。各个国家在积极参与国际竞争的同时,有必要也有可能更多地参与国际分工和国际贸易,以促进本国经济的发展。可以肯定地认为,新时期国际贸易的发展前景将更加广阔。

# 第二节 国际分工的发展条件

**一、自然条件**

**(一)自然条件是国际分工产生和发展的基础**

自然条件是指天然非人为因素改造成形的基本情况,包括气候、土地、水流、自然资源和地理位置等。它是一切经济活动的基础,没有一定的自然条件,进行任何经济活动都是困难的。马克思曾强调一切社会生产力都可归结为自然力。

自然条件在经济上可以分为两大类,第一类是生活资料的自然富源,如土地的肥力、渔产状况等;第二类是劳动资料的自然富源,如奔腾的瀑布,可以航行的河流、森林、金属、煤炭等。马克思指出,在文化初期,第一类自然富源具有决定性意义;在较高发展阶段,第二类富源具有决定性意义。

自然条件对各国产业结构的影响是显而易见的。土壤的类型、肥力、开发的难易,是宜放牧种草还是宜农耕,有无灌溉条件等最为重要,因为这些因素规定了最适宜于该地区的经济部门,并是直接构成生产力的重要因素。如因纽特人的渔猎经济、阿拉伯半岛的游牧社会,之所以一直延续到今天,这与他们所处的自然环境有极大的关系。又如榴梿等只能在热带地区种植;只有沿海且渔业资源丰富的国家,才有可能发展海洋渔业和养殖业;石油只有在特殊的地质条件下才能生产开采。国土面积小的国家,可能只拥有少数几种自然资源,也就只能以有限的自然资源发展某几种产业。相反,国土辽阔的大国,如俄罗斯、美国、中国等国,其国内各地区自然条件具有多样性,自然资源丰富,为发展多种产业和建立相对完整的工业生产体系提供了必要条件。一个内陆国家,没有出海口,对外交通不便,自然会影响到该国的经济发展;同样,一个孤悬于大洋的岛国,与其他地区和国家相距甚远,交往困难,也会影响其经济的发展。

**(二) 自然条件的制约作用在下降**

自然条件是国际分工产生和发展的重要基础,但并不是绝对的。自然条件的优劣,能促进或限制一个国家发展某种产业,但这种促进或限制的作用不是决定性的。良好的自然条件只是为国际分工提供了可能性。在自然条件具备的情况下,能否形成现实的国际分工,最终取决于生产力的发展水平。随着社会生产力的发展,因为人类的生产力,即人类利用和开发自然的能力在不断提高,自然因素的作用逐渐下降,建立在自然条件上的国际分工的意义也随之减弱。

自然条件对于人类社会的影响是可变的。被地理环境的特性所决定的生产力的发展,增加了人类控制自然的权力,人类与周围的地理环境产生了一种新的关系。拉丁美洲的许多中心城市,如智利的圣地亚哥、玻利维亚的波哥大、巴西的里约热内卢等都曾作为采矿中心或矿业服务中心而发展起来。丰富的矿物资源吸引了大量欧洲资本,拉丁美洲形成了较普遍分布的大型采矿区及与其相联系的城镇和商品粮种植区,这对其以后的工业化、城市化和农业发展产生了积极作用。也正是拉丁美洲矿物资源对国际市场的供给才保障了欧洲、美国对有色金属和铁矿的需求,从而促进了近代工业革命在欧洲、美国的扩散。随着科技的发展和人类的进步,人们将在越来越大的程度上挣脱自然环境的制约和不利影响。

## 二、社会生产力

**(一) 社会生产力是国际分工形成的决定性因素**

生产力的增长是社会分工的前提条件。一切分工,包括国际分工,都是社会生产力发展的结果。它突出地表现在科学技术的重要作用上。迄今为止出现的三次科学技术革命,都深刻地改变了许多生产领域,不断地改善生产技术、工艺过程和生产过程,使社会分工和国际分工随之发生变革。

生产力的发展对国际分工的决定作用突出表现在科学技术进步的重要作用上。科学技术进步所带来的先进机器设备的运用、生产过程和劳动过程的改进,以及企业组织与管理方式的变革,不仅推动了生产能力的提高和规模的扩大,而且加强了生产专业化的趋势,使社会分工和国际分工发生相应的变革。国际分工的发展历程无不与科学技术的进步密切相连。

### (二)社会生产力决定各国在国际分工中的地位

生产力发展水平高的国家在国际分工中处于领先的位置。在当代社会逐渐向知识社会过渡的背景下,知识的生产能力又直接决定着一国技术创新能力,从而决定着一国在国际分工中的地位。

从历史上看,英国最先完成了产业革命,生产力得到巨大发展,在相当长的时期内英国在国际分工中居于主导地位。随着欧美资本主义国家的产业革命相继完成,生产力迅速发展,他们便与英国一起成为国际分工的中心国家与支配力量。第二次世界大战以后特别是20世纪70年代以后,随着日本和德国等西欧国家生产力的恢复及对美国的赶超,它们在国际分工中的地位也得以提升,美国的国际分工地位相应有所下降。但是20世纪70年代以来日本等国国际分工地位的提升只局限于某些领域,没有达到过国际分工中的绝对主导地位。在当代,美国凭借其强大的知识生产能力、新技术与新产品的研发创新能力和总体经济实力,在生产力发展水平上仍大大领先于其他国家,并在国际分工中处于领导地位。

之所以说生产力发展水平决定着一国的国际分工地位,首先是因为分工是生产力发展的结果,一国生产力的发展状况直接决定了其参与国际分工的内在动力。其次,生产力发展与科技发展是相辅相成的。每一次科技革命都极大促进了生产力的发展,反过来,生产力的发展又为科技革命提供了物质基础,从而影响一国的国际分工地位。再次,生产力水平决定了一国的经济结构,这直接制约着一国参与国际交换的产品内容。国际贸易总的趋势是高科技产品、服务性产品的比重不断提高,这一类产品需求弹性大、附加值高,只有生产力发展水平较高的国家才有能力提供。最后,生产力水平决定了国际分工中一国可以利用的方式。如国际分包、生产协作等,要求一国的生产力水平达到较高的程度。

第二次世界大战以后,原来的殖民地、半殖民地国家在政治上取得独立,努力发展经济,生产力得到较快发展,出现了一些新兴工业化国家,在国际分工中的不利地位得到改善。

### (三)社会生产力带动国际分工层次提高

以高科技为核心的知识作为一种要素,在生产中的作用大大超过自然资源,使各国经济活动在更大程度上依靠科学技术和智力,促使国际分工向高层次发展。

第一,科学技术具有不断创新的潜力和可能性。第二,人类掌握了科学技术,并把它应用于自然资源的勘探和开发上,自然资源才得以为人所用。如中东地区有丰富的石油资源,但直到20世纪初,人类掌握了油田勘探开发技术和原油炼制技术后,那里的石油工业才发展起来。第三,科学技术使一部分天然原材料得以用人工合成原材料代替,如人造纤维代替棉麻等天然纤维,人造橡胶代替天然橡胶等。第四,科学技术使新产业、新产品的科技含量不断提高,而原材料含量则不断降低。如目前生产的芯片,其价值的98%是科学技术,原材料只占2%。第五,科学技术使生产工艺日益改进,单位产品中原材料和能源的消耗日益减少。

### 三、人口与市场

人口分布、劳动者素质和市场发育度与规模影响各国参与国际分工的能力。

#### (一)人口分布

人口分布的不均衡会使分工和贸易成为一种需要。人口稀少、土地广阔的国家往往偏重发展农业、牧业、矿业等产业;而人口众多、资源贫乏的国家往往大力发展劳动力密集型产业。于是,国家间就有进行国际分工与国际贸易的必要。

人口分布还影响着劳动力成本的高低。尤其是对劳动技能要求不高的小型跨国公司来说,劳动力成本常常是确定其在国际竞争市场中的重要战略地位的核心要素。所以投资成本中必不可少的劳动成本,也必将影响到国际分工的发展。这种分工跨越了国界,于是产生了国际分工。随着劳动规模越来越大,分工就会越来越细,任何一个国家都不可能包揽所有的生产,必须参与国际分工。

过去40年,以中国为代表的东南亚等发展中国家成为世界工厂和国际产业分工体系的重要参与者,主要得益于发挥了劳动力丰富和成本较低的比较优势,并形成了在制成品领域的价格竞争力。然而,由于要素和制度条件的差异,分工深化的收益并未在所有发展中国家内部平均分配。如中东和非洲一些国家和地区,虽然拥有大量年轻、低成本的劳动力,但由于这些国家和地区未能建立起适应全球化产业发展的开放政策体系,致使劳动力被排除在国际分工体系之外,难以长期享受全球化带来的红利。

#### (二)劳动者素质

劳动者素质也称"劳动力质量",是构成劳动力各种要素状况的综合反映,是劳动力的身体素质、智能素质、思想道德素质的统一。劳动者素质受教育水平影响,是影响国际分工的又一重要因素。尤其是对于资本密集型企业和技术密集型企业来说,由于此类跨国公司对劳动者的专业技能要求都很高,因此此类公司在挑选投资地区时,首要关注的是劳动力质量。较高的劳动者素质更有利于企业进行科学化管理,从而降低公司的管理培训等各方面成本。世界上一个国家的居民受教育水平越高,其经济就相对更活跃,且抵抗经济危机的能力也会更高。被誉为"亚洲四小龙"之一的新加坡,是经济高度发达的资本主义国家,其经济模式被称作"国家资本主义"。据2017年的全球金融中心指数排名报告,新加坡是继纽约、伦敦、香港之后的第四大国际金融中心。新加坡政府每年都会拿出占GDP 3%～4%的经费投入教育事业,新加坡国立大学以认真的办学态度和卓越的学术成就享誉世界。

#### (三)市场发育度与规模

在自给自足的自然经济条件下,由于商品经济不发达,市场狭小,各国参与国际分工的动力不足。而在市场经济条件下,商品经济日益发展,市场不断扩大,分工向纵深发展,各国参与国际分工的愿望日益强烈。

## 四、交通与通信行业

交通运输和通信成本通过以下方面影响一个国家对国际分工的参与度。

第一，交通与通信行业发展影响一国参与国际分工的成本。

交通与通信体系是国民经济的重要组成部分，两者之间有着相互促进、相互制约的作用。在经济发展过程中，协调好两者的关系具有举足轻重的地位。参与国际分工与交通运输业的发展相辅相成。工业化发展进程中，重工业的发展主要集中在能源、矿产、钢铁等一些大型建设方面，需要交通运输的有效及时对接；轻工业的发展对货物的运输需求也在逐渐加强。较低的运输成本提高了一国产品出口的实际获利能力。

第二，交通与通信行业发展影响各国吸引外商直接投资的能力。

交通与通信行业的发展直接影响一国基础设施建设水平，主要包括原材料的运输、商品的流通等，并对外商直接投资的市场成本控制与市场范围拓展产生深远影响。一般认为，基础设施建设越好的地区，其对外资的吸引力越强。基础设施建设属于影响外商直接投资区位选择的硬环境因素，既涉及能源要素、交通便利程度、运输条件、通信水平等多个方面，也关系到在某个区域的运输成本和时间，以及建设成本和生命周期等。基础设施水平比较落后，无法适应生产运营的发展需求，会造成企业的生产规模和效益缩减，导致投资收益逆增长。基础设施水平较高较完善，则促进其贸易成本的降低和引资能力的提升。出口加工区、特色产业园都集中在交通便利的主干线周围，这充分说明交通的发展对于带动区域经济的发展是极其重要的。

第三，交通与通信行业制约着世界分工的形成。

通信与运输手段进步极大地推动了国际贸易和国际分工格局的形成。随着科学技术的迅猛发展，交通运输效率的不断提升，科技进步和交通通信运输手段的变革促进了产品内部垂直专业化的国际分工，全球价值链令广大发展中国家也能够获得国际合作与发展的机会。

## 五、资本流动

资本流动是国际分工深入发展的关键。资本国际化促进了国际分工的迅速发展。自19世纪末以来，资本输出就成为世界经济中重要的经济现象。第二次世界大战后，国际资本的流向出现了以发达国家之间互相流动为主的现象，同时发展中国家中的一些新兴工业化国家也加入了资本输出的行列。

发达资本主义国家之间出现资本对流、互相投资的趋势，尤其是西欧国家、日本向美国投资的趋势在战后日益加强，改变了战前资本流向主要是从发达资本主义国家流向殖民地、半殖民地附属国的情况。发达国家之间的投资多流入含有高技术的制造业部门，以及金融、保险和其他服务行业中，尤其是流入含有高技术成分的服务业。

发达国家对发展中国家的投资，多流向标准化的制造业，以获取因工资、资源价格方面差异而出现的利益。此类型的资本流动经常与生产力、技术、机器设备的跨国移动相结合，生产力、技术、机器设备通过资本输出得到转移,成为各国经济联系的重要桥梁。发展中国家向发达资本主义国家投资,则是为了避开风险,并在一定程度上获得发达国家开发的新技术。同时此类型的资本流动也可以使生产要素得到更为合理地配置,从而提高劳动生产率,促进世界经济的发展。

### 六、经济体制与政策

经济体制指在一定区域内(通常为一个国家)制定并执行经济决策的各种机制的总和。通常指国家经济组织的形式,它规定了国家与企业、企业与企业、企业与各经济部门之间的关系,并通过一定的管理手段和方法来调控或影响社会经济流动的范围、内容和方式等。

从历史发展来看,经济体制是参与国际分工内因的基础。处于自然经济形态的国家,由于追求自给自足的生活,分工与市场不发达,缺乏参与国际分工的内在要求,其参与分工是被动的和外加的。处于计划经济体制的国家,由于受计划控制,分工与市场较自然经济有所发展,但仍与国际市场处于相对隔绝状态,却又被迫发展对外贸易,其参与国际分工的广度和深度都受到限制。市场经济体制下,国内分工和市场获得巨大的发展空间,为一国参与国际分工提供了切实的基础。但市场经济体制的发展程度影响一国参与国际分工的广度和深度。

经济体制决定各国的对外贸易政策。通常,实行自给自足经济体制的国家执行的是保护贸易政策,实行计划经济体制的国家采取国家高度垄断的保护贸易政策,实行市场经济体制的国家倾向于采取自由贸易政策。就发展中国家而言,随着经济体制本身的变化,出现了四种类型的对外贸易发展模式和政策,即进口替代型、出口导向型、混合型和自由贸易型。

# 第三节　当代国际分工

### 一、当代国际分工发展的背景

第二次世界大战以来,世界经济和政治发生了重大变化。第一、第三次科技革命后,出现了电子、信息、服务、航天、生物工程等高科技高附加值产业,产业分工日益细化。第二,发达国家进行经济结构的调整和优化,通过将劳动密集型产业和部分夕阳产业外迁,促使国际资本流动加速,形成全球性的生产和流通体系。第三,殖民地和落后国家取得政治独立,发展中国家成为国际分工的重要参与者,民族经济的发展需要国外的资本和技术支持。第四,市场经济成为世界经济和各国经济体制的主流,为各国市场的相互融合和分工提供了基础。第五,世界贸易交流与管理体制建立与加强。伴随着世界贸易组织、国际货币基金组织和世界银行的形成,世界贸易体制得到加强,促进了世界范围内的贸易自由化。

### 二、当代国际分工的特点

#### (一)世界性产业结构加速升级与调整

随着科学技术的进步,生产社会化和专业化大大发展,产业结构出现了高技术化、服务化、融合化和国际化的趋势,促使整个社会分工向纵深发展。一方面,各国国内分工在细化;另一方面,细化的国内分工加速向国外延伸。传统的以自然资源为基础的分工逐步发展为以现代化技术、工艺为基础的分工。

#### (二)经济全球化快速发展

20世纪90年代以后,经济全球化发展迅速。主要体现在以下几个方面。

(1)建立起了全球性的生产体系和贸易体系。

(2)金融、货币和投资市场囊括全球。

(3)出现了世界范围的人力资源流动。世界性移民、人才跨国培养、公开和隐蔽性流动都在加大。

(4)建立起了地区和全球性的管理和协调机构与机制。前者如各种经济贸易集团的大量出现和完善,后者如国际货币基金组织、世界银行与世界贸易组织三大经济贸易组织的建立与加强。大国首脑定期举行高层会议,商讨国际大事,共商对策。

#### (三)市场经济体制被普遍接受

市场经济体制是指以市场机制作为配置社会资源基本手段的一种经济体制。它是高度发达的、与社会化大生产相联系的大商品经济,其最基本的特征是经济资源商品化、经济关系货币化、市场价格自由化和经济系统开放化。

20世纪90年代以后,市场经济体制为世界绝大多数国家接受,对外开放政策成为各国对外经济贸易政策的主流。这为市场经济规律充分发挥作用提供了广阔的空间,其结果将会促进世界范围内社会分工向更广和更深发展。

### 三、当代国际分工的形式

#### (一)按生产技术分工

按参加国际分工经济体的生产技术水平和工业发展情况的差异来分类,可划分为以下不同类型的国际分工形式。

1. 垂直型国际分工

垂直型国际分工是指经济技术发展水平相差较大的经济体之间的纵向分工,主要指发达国家与发展中国家之间制造业与农业、矿业的分工。19世纪形成的国际分工就属于垂直型分工,是第一个阶段的垂直型国际分工,其特点是两种不同类型国家的生产分别属于两种不同的产业。

第二次世界大战后,随着发展中国家的经济发展,这种类型的分工有所削弱,但仍然是发达国家与新兴工业化经济体以外的发展中国家之间的一种主要的分工类型。这一阶段垂直型国际分工的特点是,发展中国家从事劳动密集型产品的生产,发达国家从事技术密集型或资本密集型产品的生产,从而在同一产业的不同部门间形成垂直型国际分工。

垂直型国际分工分为两种形态。第一种形态是指部分国家供给初级原料,而另一部分国家供给制成品。如发展中国家生产初级产品,发达国家生产工业制成品,这是不同国家在不同产业间的垂直分工。经济越发达,分工越细密,产品越复杂,工业化程度越高,产品加工的次序就越多。加工又分为初步加工(粗加工)和深加工(精加工)。只经过初加工的为初级产品,经过多次加工最后成为制成品。初级产品与制成品这两类产业的生产过程构成垂直联系,彼此互为市场。第二种形态是指同一产业内技术密集程度较高的产品与技术密集程度较低的产品之间的分工,或同一产品的生产过程中技术密集程度较高的工序与技术密集程度较低的工序之间的分工,这是相同产业内部因技术差距引致的分工。

2. 水平型国际分工

水平型国际分工是指经济发展水平相近的发达国家之间的横向分工,主要指发达国家之间在工业部门上的分工。水平型国际分工成为当今主流的国际分工形式。参与这种分工的国家除了发达国家,还有一些新兴工业化国家。

当代发达国家的相互贸易主要建立在水平型分工的基础上。水平型分工可分为产业内与产业间水平分工。第二次世界大战前,表现为产业间的分工。第二次世界大战后,由于科技进步与产业的迅速发展,同一产业内不同厂商生产的产品虽有相同或相近的技术程度,但其外观设计、内在质量、规格、品种、商标、牌号或价格有所差异,从而产生分工和相互交换,它反映了寡头企业的竞争和消费者偏好的多样化。这种类型的分工深化到产业内部,形成国际间工业部门内的分工。

3. 混合型国际分工

混合型国际分工是指垂直型与水平型混合起来的国际分工。例如,德国曾是典型的混合型国际分工的代表,它与发展中国家进行垂直型分工,而与其他发达国家进行水平型分工。

**(二)按产业差异分工**

按照分工是否在产业之间或产业内部,将分工划分为产业间分工和产业内分工。

1. 产业间分工

指不同产业部门之间生产的分工专业化。也可以更进一步地理解为劳动密集型工业、资本密集型重化工业以及技术密集型工业不同产业之间的分工。

2. 产业内分工

产业内分工是指在同一产业内产品的"差别化"分工和产品生产工序中的分工,即中间产品与组装成品的分工。一般来说,技术含量高的关键部件和组装成品由发达国家的企业控制,大量的一般元器件由发展中国家的企业生产。而产业内部分工主要有以下三种表现形式。

(1)不同型号、规格产品的分工。一般说来,同样的产品往往具有不同的型号和规格,不同国家对同一类产品按不同型号或规格进行分工,从事专业化生产,以适应国内外市场的需要。以拖拉机为例,大体上美国着重发展大功率的轮式和履带式拖拉机,英国发展中型轮式拖拉机,德国生产小功率的轮式拖拉机。

(2)零部件和配件生产的分工。由于各国科技和工艺水平的差异,一国对某一种零部件或配件的生产具有优势,另一国对另一种零部件或配件的生产具有优势,因此就产生了零部件或配件的专业化生产。第二次世界大战后,这种形式的专业化生产在许多产品的生产中得到了广泛发展。例如,大批量生产在喷气式飞机、原子能发电站设备、电子计算机、汽车、拖拉机、收音机、电视机时所需的各种零部件或配件,往往由不同国家进行专业化生产。

(3)工艺过程的分工。这种分工是指不同国家对生产过程的不同阶段进行专业化生产。例如,在化学工业方面,某国一些工厂专门生产半成品,然后将其出口给其他国家的化工厂去生产各种化学制成品。举世闻名的德国拜耳公司将其所生产的中间产品提供给世界各地上万家化工厂制造各种化学成品,就属于工艺过程的专业化。

## 四、国际分工格局的主导与层次化

### (一)发达国家处于国际分工的主导地位

在国际分工的形成和发展过程中,发达国家一直处于主导地位。第二次世界大战后,国际分工出现多样化趋势,但发达国家由于一直处于世界生产力发展的最高水平,在国际分工中的主导地位并未改变。表现在如下几个方面。

(1)发达国家处于科技发展的领先地位,发达国家产业结构的纵深发展使社会分工向更广和更深发展。

(2)以发达国家为母国的跨国公司是当代国际分工的营造者。跨国公司通过直接投资建立全球性生产体系和销售体系,并把世界各国纳入这些体系中。跨国公司的产生最早可追溯到16、17世纪;20世纪出现了一些具备现代组织形式的跨国公司;第二次世界大战后由于新科技革命的推动,跨国公司迎来了蓬勃发展的黄金时代,现在约有4万多家。据统计,目前跨国公司的生产总值约占世界总产值的40%,贸易额占世界贸易的50%;而世界工业研究的80%,专有生产技术的90%,世界技术转让的75%,以及对发展中国家技术贸易的90%,都是由跨国公司完成的。

(3)发达国家是经济全球化的引领者。这源于发达国家是世界经济的火车头,是世界科技、贸易、金融、信息的中心。

(4)以发达国家为主和为中心的地区经济贸易集团,在众多地区经济贸易集团中效益最为显著,影响也最大。它们内部的分工又影响着国际分工。

### (二)新兴工业化国家在国际分工中的地位显著上升

第二次世界大战前,殖民主义宗主国处于国际分工的中心,殖民地、附属国和落后国家处于国际分工的外围,界限清晰。

第二次世界大战后,随着发展中国家的经济发展,新兴的工业化国家和地区出现,它们发展成为制成品出口的主要国家和地区,如巴西、中国、印度、马来西亚、韩国、墨西哥、菲律宾、泰国和土耳其。在与发达国家的分工形式上,形成了初步的水平型分工。它们与发达国家的进出口货物贸易以制成品为主。如日本在汽车业的生产中,形成了与东南亚国家之间的分工。在日本丰田汽车部件中,印度尼西亚和泰国集中生产柴油机、踏脚和电动设备,菲律宾生产传动系统,马来西亚生产驾驶连杆和电动设备,新加坡办事处协调和管理各种交易。

### (三)国际产业转移出现新趋势

1. 转移方向多样化

国际产业转移的方向具有多样性,其转移方向与国家的经济发展状况、政策环境、市场规模等密切相关。大多数国家的经济转型阶段,都会出现产业转移现象。例如,在从制造业向服务业转型的过程中,中国很多制造业产业都选择转移到东南亚等地。

2. 转移影响因素多样

国际产业转移的影响因素多样,其中包括政府政策、市场环境、经济基础、技术水平等多种因素。政府政策的支持和市场环境的开放程度等是影响国际产业转移的重要因素。

3. 技术要素越来越重要

随着技术的不断发展,技术要素成为吸引国际产业转移的重要因素之一。例如,中国在技术创新方面的迅速崛起,吸引了越来越多的企业将生产基地转移到中国。

4. 企业社会责任影响上升

企业社会责任,是指企业在创造利润、对股东和员工承担法律责任的同时,还要承担对消费者、社区和环境的责任,企业的社会责任要求企业必须超越把利润作为唯一目标的传统理念,强调在生产过程中对人的价值的关注,强调对环境、消费者、对社会的贡献。

在全球化背景下,企业社会责任越来越成为企业考虑国际产业转移的重要因素之一。例如,企业在选择转移生产基地时,需要考虑当地的环境、社会、政治等因素,以避免出现负面影响。


**思考题**

1. 什么是国际分工?
2. 国际分工发展的条件有哪些?
3. 国际分工与国际贸易的关系如何?

# 第三章　古典国际贸易理论

## 学习目标

1. 了解重商主义的发展阶段。
2. 知悉绝对优势理论对国际贸易分工理论的贡献比。
3. 掌握比较优势理论的前提条件、主要内容和衡量方法。
4. 明确贸易双方从国际贸易中所获得的利益。

古典国际贸易理论

## 案例导入

### 我国纺织工业创新发展之路

1978 年改革开放后，中国凭借日益强大的国力、开放的经济政策和丰富的劳动力资源，迅速成为国际分工的主要参与者。我国制造的各类产品遍布全球市场，我国产品以其强大的竞争力迅速占领了世界大部分工业制成品市场。其中纺织工业是中国经济对外开放程度最高、利用外部资源最集中的领域，其价值体现在中国式现代化实践中。

纺织工业是将天然纤维和化学纤维加工成各种纱、丝、线、带、织物及其染整制品的工业部门。按纺织对象可分为棉纺织工业、麻纺织工业、毛纺织工业、丝纺织工业、化学纤维纺织工业等。按生产工艺过程可分为纺纱工业、织布工业、印染工业、针织工业、纺织品复制工业等。

纺织工业是轻工业的重要工业部门之一。与重工业比，它具有投资少、资金周转快、建设周期短、容纳就业人数多等特点。纺织业是我国竞争性和国际依存度较高的劳动密集型产业，也是在国际竞争中具有比较优势的传统支柱产业。中国纺织工业与新中国共同成长，是在中国共产党领导下逐步发展起来的工业体系，具有鲜明的中国特色、时代特征、人民属性。

我国纺织工业的发展首先得益于原料充足、劳动力优质、产业链完整等比较优势。首先，我国具有充足的原料储备。根据国家统计局数据，2024 年全国棉花产量 616.4 万吨；2024 年全国棉花种植面积为 4257.4 万亩。其次，我国劳动力在质量和价格方面具有较强的比较优势。2024 年我国人口密度远远大于世界其他国家，是巴西的 6 倍，是加拿大的 36 倍。相比于发达国家，我国劳动力使用成本较低；相比于发展中国家，我国劳动力的工作效率、作风纪律等综合素质较高。此外，由于我国庞大的经济体和消费人群，我国纺织产业可完整地将产业链上游的纱线生产和下游的服饰成品进行配套，实现高效、有机的产业运作。纺织品服装在我国的迅速发展是我国要素禀赋构成情况的自然选择。

我国纺织工业的发展也得益于相关部门的政策利好。2022 年 4 月工信部和国家发展改革委发布《关于产业用纺织品行业高质量发展的指导意见》(以下简称《意见》),提出到2025年,规模以上企业工业增加值年均增长6%左右,3~5家企业进入全球产业用纺织品第一梯队。《意见》要求,到2025年,科技创新能力明显提升,行业骨干企业研发经费占主营业务收入比重达到3%,循环再利用纤维及生物质纤维应用占比达到15%,非织造布企业关键工序数控化率达到70%,智能制造和绿色制造对行业提质增效作用明显,行业综合竞争力进一步提升。利好政策的出台与推进为纺织行业进一步发展创造了良好的政策环境。

我国纺织工业的发展还得益于居民购买力的不断提升。近年来,我国城乡居民人均可支配收入实现快速增长,消费观念改变促进消费需求升级。根据国家统计局数据,2024年全国居民人均可支配收入41314元,比上年增长5.3%。按常住地分,城镇居民人均可支配收入54188元,比上年增长4.6%。农村居民人均可支配收入23119元,比上年增长6.3%。随着经济加快发展以及居民收入水平进一步提升,居民的消费观念不断转变,消费水平也将得到提高,基础功能型消费将逐渐升级为个性化和享受型消费。城市居民对更高层次服装产品和品牌的需求增加,消费者对产品和品牌的功能性需求渐渐让位于个性、情感需求。与此同时,持续的城市化进程所带来的对中档服装的需求基数不断提高,农村居民对服装的潜在需求得到进一步释放和升级。

然而受国际金融危机影响,以及劳动力成本上升和人民币升值等因素的影响,我国纺织工业的总体经营状况受挫。

第一,我国劳动力成本不断上升。随着国内经济水平提升,我国劳动力成本优势逐渐丧失,导致纺织产业生产中心向拥有价格更低劳动力的发展中国家转移。例如,越南地理位置毗邻中国,气候适宜棉花等纺织原料的种植,其人工费比中国人工费便宜。虽然中国仍然具有纺织产业的领先地位,但劳动力成本不断上涨,对中国纺织工业可持续发展带来不利影响。

第二,纺织产业转移带来较大不确定性。纺织产业转移是我国近几年的重点规划之一,但纺织产业的东西转移也将会带来问题。一方面,东部地区产业转移进一步加大了西部地区的环境压力,自然环境承载力受到一定挑战。如果东部转移企业重点集中在高效能、高耗材等产业,产业的转移将给西部地区带来环境污染的困扰,影响西部地区经济可持续性发展。另一方面,产业转移地区间发展较不平衡。部分中西部园区空置率较高,发展定位不明确,招商艰难,土地占用造成资源浪费,对园区的可持续发展带来不利影响。近几年,实施"一带一路"建设,东南亚地区及非洲人力成本、政策优势导向明显,成为国内纺织产业转移的主要方向,很多订单已经开始转移到东南亚、南亚,甚至非洲国家。国内许多企业为追求利润空间,也选择将工厂建在柬埔寨、越南等国,当地产业配套能力逐渐加强。同时,由于大量企业开始在越南等国家设厂,一定程度导致越南等国家要素价格上涨,未来由于人力成本、管理成本、运输成本等上涨影响,可能削弱目前在越南设厂企业的盈利能力。

第三,纺织产业受棉花等大宗商品价格波动影响加剧。纺织工业的原材料主要为纱线、布等,原材料的生产原料主要为棉花等大宗商品。因此,面料生产受国际大宗商品价格波动的影响较大,而原材料的价格波动将对纺织企业产品的生产成本造成一定影响。

人口特征影响着现代化的实现路径和推进方式。中国拥有14亿多人口,超过现有发达国家人口总和,这决定了我国不能照搬西方现代化模式。一方面,作为解决民生与美化生活的基础产业,中国纺织工业在将人口转化为现实生产力中发挥重要作用,2023年,纺织行业直接就业人口达2000多万,是我国稳就业的重要力量。同时,产业以新业态新模式带动新职业发展。另一方面,中国纺织工业在满足超大规模人口消费需求中发挥重要作用。新征程上,纺织工业需要进一步巩固规模与体系优势,构建与人口结构匹配的产业结构,在扩大内需战略同深化供给侧结构性改革有机结合的过程中有更大作为。

资料来源:中国纺织工业联合会

# 第一节　亚当·斯密之前的贸易思想

## 一、古典经济思想的影响力先驱

欧洲国家的对外贸易早在古罗马、古希腊时就已经出现,但真正称得上国际贸易的是在公元10世纪之后。15世纪末到16世纪中期的"地理大发现",扩大了世界市场,空前刺激了欧洲各国的商业和工业的发展。以英国为代表的西欧诸国成立了许多对外贸易的特许公司,如不列颠东印度公司、荷兰东印度公司等,与其他国家进行着广泛的贸易活动,并借助暴力陆续发展了对亚洲、非洲和拉丁美洲各国的贸易。一般认为,对国际贸易问题的系统研究开始于重商主义时期。但是在此之前,西方经济学者中就已经有人开始研究国际贸易的作用。

### (一)色诺芬

早在公元前4世纪,古希腊著名的学者色诺芬(Xenophon,前431~前354年)在他的《经济论》中就谈到过对外贸易对一个国家经济的影响问题。色诺芬认为,国家要靠税收来维持运转,而外国人是最好的课税对象,是收入的最好源泉。所以,国外"有更多的人和我们贸易"就可以给国家带来巨大财富。

首先,色诺芬明确物品有使用和交换两种功用。他所规定的奴隶主的经济任务,是更有效地剥削奴隶,以增加由奴隶剩余劳动所创造的剩余产品的收入。其次,色诺芬十分重视农业问题,但他对手工业抱着鄙视的态度。他认为农业是其他技艺的母亲和保姆,是希腊自由民最好的职业。农业是奴隶制自然经济的物质基础。再次,色诺芬从使用价值角度考察了社会分工问题,他认为一个人不可能精通一切技艺,所以劳动分工是必要的。最后,色诺芬指出货币有着不同作用。货币可以成为财富的积累手段。色诺芬也注意到商业问题。在他看来,商业之所以必要,是因为它使人们获得具有使用价值的东西。他对商品货币问题的论述立足在维护奴隶制自然经济的基础上。

### (二)托马斯·孟

16世纪,早期重商主义者禁止金银货币输出的政策仍在英国占支配地位,他们在17世纪初猛烈抨击东印度公司在对外贸易中大量输出金银的做法。

为了反驳这种责难,托马斯·孟(Thomas Mun,1571~1641年)先后在1621年出版被马克思称作"重商主义的圣经"的《论英国与东印度的贸易》和在1644年出版论文集《英国得自对外贸易的财富》。在《英国得自对外贸易的财富》这一著作中,商业资本的成熟经济思想得到了系统和充分的阐述。托马斯·孟的基本思想是,要求取消禁止货币输出的法令,认为重点不在于把货币保藏起来,而在于把货币投入有利可图的对外贸易中去,只要在对外贸易中争取出超,就可以带来更多的货币,从而使英国致富。为了保证对外贸易的顺差,他提出并论证了应该采取的各种措施。一方面,他主张尽可能扩大本国商品出口和减少对外国商品的消费。为此他号召认真节约,减少奢侈品进口,扩大经济作物的耕种,力求在饮食和服饰方面做到自给自足。另一方面,他要求消除不利于出口的各种措施,例如,稳定本国币值,反对在货币成色和重量上弄虚作假;促进本国工场手工业的发展,多出口制成品,减少原料品出口;减免出口商品的税收,使出口商品能以低廉的价格来增强其在国际市场的竞争力。他还强调保护关税的作用,主张对出口商品和从外国输入再出口的商品,在关税上给予照顾,对要在本国消费的进口商品课以重税。他还注意到国际贸易中所谓无形进口的项目,如运费、保险、旅游开支等的盈亏。托马斯·孟还特别重视发展航运业和转口贸易业。

"货币产生贸易,贸易增多货币"是托马斯·孟的信条。他的观点反映了英国资本原始积累时期商业资本的利益和要求。亚当·斯密在他的《国民财富的性质和原因的研究》(以下简称《国富论》)一书中,曾称这一著作"不仅成为英格兰而且成为其他一切商业国家的政治经济学的基本准则"。马克思写道:该书"在一百年之内,一直是重商主义的福音书。因此,如果说重商主义具有一部划时代的著作……那么这就是托马斯·孟的著作。"

**(三)威廉·配第**

威廉·配第(William Petty,1623~1687年)是英国古典政治经济学之父,统计学创始人,最早的宏观经济学者。其一生著作颇丰,主要有《赋税论》《献给英明人士》《政治算术》《爱尔兰政治剖析》《货币略论》等。

威廉·配第也是一名典型的重商主义者,并且他是第一个提倡测量经济变量的经济学家。在《政治算术》中,他试图使用统计方法来度量一国的人口、国民收入、出口、进口等经济变量。他最先提出了劳动决定价值的基本原理,并在劳动价值论的基础上考察了工资、地租、利息等范畴,他把地租看作剩余价值的基本形态。威廉·配第区分了自然价格和市场价格。他的自然价格相当于价值,他指出,假如一个人生产一蒲式耳小麦所用劳动时间和从秘鲁银矿中生产一盎司白银并运到伦敦所用劳动时间相等,后者便是前者的自然价格。可以看出,威廉·配第认为生产商品所耗费的劳动时间决定商品的价值。他还提出了商品的价值和劳动生产率成反比。

但是威廉·配第没有把价值、交换价值和价格明确区分开来,他把生产白银的具体劳动当作创造价值的劳动,不懂得创造价值的是抽象劳动。他还提出了"劳动是财富之父、土地是财富之母"的观点,由此,他认为劳动和土地共同创造价值。显然,这种观点和他的劳动价值论是矛盾的,它混淆了使用价值的生产和价值的创造。

### (四)大卫·休谟

18世纪,重商主义日渐式微。一些学者经过批判与反思,提出了一系列超越重商主义的经济理论及政策主张,由此形成了催生古典经济学的土壤,大卫·休谟(David Hume,1711~1776年)就是其中的杰出代表。大卫·休谟是苏格兰经济学家、历史学家,被视为是苏格兰启蒙运动以及西方哲学历史中最重要的人物之一。

物价现金流动机制便是由大卫·休谟在1752年首先提出的。这个理论直接反驳了当时的重商主义体制。当一个国家因贸易顺差而累积了大量黄金,而短期国内生产效率不变,那么黄金流入造成的货币量增加就会引发物价上升,通货膨胀又会造成以外币表示的本国货品的价格上升,从而会迫使这个国家出口减少,进口增加。反之,当一个国家因贸易逆差使黄金大量流出时,该国流通的货币量减少使物价下跌,出口成本降低,从而使以外币表示的本国货品的价格下降,商品的出口竞争力增强,出口增加,进口减少。这一自动调节机制会阻止一个国家不断地累积黄金,如图3-1所示。

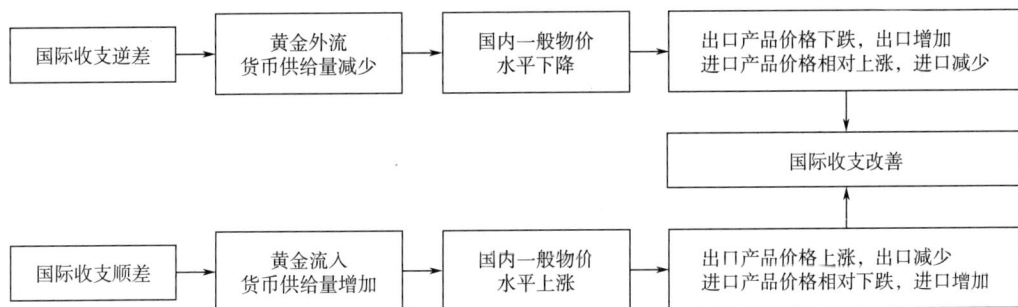

图3-1　物价现金流动机制

## 二、重商主义

### (一)产生背景

重商主义出现于14世纪末15世纪初,流行于16~17世纪,衰落于18世纪,是欧洲资本原始积累时期代表商业资产阶级利益的一种经济学说和经济政策的体系,也是封建社会末期商业资产阶级和封建专制国家为了追求金银在理论和政策上的反映。15世纪末、16世纪初是西欧封建制度瓦解和资本主义制度产生的时期,当时资本主义已经开始萌芽,商品生产不断发展,资本主义生产关系正在逐渐成熟。商业和商业资本的发展,进一步促进封建自然经济的崩溃和商品生产的增长。重商主义的经济思想就是这一时期经济政策的反映。

重商主义的形成与货币资本的积累有关。15世纪开始的地理大发现,为新兴的资产阶级积累大量的金银财富提供了重要契机。贵金属大量流入欧洲,在一定程度上满足了西欧各国的需求。16~18世纪,欧洲各国通过各种手段从世界各地掠取的黄金达200吨,白银1.2万吨。另外,地理大发现也为推动对外贸易的迅速发展起到了积极的作用。新大陆的发现扩大了原有的市场,开辟了新的市场,促进了国内市场的统一和世界市场的形成,这又为财富的进一步积累创造了更好的条件。

随着贸易的繁荣,商业资本家与地主阶级的矛盾日益尖锐起来。从本质上来看,商业资本追求的是增值的货币财富,为了实现这一目的,就必须发展贸易。在国内,要求消除封建割据、关卡林立的状态;在国外,要求有一个强有力的政府保护对外贸易的顺利进行。于是,商业资本家支持国王建立高度集中的中央集权制度,并要求国王用军事力量来维持他们的国内国际贸易。商业资本家的这种愿望,也正好符合国王的利益,因为国王需要从商业资本家那里得到收入,用于支持庞大军队和宫廷的开支。在这种历史条件下,重商主义首先作为一种国家经济政策出现。

**(二) 主要思想**

英国是当时经济最发达的国家,重商主义发展得也最为成熟,"重商主义"这个名称也是由英国经济学家亚当·斯密最早使用的。虽然如此,重商主义思想却主要是由一些大商人、律师、政府官员等人在处理实际的贸易、工业、航运和行政工作中提出来的。

重商主义顾名思义就是重视商业,认为广泛开展商业活动是积聚国民财富,并最终实现富国强民的必经之路。重商主义主要研究对外贸易是怎样能够为一国带来财富的。重商主义者的思想就是商业资本家的思想,这些思想包括以下内容。

第一,黄金和白银是财富的唯一代表,攫取金银的活动是创造财富的唯一活动,国家的一切经济活动和经济政策,其目的都是为了获取金银。

第二,只有对外贸易才是获得和增加货币的源泉。在重商主义者看来,国内市场上的贸易是由一部分人支付货币给另一部分人,从而使一部分人获利,另一部分人受损。国内贸易的结果只是社会财富在不同集团之间的再分配,整个社会财富的总量并没有增加。对外贸易可以使一国从国外获得金银货币,从而使国家致富。因此要从对外贸易中获得货币,关键是保持国际贸易的顺差,即在国际贸易中坚持少买多卖的原则,最终使货币流入本国。

第三,为保证国际贸易的顺差,国家必须积极干预经济。重商主义者提倡国家应采取的经济政策主要有:保护关税和限制进口,采取发奖金、退税、协定和殖民地贸易等措施鼓励出口。

**(三) 政策主张**

重商主义可以分为早期和晚期两个阶段,两个阶段的基本思想是相同的,区别主要在于对通过顺差贸易来获取金银货币有不同的看法和主张。

1. 早期重商主义的政策主张

早期的重商主义盛行于 14 世纪末到 16 世纪末,以"货币差额论"为其主要思想,其代表人物包括法国的孟克列钦和英国的威廉·斯塔福。早期的重商主义者强调绝对的贸易顺差,主张控制商品进口和货币外流。

比较典型的早期重商主义政策包括:在英国爱德华四世统治时期曾规定,输出金银者要处以重刑。另外,英国还曾规定英国的出口商除换回一些生活必需品外,一定要换回外国铸造的金币或银币。为了便于监督英国商人出卖了商品后是否将赚取的外国铸币运回国内,政府规定那些从事外贸活动的英国商人只能在一定的地点经营商业。而对于在英国本土的外国商人,规定他们首先把自己带来的外国铸币换成英国铸币,违者将没收外国铸币并受到严厉惩罚。此外,英国政府还规定外国人必须把自己在英国收到的货款完全用于购买英国商品,防止货币外流。

2. 晚期重商主义的政策主张

大约从 16 世纪末到 17 世纪中期,重商主义发展到晚期阶段。这一时期的重商主义以"贸易差额论"为主要思想,可以说它是真正意义上的重商主义,其代表人物是英国的托马斯·孟。为了保证国际贸易的出超,国家必须采取积极的措施对对外贸易进行管制,因此他们提出了以下主张。

第一,实行保护关税,以限制进口,同时减少甚至取消出口税,以刺激出口。通过采用颁发奖金、退税等措施达到奖励出口的目的;通过提高关税等手段,如对几乎所有进口货征收重税,达到限制进口的目的。在英国,如果本国货在国际或国内不能和外国货竞争,可以退还对原料征收的税款,必要时国家给予津贴。阻止原料或半成品的出口,奖励制成品的出口。

第二,管制本国工业,鼓励制造业的发展。当时,西欧各国特别是英国、法国对生产的各个方面都制定详尽的管理条例。为鼓励制造业的发展,重商主义者主张:奖励增加人口,以增加劳动力的供应;实行低工资政策,降低成本,以利于出口竞争;禁止技术工匠移居国外和工具设备的出口,以保持本国的出口优势。

**(四)理论评价**

1. 积极作用

重商主义是西方最早的国际贸易理论,也是最早从外贸学说史的角度分析对外贸易对一国经济影响的理论。这种理论及其政策主张极大地促进了资本的原始积累,推动了资本主义生产方式的发展,因而在历史上曾起到一定的积极作用。

同时,重商主义的一系列主张,如强调国家应该干预对外贸易,运用关税等措施奖励出口、限制进口等主张,对广大发展中国家根据本国国情制定相应的对外贸易政策有非常重要的理论和现实意义。

2. 明显缺陷

(1)重商主义在理论上没有形成系统的理论。重商主义的理论带有强烈的经济民族主义色彩,它认为对外贸易对增加一国财富有很大的作用,并把国际贸易看作一种"零和博弈",即一国的获益就是另一国的损失。

(2)重商主义的贸易主张和措施有较大的片面性。重商主义只研究如何从国外得到金银,片面强调本国利益,无视他国利益,与国际贸易互利互惠的准则相悖;它只强调流通领域的重要性,认为财富是在流通中产生的,没有认识到财富只能在生产领域中被创造;重商主义者从"商业资本运动呈现出的表面现象出发",认为金银作为一切商品的等价物是社会财富的唯一形态,一切经济活动的目的都是获取金银。他们对国民财富的理解是狭隘的。因此,他们把财富等同于货币,认为黄金和白银是唯一的财富。

### 三、重农主义

#### （一）产生背景

17世纪末18世纪中期的法国,封建主义经济开始衰落,资本主义经济逐渐兴起。17世纪,英国资本主义经济已经发展到相当程度,工业资本正在渗入各个生产领域,农业也开始资本主义化。

然而法国的农业仍在封建土地所有制下,小农经济占据主要地位,法国仍实行君主集权的专制制度。在法国首先兴起的货币资本家和商业资本家还没有形成一种独立的政治力量,仍希望在封建君主的支持下,推行重商主义政策,发展工商业和对外贸易,进行资本积累,同时由此取得钱财,作为封建王朝一种新的经济支柱和财政来源。但是,重商主义的政策不仅没有使法国达到国富民强的目的,反而造成民穷财尽的恶果,重商主义政策在法国宣告失败。

从17世纪下半期开始,一些法国经济学者转而主张重视农业。他们认为只有发展农业才能挽救当时的法国,才能使法国的国民经济重现繁荣景象,才是国家生财致富之道,从而逐渐形成了重农主义。重农主义又称重农学派、重农主义学派,是18世纪中叶的法国资产阶级经济学派。

重农主义是重农学派的理论体系,反映了法国封建社会末期新兴资产阶级的思想意识,代表了当时资产阶级的利益和要求。

#### （二）主要思想

1. 自然秩序

重农主义者认为自然活动和人类活动都存在一定的客观规律,不应以个人以及某个阶层的意志而定,一切活动都在客观规律下运行。

重农主义的创始人魁奈明确指出,重农主义是一门"自然秩序的科学"。"自然秩序"是物质世界的秩序和精神世界的规律。物质世界秩序指生活中的规律,春种秋收,四季更替,是人类社会无法改变的客观规律。精神世界中人们的意志信仰,如对财富的追求,对善良的追求等都可以看作精神世界的规律。

2. 定义纯产品

重农主义者认为财富是物质产出,也就是说土地的产出是源泉,财富不是源自流通,流通是指从一种物质加工后转变成另一种物质或从一个地方到另一个地方,也就是所谓工业生产和贸易。在经济活动中,只有农业是生产活动,能够生产物质产品,才有物质财富量的增加。工业不能创造物质只能变更或组合已存在的物质的形态,商业更不能创造任何财富,只是变更财富市场的地点和时间。其他行业都不像农业那样投入少许谷物,产出许多谷物,他们的差额构成了"纯产品"。在"纯产品"的基础上,国家通过对土地征收税收增加财政收入。

3. 放任自由

这是对国家过多干预的反思。放任是在客观的自然规律之下,去除人为的干预。也就是说人类社会经济活动必须受到一定的客观规律所制约。自由指人身自由不受奴役,和财产自由买卖也就是私有制。人身自由和私有制是"自然规律"中人类的基本权利。

重商主义下,国家过多干预人类活动让少许特层阶级受益,大多底层人民生活痛苦,重农主义是对重商主义的反思,也是对当时病态社会提出的处方。重农主义的自然规律,实质上是被理想化的资本主义社会,"自然秩序"是重农主义的哲学基础,是法国资产阶级大革命前启蒙学派思想影响下形成的"自然秩序的科学"。

**4. 土地单一税制**

土地单一税制,是主张以地租为唯一课税对象并废除其他税种的税收制度设想。法国重农学派代表魁奈在1757年《赋税论》中首次提出该设想,其核心理论源自"土地是一切财富的唯一源泉"的论断。魁奈主张税收应直接针对土地所有者收入,并指出对非农业收入征税不会造成损失,因农业收入已补偿土地所有者税收支出。

**(三) 政策主张**

**1. 贸易发展增加农产品销售**

贸易的发展会增加农产品的销售,使农产品的价格得到稳定和提高,可以促进农业生产的发展,从而增加一国的财富和收入。

魁奈写道:"在那些疆土辽阔的国家内,土地、江河、港埠和海洋在创造巨大收入方面互相竞争,这样的国家应当把注意力放在土地产品及其销售方面,以便从农业和农产品贸易中每年取得巨大的收入。"

**2. 对外贸易的利益在于实物财富的增加**

对外贸易的利益是通过对外贸易,把本国多余的农产品输出,在国外销售后,可以换回本国所缺的财物,来供自己消费。国外贸易的利益表现在把本国剩余农产品输出,以好的价格在外国销售。可见发展对外贸易,既能推广农产品的销售和提高农产品的价格,又能扩大农产品的再生产,增加国家的财富和收入。而对外贸易的自由是维持农产品价格和发展农业生产的主要且不可或缺的手段。如果没有自由的对外贸易,农产品的外贸将受到限制,由此产生的农产品的低价或高价,都会造成国家和人民的贫穷。

因此,重农学派主张自由贸易的政策,因为这是对国民和国家最有利的国内贸易和对外贸易的政策,应该废除有关禁止和妨害国内贸易以及对外贸易的措施。

**3. 出卖最必需的和最有用的商品比出卖奢侈品对国家有利**

为了尽可能地保持本国的独立性和相互贸易的优越性,只从外国购买奢侈品,而把生活必需品出卖给外国。魁奈在《人口论》中这样指出:"随你怎样去吹捧我国的时髦商品、丝织品和其他出口货物的生产,总之,这些都是微不足道的。不过我们将永远保持这样的意见:撇开原料问题不谈,这种只能补偿体力劳动价格的生产,同土地所提供的收入比较起来,对一个大国来说是意义不大的。"最后还说:"因此我们不要为那种仅能补偿体力劳动费用的零星的奢侈品贸易所吸引,因为我国的耕地是非常广的。我们要对我们的土地施肥,尽可能更多地出售谷物、葡萄酒、布匹和本国的羊毛。各种各样的产品,这才是真正的财富,这种每年再生产的财富能保证我们得到各种工场制造品和一切种类的工业品。财富是手工业和奢侈品的泉源。"

由此可见,以上重农学派有关对外贸易的观点与重商主义者的观点是不同的,甚至可以说是相反的。

**(四)理论评价**

魁奈的去世和杜尔哥免职后对其所推动的改革的反动,标志着重农主义的迅速崩溃。1776 年《国富论》的出版给重农学派以致命的打击,在理论和政策主张上,亚当·斯密的经济思想成为以后的古典经济学的传统思想。

重农学派是中国古代文化与现代西方经济学之间的一座桥梁。亚当·斯密正是在与魁奈和杜尔哥的接触中,产生对经济学的研究兴趣并着手制订《国富论》的写作计划的。与魁奈和杜尔哥的讨论对亚当·斯密构思其研究思路和形成其写作框架具有重要的帮助,而重农学派对中国文化的倾慕也对亚当·斯密产生了一定影响。

# 第二节　绝对优势理论

自由贸易理论最早由法国的一些重农主义者和英国学者大卫·休谟提出,完成于古典学派的政治经济学。首先由亚当·斯密在其代表作《国民财富的性质和原因的研究》中提出国际分工,实行自由贸易。

## 一、亚当·斯密简介

亚当·斯密是第一个建立起市场经济学分析框架的经济学家,1776 年写出了奠定政治经济学理论体系的著作《国民财富的性质和原因的研究》。在这部著作中,亚当·斯密第一次把经济科学所有主要领域的知识归结成一个统一和完整的体系,而贯穿这一体系的基本思想就是自由放任的市场经济思想,亚当·斯密的贸易思想是其整个自由竞争市场经济体系的一个有机组成部分。

在《国富论》中,亚当·斯密认为人们总是依照利己主义原则行事,而且这种个人的利己行为最终会有利于全社会的利益,他认为个人利益和国家利益将会完美地融合为一体,共同促进经济的持续增长和繁荣。唯一潜在的问题是政府对自由市场的干预、商业垄断行为或糟糕的税收政策。因此,亚当·斯密提出了反对重商主义对贸易实施限制,提倡英国政府控制垄断,对公民征税应谨慎等观点。

## 二、绝对优势理论产生背景
### (一)经济基础

18 世纪 60 年代英国的资本主义处于从工场手工业向大机器工业过渡的时期。随着工业资本的发展,工场手工业中的分工日益发达,机器设备的使用率越来越高,生产规模逐渐扩大。到 18 世纪末,英国的经济力量已经超过其在欧洲大陆的两个对手——法国和西班牙,而且工业革命正在由萌芽向高涨发展。随着资本主义生产的迅速发展,工业资本的实力逐渐增强,为了便于对外进行争夺,工业资本要求贸易自由,而原有的旨在保护商业资本的重商主义的保护贸易政策,既与工业资本的要求相矛盾,也不适合当时的经济情况。新兴的资产阶级要求扩大对外贸易,以便从海外获得生产所需的廉价原料,并且为其产品寻找更大的海外市场。为此就要摆脱重商主义对国民经济和对外贸易的束缚。

与此同时,在重商主义制度下所建立的经济上的特许和垄断制度的效率低下、浪费严重的弊端已经暴露无遗,对新兴的资产阶级发展资本主义的阻碍作用日益显现。

### (二)思想基础

为了适应时代的要求,代表产业资产阶级利益的意识形态产生了。在哲学和政治思想方面出现了天赋人权和自然秩序的学说。在经济思想上产生了以英国经济学家大卫·休谟和亚当·斯密为代表的经济自由主义思想。

以大卫·休谟为代表的工业资本派别,对当时英国政府所施行的保护贸易政策进行抨击,指出要发展生产,促进贸易,唯有对贸易不加任何干涉,听任自由经营。大卫·休谟从生产领域到流通领域论证自由贸易的必要,对当时英国政府所施行的重商主义的保护贸易政策和重商主义所标榜的贸易差额理论,作出猛烈批评。通过这种批评,他为工业资本攻击商业资本奠定了理论基础。后来代表工业资本的经济学家对重商主义的批评,大多是以休谟的理论为依据展开的。重商主义者认为货币就是财富,但在大卫·休谟看来,货币只不过是计算单位和流通手段,而不是财富;在交换中,货币仅仅表示商品交换的比例关系。因此,货币数量的增加或减少,只会引起物价的涨跌,对国家的财富并不发生影响。所以,他认为重商主义者所主张的贸易平衡是没有意义的,也是无法实现的。

亚当·斯密受到过很多经济学家的不同程度的影响,但大卫·休谟对他的影响最深。大卫·休谟为工业资本攻击商业资本奠定了理论基础,亚当·斯密通过《国富论》一书,建立起来的政治经济学体系,就是在批判重商主义理论的基础上形成的。马克思认为,政治经济学的大殿是由亚当·斯密建立起来的,而大卫·休谟对这个大殿的建立起了引导的作用。马克思指出:"在政治经济学的真正庙堂的入口,出现了大卫·休谟。"除了大卫·休谟外,亚当·斯密还受到了詹姆斯·斯图亚特、夏里士、约西亚·达卡、孟德维尔和赫契森等学者的影响,在此基础上,亚当·斯密在《国富论》一书中进一步提出了许多为工业资本作辩护的经济理论,对重商主义进行了严厉的批判,并提出了绝对优势学说,阐述了国际分工产生的原因、方式及其效果。

### 三、绝对优势理论主要内容

亚当·斯密的绝对优势贸易理论是在对重商主义"有利的贸易差额"的批判中产生的。亚当·斯密指责重商主义政策把生产看作工商业的终极目的,消费者的利益因生产者的利益而被牺牲。亚当·斯密认为要实现生产的目的,就必须根据优势进行分工,发展生产;在国内实行自由放任,在国际开展自由贸易,以便为满足人们的消费提供更多的商品。

### (一)主张自由贸易

在《国富论》第三篇《论不同国家中财富的不同发展》中,亚当·斯密阐明了社会财富发展的原理,指出贸易自由,生产力就会发展,财富才能增加。他认为,社会富裕水平的不同,取决于农业和工业的兴盛情况,特别是工业的兴盛情况。而在第四篇《论政治经济学体系》中,亚当·斯密主要批判了重商主义所提倡的贸易统治理论,认为它阻碍国家财富的增长。在对重商主义经济理论的批判中,他提出经济上自由放任的主张,指出只有个人经济活动不受到干涉,国家财富才能增加,资本积累才能增进。他认为市场机制像一只看不见的手一样,能够自动调节人们通过自由贸易实现最大的贸易利益。

**(二)各国的经济专业化能够提高生产效率和增加国民收入**

亚当·斯密的贸易理论是从个人之间的分工和贸易出发,进而扩展到国际分工和国际贸易的。最初亚当·斯密只从互通有无的角度论证社会分工的必然性,他认为,无论是个人之间还是国家之间,开展贸易都是为了交换剩余产品。但是,当亚当·斯密从充分利用优势的角度对社会分工的必然性进行论证时,他注意到,贸易可以降低生产成本,节约社会劳动。他说:"每一个精明的家长都知道这一格言:一件物品做比买贵,就宁买不做。裁缝不愿自己做鞋,而是向鞋匠买。鞋匠不愿自己做衣服,而是雇裁缝做。农民既不愿自己做衣服,也不愿自己做鞋,而是雇裁缝和鞋匠做。之所以如此,是因为他们都愿意发挥自己的优势。""为了他们自身的利益,他们都认为应当把他们的全部精力集中使用到比邻人处于某种优势的方面,而以产品的一部分或同样的东西,即其一部分价格,购买他们所需要的其他任何物品。"由此可以看到,亚当·斯密要说的是,如果每个人为了自身利益都专业化于生产自己拥有优势的商品,那么整个社会的劳动生产率就会提高,社会总产量就会增加。

**(三)从个人之间的分工和贸易推论到国际分工和国际贸易**

亚当·斯密认为,同个人一样,对于同样的商品,一个国家也要把本国生产的费用和向国外购买的费用加以比较,以便决定是自己生产还是从国外进口。亚当·斯密主张"如果某个外国供应我们某种商品比我们自己生产这种商品便宜,那就不如把我们自己的劳动用于我们有某种优势的部门,而用我们自己的劳动的一部分产品向这个国家购买这种商品。"

亚当·斯密认为,一个国家拥有的第一种优势是自然优势,如气候、土壤、矿藏以及其他非人力所能控制的相对固定的环境;第二种优势是获得性优势,如劳动熟练程度和技术等。英国在当时发展纺织和冶铁的特殊技术或技巧就是获得性优势。按照亚当·斯密的看法,自然优势和后来获得性优势使一个国家在特定商品的生产方面可以节约劳动时间,形成成本优势,从而在国际市场上具有价格优势。因此,每个国家都应当专业化生产本国拥有优势的商品,而不管这种优势是自然优势还是后来获得的优势。

亚当·斯密所说的优势被称作绝对优势或绝对利益。斯密的绝对优势理论指明一国出口的是那些在本国进行生产比较有效率的商品,而进口的是在国外进行生产比较有效率的商品,这样就使进行贸易的双方国家比各自在闭关自守时交换到更多的商品量。也就是说,每一个国家都有其适宜于生产的产品,他们相互交换就会使各国资源、劳动力、资本得到最有效的利用。例如,苏格兰可以在暖房中种植葡萄,酿造出上等美酒,但是它的成本比国外的贵30倍。在这种情况下,为了鼓励在苏格兰生产酒类,而禁止所有外国酒的进口,显然是荒谬的。

亚当·斯密提出的原则为:"只要甲国有此优势,乙国无此优势,乙国向甲国购买,总是比自己制造有利。"这样可以以绝对优势为基础进行国际分工。

### 四、绝对优势理论贸易模型

#### (一)基本假设条件

(1)全世界只有两个国家,即 A 国和 B 国。

(2)生产过程中唯一形成成本的要素就是劳动。

(3)生产要素在两国之间不流动,但在一国范围内各部门间可以自由流动。

(4)两国的资源都得到充分利用。

(5)没有运输成本或其他交易成本,而且产品在各国间可以自由流动。

(6)进出口的价值相等。

(7)生产和交换在完全竞争的条件下进行。

#### (二)生产和贸易模式以及贸易所得

根据绝对优势贸易理论,各国应该专门生产并出口其具有"绝对优势"的产品,进口其不具有"绝对优势"的产品。

假设英国和美国都生产小麦和布匹两种产品,为简单起见,假定两种产品的成本仅由劳动的消耗构成,劳动时间的多少直接决定了产品的成本。从生产成本的角度来说,由于两国在生产同一种产品的成本上存在差异,根据绝对优势原则,通过两国间的劳动分工和相互贸易,双方都能获得利益,见表 3-1。

表 3-1　英国和美国分工前后产品的生产和消费情况

| 产品生产和消费情况 | | 小麦 | | 布匹 | |
|---|---|---|---|---|---|
| | | 劳动量 | 产出量 | 劳动量 | 产出量 |
| 分工前 | 英国 | 150 | 120 | 50 | 100 |
| | 美国 | 100 | 120 | 100 | 100 |
| 分工后 | 英国 | 0 | 0 | 200 | 400 |
| | 美国 | 200 | 240 | 0 | 0 |

注　1. 英美两国均有 200 单位劳动量。

　　2. 美国以 120 单位小麦(100 单位劳动)与英国的 200 单位布匹(100 单位劳动)相交换。

根据表 3-1,假定在国际贸易分工发生以前,两国各自拥有 200 单位的总劳动投入量,各国的劳动产出即为各国能够消费的数量。英国 150 单位的劳动投入可以生产 120 单位的小麦;50 单位的劳动投入可以生产 100 单位的布匹。美国 100 单位的劳动投入可以生产 120 单位的小麦;100 单位的劳动投入可以生产 100 单位的布匹。尽管两国两种产品的生产效率不一样,但是英美两国的生产和消费均衡点均在 120 单位小麦,100 单位布匹。

国际贸易分工发生以后,按照绝对优势原则两国开始国际分工。从表 3-1 不难看出,同样为 120 单位小麦的产出,美国投入的劳动量更少,因此美国在生产小麦上具有绝对优势;

同样为 100 单位布匹的产出,英国投入的劳动量更少,因此英国在生产布匹上具有绝对优势。按照绝对优势原则,美国生产小麦的劳动生产率比英国高,所以美国应该专门生产小麦,并同英国交换布匹;英国生产布匹的劳动生产率比美国高,所以英国应该专门生产布匹,并同美国交换小麦。

分工后的美国将全部 200 单位的劳动量用于专业生产小麦,共计生产 240 单位的小麦,但布匹产品产量为 0;英国将全部 200 单位的劳动量用于专业生产布匹,共计生产 400 单位的布匹,同时小麦产量为 0。因此,分工后,在全部劳动消耗不变的情况下,与分工前相比较,布匹的总产量增加了 200 单位。美国以 120 单位小麦与英国的 200 单位布匹相交换,并保持原来的消费水平,那么两国的消费均衡点上升到 120 单位小麦,200 单位布匹,两国的消费均有所增加。也就是说英美两国均从专业生产并交换小麦或布匹中获利,福利水平也随之提高。

### 五、绝对优势理论评价

#### (一)积极影响

##### 1. 反对封建残余、推动资本主义发展

该理论肯定了国际贸易可以同时为参与贸易的双方带来经济上的利益。各国利用自己的优势进行专业化生产,然后进行国际贸易,各国都能从中获利,从根本上否定了重商主义的"零和博弈"思想,为各国之间开展自由贸易扫清了障碍,促进了国际贸易理论和实践的发展,为进行国际贸易理论研究提供了前提和基础。

##### 2. 将劳动分工的概念扩大到了国际范围

亚当·斯密的绝对优势理论强调了劳动分工对于提高劳动生产率的巨大意义,第一次从生产领域阐述了国际贸易的基本原因,揭示了国际分工和专业化生产能使资源得到更有效地利用,从而提高劳动生产率的规律。说明只要各国之间根据各自的优势进行劳动分工,就能通过交换达到互通有无的目的,因此,它为国际贸易的进一步发展奠定了理论基础。

##### 3. 奠定古典政治经济理论的基础

亚当·斯密用其劳动价值论对国际贸易进行分析,从商品决定成本差异的角度来讨论国际贸易的基础,提出了用经济学理论分析国际贸易的思路,为国际贸易中古典理论的形成奠定了基础。

#### (二)不足之处

##### 1. 忽略了产品使用价值上的差异

亚当·斯密认为,交换是人类固有的天性,交换是出于利己心,主观为私利,客观为社会;分工是人类交换倾向自发产生的;等等。这些看法在本质上是错误的,他没有认识到分工和交换的产生是生产力发展的结果,其性质是由生产关系决定的。受他本身思想观点和所处的历史条件的限制,亚当·斯密在分析国际贸易的基础时,只看到成本上的差异,而没有看到使用价值的差异在国际贸易中所起的作用。

2. 忽略了多个国家同时参与国际分工的现实

绝对成本说局限于"两个国家"模型。但是在现实社会中,世界市场上的贸易伙伴有多种类型,因此生产成本不能只由劳动生产率来决定;贸易利益也不能仅从财富增值这一个角度看。长期以来,由于这类国家只能在"自然优势"起主要作用的产品上开展对外贸易,而在工业制成品方面一直被排除在国际贸易之外,因此,这类国家无法通过国际贸易实现亚当·斯密所提到的财富增值这一目的。

3. 无法解释发展中国家如何参与国际分工

绝对优势理论表明,参与自由贸易的国家必须具备某一产品生产的绝对优势,或者说在某产品的生产中它有最高的劳动生产率,最低的绝对生产成本,否则将失去贸易竞争的参赛资格。在完全竞争的条件下,自由贸易只会发生在世界极少数几个国家,即只发生在发达国家之间,而发达国家与欠发达国家之间不可能产生贸易。它只能说明生产成本有绝对优势的国家参与国际分工和国际贸易才能获得利益,也就是说,亚当·斯密的理论只说明了国际贸易实践中的一种特殊情形,因而不具有普遍意义。另外,亚当·斯密只是说明了两国之间在某种产品上具有绝对优势时就可以同另一个国家进行贸易,但没有说明国家之间进行产品交换的内在等价要求。

# 第三节　比较优势理论

## 一、大卫·李嘉图简介

大卫·李嘉图于 1772 年 4 月 19 日出生在英国伦敦,是古典政治经济学的完成者。他在 1817 年出版的《政治经济学及赋税原理》一书中发展了比较优势理论。亚当·斯密的绝对优势理论暗含着一个假定,就是贸易双方至少有一种低成本的商品能在国际间销售。但是如果一个国家连一个具有成本优势的产品都没有,那么还会发生国际贸易吗? 即使国际贸易还会发生,双方还能分享贸易利益吗? 为了回答这些问题,李嘉图提出了比较优势理论,指出即使一个国家各个行业的生产都缺乏效率,没有具有绝对优势的产品,通过国际贸易仍能得到贸易利益。

## 二、比较优势理论产生背景

### (一)经济基础

进入 19 世纪,机器大工业的蓬勃发展使英国在对外贸易中已经处于绝对优势地位,英国资产阶级迫切要求进一步扩大对外贸易。但是在 1815 年,英国政府修订实施了维护土地贵族阶级利益的"谷物法"。由于限制谷物进口,引起英国国内粮价上涨,地租猛增,这对土地贵族有利,却严重地损害了工业资产阶级的利益。粮价的上涨,迫使工业资产阶级提高工人工资,造成成本上升,利润减少,削弱了工业品的竞争能力。在对外交往方面,由于"谷物法"限制外国粮食的进口,必然招致对方国家采用高关税阻止英国工业品出口的报复手段。

于是,围绕"谷物法"的存废问题,英国工业资产阶级同土地贵族展开了激烈的斗争。土地贵族阶级拼命维护"谷物法",极力阻止谷物自由贸易,而工业资产阶级则针锋相对,大力鼓吹谷物自由贸易的好处,要求议会废除"谷物法"。这时,英国工业资产阶级迫切需要从理论上论证谷物自由贸易的优越性。

### (二) 思想基础

大卫·李嘉图作为工业资产阶级的代言人,以"比较优势说"作为理论武器,反对英国政府颁布的"谷物法"。

比较优势说最早是由托伦斯在他 1815 年出版的《论对外谷物贸易》一书中提出来的。大卫·李嘉图在他 1817 年出版的《政治经济学及赋税原理》这本影响广泛的著作中,充分阐述了这个理论,并为当时的经济学界所接受。李嘉图把亚当·斯密的绝对优势概念发展为系统的比较优势说,从理论上论证谷物及一切商品的自由贸易对国家有利。这一理论力图证明,即使在各种商品生产中一个国家都占绝对优势,而另一个国家都处于绝对劣势,仍然存在着有利于双方的国际分工和国际贸易的可能性。可以说,比较优势说不仅为当时英国工业资产阶级发展对外贸易起到了舆论推动作用,也成为以后国际贸易理论发展的一块重要基石。

### 三、比较优势理论主要内容

比较优势理论的核心思想是"两优取其最优,两劣取其次劣"。

大卫·李嘉图以亚当·斯密的理论为基础进一步指出,国际贸易分工的基础不限于绝对成本差异,即使一国在所有产品的生产中,其劳动生产率都处于全面优势或全面劣势的地位,只要有利或不利的程度有所不同,该国就可以通过生产劳动生产率差异较小的产品参加国际贸易,从而获得比较利益,这就是比较优势理论。发达的资本主义国家在工业生产和农业生产方面都居绝对优势,但在工业生产方面占有"极大优势",即比较优势,因而可以出口工业品以进口农产品。可见,大卫·李嘉图的比较优势概念既指绝对优势中的最大优势,又指绝对劣势中的最小劣势。因此,亚当·斯密的绝对优势概念在李嘉图这里表现为比较优势的一种特殊情况。

按照大卫·李嘉图的论述,建立在比较成本优势上的国际分工和国际贸易,主要有以下好处:第一,每个国家都专业化于特定商品的生产,有利于充分利用各种资源,提高劳动生产率;第二,每个国家都可以通过贸易满足自己对其他商品的需要,在贸易中用本国一定数量的商品能够换到比自己生产时数量上要多的外国商品,从而提高本国的消费水平;第三,从全世界来说,每个国家充分利用本国优势的结果,可以有效地提高全世界生产总量,增进各国的共同利益。

### 四、主要分析工具

#### (一) 生产可能性曲线

生产可能性曲线又称生产可能性边界,用来表示经济社会在既定资源和技术条件下所能生产的各种商品最大数量的组合,反映了资源稀缺性与选择性的经济学特征。通常为两种商品的生产可能性比较。如图3-2所示,在坐标轴上表示出的图形为生产可能性曲线,也可称为转换线。

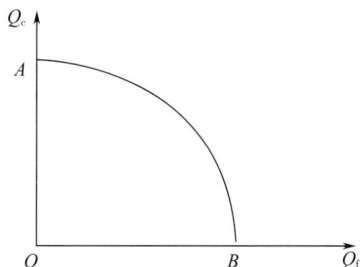

图3-2 生产可能性曲线

生产可能性边界的存在说明了稀缺性的存在。如果没有稀缺性,能生产的产品就没有限制,也就不存在生产可能性边界了。所以,生产可能性边界实际上是把稀缺性具体化了。从生产可能性边界来看,选择就是决定按生产可能性边界上的哪一点来进行生产,即生产的两种产品的组合是哪一种。选择取决于个人的偏好,即取决于对每种产品的偏好程度。以消费满足程度最大化为目的的人会作出理性选择,即能实现这种最大化的选择。因此,运用生产可能性边界就可以使选择具体化。

**(二)机会成本**

西方经济学家认为,经济学是要研究一个经济社会如何对稀缺的经济资源进行合理配置的问题。从经济资源的稀缺性这一前提出发,当一个社会或一个企业用一定的经济资源生产一定数量的一种或几种产品时,这些经济资源就不能同时被使用在其他的生产用途方面。这就是说,这个社会或这个企业所获得的一定数量的产品收入,是以放弃用同样的经济资源来生产其他产品时所能获得的收入作为代价的。机会成本的概念由此产生。例如,农民在耕作时,如果选择种植水稻就不能选择种植棉花,种植水稻的机会成本就是放弃种植棉花的收益。又如学生在周末,可以在去图书馆看书学习或者外出郊游之间进行选择。因此,机会成本是指在资源稀缺的条件下,把一定的生产资源用于生产某种产品时,不得不放弃另一些产品生产上能够获得的最大的收益。机会成本越小,则表示选择该物品的经济合理性越高;反之,则越低。

利用机会成本概念进行分析的前提条件是:资源是稀缺的,资源具有多种用途,资源已经得到充分利用,资源可以自由流动。

一种物品的机会成本可用两种方法表示:其一是产出表示法,其二是投入表示法。使用他人资源的机会成本,即付给资源拥有者的货币代价被称作显性成本。因为使用自有资源而放弃其他可能性中得到的最大回报的代价,也被称为隐性成本。

**(三)社会无差异曲线**

社会无差异曲线是表明一个国家或经济体保持等量的国民消费水平或福利水平的两

种商品的各种消费量组合的点的轨迹,或者说它是显示社会福利水平为一常数的各种消费选择。如图3-3所示,每一条社会无差异曲线都代表一定的社会效用水平,其曲线上每一点的斜率都表明社会对私人物品和公共物品的边际替代率。每条曲线上各点代表的是福利水平相等的私人物品和公共物品的各种组合。位置越高的无差异曲线,代表的福利水平越高。

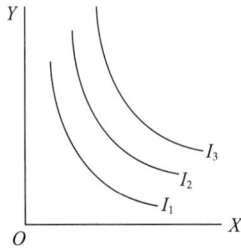

图3-3 社会无差异曲线

社会无差异曲线可以表示为:

$$U=f(X,Y)$$

式中:$X$ 和 $Y$ 分别为两种商品的消费数量。

社会无差异曲线主要有四个特征。第一,假定每个商品都被限定为多了比少了好,那么无差异曲线一定向右下方倾斜,就是说,其斜率一定为负。只是在特殊情况下,即当某种商品为中性物品或令人讨厌的物品时,无差异曲线才表现为水平的或者垂直的,甚至是向右上方倾斜,即斜率为正。第二,在每种商品都不被限定为多了比少了好的前提下,位置越高或距离原点越远的无差异曲线所代表的消费者的满足程度越高。换句话说,较高无差异曲线上所有商品组合的效用高于较低无差异曲线上所有商品组合的效用。第三,任何两条无差异曲线不能相交。这是因为两条无差异曲线如果相交,就会产生矛盾。只要消费者的偏好是可传递的,无差异曲线就不可能相交。第四,无差异曲线通常是凸向原点的,这是由边际替代率递减规律所决定的。

**(四)国民收入预算线**

国民收入预算线是一个经济指标,用来衡量一个国家或地区的人均收入水平。它表示了人们在给定收入水平下可支配的最大消费额。在既定的收入水平与价格水平下,将消费者能够购买到的不同商品组合起来,就得到一条表明各种消费选择的国民收入预算线。

如图3-4所示,国民收入预算线方程可以表示为:

$$P_1X_1+P_2X_2=I$$

式中:$P_1$ 为商品1的价格;$P_2$ 为商品2的价格;$X_1$ 为商品1的购买数量;$X_2$ 为商品2的购买数量;$I$ 为消费者收入。

国民收入预算线受到经济发展水平、物价水平、政府政策和社会需求等多方面的影响。第一,一国(或地区)的整体经济发展水平会直接影响人们的收入水平和消费能力,经济发展

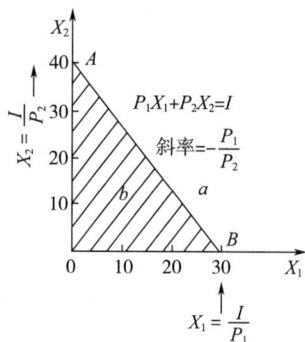

图 3-4 国民收入预算线

水平较高的国家通常会有更高的国民收入预算线。第二,物价上涨会导致相对价格线的上升,从而影响人们的消费能力。第三,政府的税收政策、社会保障制度和收入分配政策等也会对国民收入预算线产生影响。例如,提高个人所得税的税率可能会降低人们的可支配收入,从而影响国民收入预算线。第四,人们对不同商品和服务的需求会随着时间的变化而变化,因此国民收入预算线还会受到社会需求的影响。

### 五、比较优势理论贸易模型

#### (一)理论分析的基本假设

(1)1×2×2 模式:仅考虑劳动力投入,有且仅有两个国家,生产两种商品。

(2)生产商品的劳动都是同质的,没有熟练和非熟练之分。

(3)固定的要素禀赋水平,资源处于充分就业状态。

(4)生产要素可以在国内不同的行业之间自由流动,在国家之间不能流动。

(5)商品的相对价值取决于它们的相对劳动投入量,生产成本不变。

(6)不同的国家之间存在技术的差异,技术水平是不变的。

(7)贸易按实物交换的方式进行,进行贸易的国家国际收支处于完全平衡状态。

(8)自由贸易:不存在贸易限制。

(9)完美市场:商品和要素市场完全自由竞争,贸易在完全竞争的条件下进行。

(10)交易成本为零,不考虑运输成本、货币等因素的影响。

(11)收入分配没有变化。

(12)不存在技术进步和经济发展,国际经济是静态的。

#### (二)生产贸易模式

大卫·李嘉图认为,若从国家间的贸易来看,每个国家就不一定需要有某种产品成本处于绝对有利地位才能开展对外贸易。他用英国和葡萄牙都生产毛呢和酒的著名例子来论证他的比较优势理论。

假设英国生产一定量的毛呢需要 100 人劳动 1 年,生产一定量的酒需要 120 人劳动 1 年;而葡萄牙生产同量的毛呢和酒分别需要 90 人劳动 1 年和 80 人劳动 1 年,见表 3-2。

表 3-2 　分工前两国劳动成本比较　　　　　　　　单位:人/年

| 国别 | 毛呢 | 酒 |
|---|---|---|
| 英国 | 100 | 120 |
| 葡萄牙 | 90 | 80 |

由表 3-2 可知,在两种产品的生产上,葡萄牙都占优势,而英国都处于劣势。大卫·李嘉图认为,两国产品的交换取决于生产这两种产品的相对成本或比较成本,而不是生产这两种产品所花费的绝对成本。葡萄牙生产毛呢的劳动成本是英国的 90%,而生产酒的劳动成本只有英国的 67%,前者大于后者。这就是说,虽然葡萄牙在生产这两种产品中的任何一种所耗费的劳动量都比英国少,即它生产这两种产品的效率都比英国高,但是葡萄牙生产这两种产品的效率并不是一样的。葡萄牙生产酒的效率比生产毛呢的效率更高一些。这就是相对优势或比较利益。换言之,葡萄牙生产这两种产品都具有绝对优势,但相比之下,它在酒的生产方面更有优势。

从英国方面看,英国生产酒和毛呢的单位劳动成本都比葡萄牙的高。英国生产毛呢的劳动成本与葡萄牙相比,英国生产毛呢的成本是葡萄牙的 1.1 倍,生产酒的成本是葡萄牙的 1.5 倍。英国生产这两种产品的效率都比葡萄牙的低。虽然如此,但两相比较,英国生产毛呢的效率相对地高一些。这就是说,英国在生产毛呢方面有相对优势或比较利益。

因此,大卫·李嘉图认为,如果英国的劳动力全部用来生产毛呢,而葡萄牙的劳动力全部用来生产酒,也就是各国分工只生产各自具有相对优势的产品,不但各种产品的产量可以增加,而且通过贸易,双方都可以获得利益。

**(三) 贸易影响和贸易所得**

1. 来自分工的利益

主要体现在实行国际分工后,世界产量明显增加。具体说明见表 3-3。

表 3-3 　分工后产品总量

| 国别 | 毛呢 | 酒 |
|---|---|---|
| 英国 | (100+120)÷100＝2.2 单位 | — |
| 葡萄牙 | — | (80+90)÷80＝2.125 单位 |

由上述可知,分工专业化生产后,英国把原来生产酒的劳动也用来生产毛呢,共生产 2.2 单位毛呢;葡萄牙把原来生产毛呢的劳动也用来生产酒,共生产 2.125 单位的酒。结果酒和毛呢的总量都比分工前增加了,即毛呢增加了 0.2 单位,酒增加了 0.125 单位。

2. 来自贸易的利益

主要体现在分工后随着世界产量的增加,通过交换(国际贸易),各国国内的消费量也随之增加。具体见表 3-4。

表 3-4　交换后两国各自的消费量

| 国别 | 毛呢 | 酒 |
|------|------|------|
| 英国 | 2.2-1=1.2 单位 | 1 单位 |
| 葡萄牙 | 1 单位 | 2.125-1=1.125 单位 |

那么交换后,各国国内消费量将如何变化? 国际贸易使各国国内的消费量增加的具体情况取决于两种商品的国际交换比例,也就是决定于两国的贸易条件。李嘉图假定英国、葡萄牙两国商品的交换比例是 1∶1。按照这个交换比例,则葡萄牙可得 1 单位的毛呢和1.125 单位的酒,英国可得 1 单位的酒和 1.2 单位的毛呢。而两国在产品生产中投入的劳动并未增加,这样,两国都各自提高了自身的劳动生产率。

显而易见,由于国际分工获得的劳动量的节约,英国、葡萄牙都可用来增加各自的相对优势产品的产量和贸易量,从而增加了两国的国内消费量。与分工前的消费水平比较,两国的消费量均有所提高,即葡萄牙多消费 0.125 单位的酒,英国多消费 0.2 单位的毛呢。

## 六、比较优势理论评价

### (一) 积极影响

首先,比较优势理论以劳动价值论为基础,为国际贸易理论提供了一个科学的基础和出发点,使国际贸易中的一系列重大理论问题,特别是关于国际市场价格决定、国际贸易利益分配等问题,有可能得到正确的解决,在国际贸易理论史上有重要意义,为国际贸易理论奠定了基本的分析框架。

其次,大卫·李嘉图的比较优势理论从理论上为国际贸易的进一步扩大,为资本主义生产方式和交换方式的国际化,为国际范围内劳动生产率的提高开辟了道路。比较优势或比较成本的差异实质上是比较劳动生产率的差异。因此,每个国家都应当努力提高劳动生产率,节约劳动时间,用最小的劳动耗费,取得最大的经济效果。生产单位商品耗费的劳动量是衡量优势的尺度,是对进出口商品进行排队的标准。每个国家的出口应当从本国耗费劳动量最小的商品开始,进口则应当从本国耗费劳动量最大的商品开始。这样,每个国家都能从国际贸易中得到好处,从而有利于提高消费水平和生产力水平。

最后,比较优势理论为现代国际贸易中经济相对落后国家以对外贸易发展本国经济提供了理论基础。它打破了绝对优势理论的严格假设,说明在一国生产两种商品都处于绝对劣势的情况下,也可以进行贸易。比较优势理论通过对两国生产产品成本的比率进行比较,从而得出可以进行贸易的商品。因此,不论这个国家处于什么发展阶段,经济力量是强是弱,都能确定各自的相对优势,即使是处于劣势的也能找到劣势中的优势。各国根据自己的相对优势安排生产,进行贸易,则贸易双方都可以用比较少的劳动耗费,交换到比闭关自守时更多的产品,并增加了总的消费量。

### (二) 不足之处

首先,一系列严格假定的存在,使大卫·李嘉图的比较优势理论与实际情况之间有相当大的距离。李嘉图通过一系列严格的假定将比较优势原理变成了一种纯粹抽象的推理,他不仅把多变的经济情况抽象成为静态的、凝固的状态,而且将现实的国际经济关系抽象化。事实证明,一个国家生产的相对优势长期固定在少数几种产品上,特别是固定在少数初级产品的生产上时,这样的国际分工对它是非常不利的。李嘉图的国际分工模式,完全代表了英国资产阶级的利益,反映了英国资产阶级企图使英国成为世界工厂,使世界其他国家成为英国工业品销售市场以及粮食和原料供应基地的愿望和要求。

其次,大卫·李嘉图无法解释他的比较优势理论与劳动价值论之间的矛盾,错误地得出了适用于国内贸易的价值规律不适用于国际贸易的结论。大卫·李嘉图认为调节一个国家中商品相对价值的同一规律,不能调节两个或两个以上国家之间相互交换的商品的相对价值。这一错误结论,反映出大卫·李嘉图思想上的矛盾。一方面,他坚持劳动时间决定商品价值的原理,力图用劳动价值理论说明比较优势,说明国际贸易产生的原因;另一方面,国际市场上的交换比率这一具体的复杂现象又使他感到很难直接用等价交换原则来予以说明。于是,他表现出犹豫以至动摇,误以为价值规律只适用于国内贸易,而不适用于国际贸易。

最后,在对国际贸易利益的分配问题进行考察时,大卫·李嘉图把使用价值同价值绝对对立起来,认为对外贸易在增加一个国家的使用价值量时并不增大价值量。马克思指出:"因此,在大卫·李嘉图那里就出现了价值和财富之间的绝对对立 …… 他的国际贸易理论是错误的,他认为国际贸易只产生使用价值(简称为财富),不产生交换价值。"大卫·李嘉图的这一错误妨碍了他自己对国际贸易利益分配问题的深入分析。

**思考题**

1. 重商主义的观点"一国必须保持贸易顺差"在两国模型里是否可能?为什么?
2. 简述亚当·斯密的绝对优势贸易理论的主要内容。
3. 简述大卫·李嘉图的比较优势贸易理论的主要内容。
4. 联系实际说明李嘉图"比较优势贸易理论"有何重大意义。

# 第四章 新古典国际贸易理论

## 学习目标

1. 了解新古典国际贸易理论产生的背景。
2. 知悉要素禀赋理论的主要内容及对比较优势理论做出的发展。
3. 明确西方经济学家对里昂惕夫之谜做出的解释。
4. 掌握国际贸易新要素理论对生产要素内容做出的扩展。

新古典国际贸易理论

## 案例导入

### 林毅夫:新结构经济学——新古典经济学的结构革命

新结构经济学最早发轫于20世纪末林毅夫及其合作者对于发展中国家计划经济体制本质的探索。1988年因中国经济过热,国内首次出现了两位数的通货膨胀,这促使人们反思计划经济体制的问题。林毅夫在考察了印度等国家的经济发展情况后认为,导致中国以及其他发展中国家经济绩效低下的根本原因是这些国家在资本稀缺的要素禀赋结构下,实行了资本密集的重工业优先发展的赶超战略,而这种战略使企业在开放竞争的市场体系中难以获得自生能力。此后,林毅夫等人进行了深入研究。在《中国的奇迹:发展战略与经济改革》这一经典之作中,从发展战略与要素禀赋的矛盾出发,提出了决定一个国家提升经济绩效的关键是所选择的发展战略是否与该国要素禀赋的特征相一致的观点。2001年,林毅夫在芝加哥大学经济系举办的盖尔·约翰年度讲座上做题为"发展战略自生能力与经济收敛"的报告时提出,一个经济的产业和技术结构是由其要素禀赋结构所内生决定的,只有当发展中国家的政府以比较优势作为产业发展的基本准则时,这个经济才会有运行良好的市场。2007年,在剑桥大学的年度马歇尔讲座上,林毅夫发表了题为"经济发展与转型:思潮、战略与自生能力"的演讲,完整地提出了一套新的发展经济学和转型经济学理论体系,获得了包括诺贝尔经济学奖获得者加里·贝克尔等世界一流经济学家的关注和极高的评价。

2009年6月,林毅夫以《中国的奇迹:发展战略与经济改革》和马歇尔讲座的理论框架为基础,在出任世界银行高级副行长兼首席经济学家一周年的一个内部研讨会上反思了发展经济学理论进程和发展中国家经济发展与转型的成败经验,提出了"新结构经济学"。2011年3月,林毅夫在耶鲁大学著名的库效涅茨年度讲座上,以"新结构经济学:反思发展问题的一个理论框架"为题阐述了新结构经济学理论的基本框架和主要观点,演讲全文发表在2011年出版的《世界银行研究观察》第26卷第2期,向世界经济学界宣告了新结构经济学的诞生,获得了包括迈克尔·斯宾塞、约瑟夫·斯蒂格利茨等诺贝尔经济学奖获得者在内的多位国际经济学家的高度评价。

新结构经济学从产生之日起研究的就是发展中国家经济发展的计划经济体制问题,而在对这一问题的探索中,在21世纪初,林毅夫等人就已经清晰地认识到发展中国家要遵循自身要素禀赋结构所决定的比较优势来发展产业,并认为这是一条推动发展中国家经济快速发展的正确道路。新结构经济学认为,要素禀赋指的是一个经济体在某一时点所拥有的资本、劳动力和自然资源的数量,即经济体在某一时点所拥有的各种生产要素的多少。要素禀赋结构则是一个经济中自然资源、劳动力和资本等存量的相对份额。所谓相对份额,就是一个国家(或地区)所拥有的不同生产要素禀赋的相对丰裕和相对稀缺的程度。不同国家(或地区)间所具有的生产要素禀赋结构是不同的。这一理论显然也能为发展中国家和欠发达地区经济发展提供理论指导。

新结构经济学认为,一个国家最终的发展目标是民富国强,提高人民的收入和生活水平。因此,要想达到此目标就需要技术创新、产业升级以提升劳动生产率水平,在此之前则必须改变其要素禀赋结构。而改变要素禀赋结构就必须根据要素禀赋决定的比较优势来选择产业、技术,以最低的要素成本来组织生产,再加上合适的软硬基础设施带来的较低交易成本,发展的产业才有最大的竞争力,才能创造最大的剩余和积累,从而逐步从资本短缺变成资本相对丰富,为技术创新和产业升级创造必要的物质条件。在此过程中,要使企业在追求利润时自发按照要素禀赋的比较优势来选择进入的产业,前提条件是有一套能够反映各种要素相对稀缺性的价格体系,这种价格体系只有在充分竞争的市场才会有;同时政府必须对敢于冒风险的先行企业家提供激励,并根据新产业的需要提供完善的软硬基础设施,产业升级才能成功。因此,在经济发展过程中,充分竞争的有效市场和因势利导的有为政府二者都不可或缺。

资料来源:北京大学国家发展研究院

# 第一节　相互需求理论

相互需求理论是西方庸俗经济学派在20世纪30年代前提出的国际贸易理论。约翰·穆勒承上启下,对大卫·李嘉图的比较优势理论做了重要的补充,提出了相互需求理论;马歇尔第一次把几何数学方法引入国际贸易的理论分析中去,并对相互需求理论做了进一步分析。

## 一、约翰·穆勒的相互需求理论

### (一)产生背景

最早对比较优势理论提出疑问的是英国著名经济学家约翰·斯图亚特·穆勒(John Stuart Mill,1806~1873年)。约翰·穆勒是19世纪中期英国最著名的经济学家,通常被看作"最后一个古典主义者"。他是李嘉图的学生,自称亚当·斯密、大卫·李嘉图的追随者,其代表作是1848年出版的《政治经济学原理及其在社会哲学上的若干应用》。在这本书中他首次提出:比较成本理论只能确定国际贸易的交换范围,也就是贸易条件的上下限,没有阐明国际商品交换比率究竟如何确定以及贸易利益将怎样分配的问题,也未考虑需求因素对国际贸易的重要影响。

为弥补古典贸易理论的这一缺陷,约翰·穆勒提出了国际价值论和相互需求理论。他认为,商品的国际价值取决于国际贸易条件,即取决于国际物物交换比率,而国际贸易条件又取决于国际需求方程,即取决于相互需求均等规律。这就是说,该方程所确定的贸易条件应该使出口品的价值等于进口品的价值。

将上述相互需求理论运用于国际贸易,得出:贸易条件或商品的国际交换比率由两国相互需求对方商品的强度决定,它与两国相互需求对方商品总量之比相等,只有这样才能使两国贸易达到均衡,也就是两国都恰好能用其全部出口抵补其全部进口。两国中任一国的需求强度发生变化,都意味着相互需求强度改变,必然会造成贸易条件或国际交换比率变动,以达到新的均衡。一国对另一国商品的需求越强,而另一国对该国商品的需求越弱,则贸易条件对该国越不利;反之,则使该国所获贸易利益越大,对该国越有利。

**(二) 比较成本确定互惠贸易的范围**

假设世界上只有 A、B 两国,只生产亚麻、呢绒两种商品,其单位劳动产出量见表 4-1。

表 4-1　A、B 两国单位劳动产出量　　　　　　　　　单位:码

| 国别 | 亚麻 | 呢绒 |
|:---:|:---:|:---:|
| A 国 | 15 | 10 |
| B 国 | 20 | 10 |

注　1 码 = 0.9144 米。

表 4-1 中显示,同一单位的劳动量,A 国可生产 15 码亚麻或 10 码呢绒,B 国可生产 20 码亚麻或 10 码呢绒。A 国生产 1 单位呢绒需放弃 1.5 单位的亚麻;B 国生产 1 单位呢绒需要放弃 2 单位亚麻。根据比较优势原则,两国在这两种商品的生产上分别形成专业化生产并进行相互贸易:A 国专业化生产呢绒并出口,B 国专业化生产亚麻并出口。A 国以 10 码呢绒换取 B 国的 17 码亚麻,这样两国均获利。

但若 A 国对亚麻的需求减少或 B 国对呢绒的需求增加,交换比率成为 10 码呢绒对 18 码亚麻,贸易条件对 A 国较有利;若交换比率成为 10 码呢绒对 16 码亚麻时,贸易条件对 B 国较有利。这两种情况下,贸易都不易展开。

因此,A、B 两国进行贸易时的交换比率介于两国两种商品的国内交换比率之间,且不等于两国的国内交换比率。只有在两国相互需求的商品价值相等时,贸易才能实现稳定均衡。也就是说,对 A 国而言,出口 1 码呢绒在国际贸易中所能交换到的亚麻数量,既要大于其在国内换到的亚麻数量(1.5 码),又要小于 B 国国内 1 码呢绒所能换到的亚麻数量(2 码),即亚麻在开区间(1.5,2)码范围内取值。同理,对 B 国而言,出口 1 码亚麻在国际贸易中所能交换到的呢绒数量,既要大于其在国内换到的呢绒数量(0.5 码),又要小于 A 国国内 1 码亚麻所能换到的呢绒数量(0.67 码),即呢绒在开区间(0.5,0.67)码范围内取值。在上述条件下,贸易双方才能都获利,国际分工和贸易也才能够实现。

### (三)国际交换比率的决定

第一,国际贸易条件。其一指代外国对本国商品需求的数量及其增长同本国对外国商品需求的数量及其增长之间的相对关系,其二指代本国可以从服务于本国消费需求的国内商品生产中节省下来的资本数量。因而,约翰·穆勒认为,在国际贸易中享有最为有利的贸易条件的国家正是那些外国对它们的商品有着最大需求,而它们自己对外国商品的需求最小的国家。

第二,一个国家向其他国家出口商品的意愿取决于它因此能从外国获得的进口商品的数量。基于国际贸易条件由两国间的相互需求决定,在某一特定贸易条件下,一国愿意提供的出口商品的数量正好等于其贸易伙伴国在同一贸易条件下所愿意购买的进口商品的数量,或一国的出口总额恰为它愿意支付的进口总额。也就是说,某一特定的贸易条件为贸易双方共同遵守。在这样的贸易条件下,两国的进口需求与出口供给两两对等,国际贸易处于均衡状态。

第三,在双边贸易中,对对方出口商品的需求,以及贸易双方共同遵守的国际贸易条件,随着由各国消费者的消费偏好等因素决定的对对方出口商品的需求强度的相对变动而发生变化。倘若外国对本国出口商品的需求高于本国对外国出口商品的需求,即外国的相对需求强度较大,本国的相对需求强度较小,则外国在同本国的竞争中就不得不做出某些让步,本国就可以享有比较有利的国际贸易条件。具体说来,对对方出口商品的相对需求强度较小的国家,在贸易双方的相互竞争中占有较为有利的位置,最终决定的国际贸易条件比较靠近外国的国内交换比率,因而本国可以获得相对较大的贸易利益。简言之,贸易双方之间的相对需求强度决定着国际贸易条件的最终水平,进而决定了国际贸易总利益在交易双方间的分割。现实的交换比率就由贸易双方的相互需求强度之比来决定,或者说,由对对方商品需求的相对强度来决定。

第四,国际交换比率除了取决于相互需求之外,还取决于该国可以从国内消费用的本国商品的生产中抽出多少资本。外国对该国商品的需求较之该国对外国商品的需求越大,以及该国为生产出口商品所能抽出的资本较之外国为生产该国需要的商品所能抽出的资本越少,则交易条件就对该国越有利,也就是说,该国用一定数量的本国商品,就可以换得较多的外国商品。

### (四)贸易条件影响贸易利益的分配

开展国际贸易所带来的总利益,取决于两国国内交换比率的差异。差异越大,就意味着贸易可行区间越大,而这正是两国的获利范围,其大小直接说明了贸易利益的大小。

但无论总利益是大是小,都存在两国间分配的问题。这是由具体的国际交换比率,也就是实际贸易条件决定的。越接近本国国内交换比率的国际交换比率,对本国越不利,在贸易总利益不变时就表明本国分到的份额越少;而越远离本国国内交换比率的国际交换比率,则对本国越有利。

约翰·穆勒的相互需求理论成为新古典学派国际贸易理论的基石。

## 二、马歇尔的相互需求理论

### (一)产生背景

阿尔弗雷德·马歇尔(Alfred Marshall,1842~1924年)是19世纪末20世纪初的英国及世界最著名的经济学家、剑桥学派的创建人之一,其著有的《经济学原理》于1890年出版。该书被看作与亚当·斯密的《国富论》、大卫·李嘉图的《政治经济学及赋税原理》齐名的划时代的著作。其供给与需求的概念,以及对个人效用观念的强调,构成了现代经济学的基础。阿尔弗雷德·马歇尔本人被认为是英国古典经济学的继承人和发展者,他的理论及其追随者被称为新古典理论和新古典学派。由于他及其学生,如凯恩斯、尼科尔森、麦格雷戈等先后长期在剑桥大学任教,因此也被称为剑桥学派。

阿尔弗雷德·马歇尔在约翰·穆勒理论的基础上,提出了供应条件(或提供条件)曲线,用几何方法来证明供给和需求如何决定国际交易比率,使相互需求说更为精密。他在1878年出版的《对外贸易的纯理论》一书中提出了提供曲线,用来进一步分析和说明约翰·穆勒的相互需求理论。这就是现在国际贸易理论中广为使用的"提供曲线"。

### (二)提供曲线及其特征

1. 提供曲线

提供曲线又称相互需求曲线,反映的是在各种贸易条件下,一个国家为了进口某一数量的商品而愿意出口的商品数量。因此,它既是一个国家的出口供给曲线,也是进口需求曲线。

2. 提供曲线的图示及特征

提供曲线的形状如图4-1所示。曲线A是在X商品生产上有比较优势的国家的提供曲线;曲线B是在Y商品生产上有比较优势的国家的提供曲线。两条提供曲线相交,决定了国际贸易条件$P_w$。

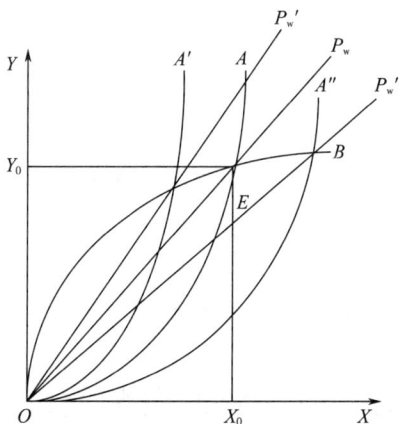

图4-1　提供曲线

各国的提供曲线凸向代表本国比较优势的坐标轴,而且到了某一点后,向后弯曲,如图中的提供曲线A。其原因主要如下。

（1）随着 $P_w$ 的上升，该国倾向于生产更多的 X 商品出口，这样 X 商品的边际成本会逐渐递增。因此，一定数量的出口只有能换回更多的进口，该国才愿意继续扩大贸易。

（2）该国国内对 X 商品的替代效应和收入效应的影响。当 $P_w$ 上升时，该国国内对 X 商品的需求下降，导致大量 X 商品用于出口；而随着 $P_w$ 的上升，该国国内的收入也逐渐上升，对每一种正常品的需求，包括对 X 商品的需求也会上升。因此，替代效应增加该国对 X 商品的出口供给，而收入效应则减少该国对 X 商品的出口供给。当替代效应大于收入效应时，该国出口不断扩大；当替代效应小于收入效应时，该国出口供给将减少，提供曲线将向后弯曲。

（3）提供曲线相交于一点时，确定了贸易条件 $P_w$，国际市场均衡。这时，国际市场上出口供给和进口需求平衡。

**（三）贸易条件的变化与贸易利益的分配**

对于大国而言，供给、需求的变化，会影响其贸易条件和贸易量，前者称为贸易条件效应，后者称为贸易量效应。贸易条件效应和贸易量效应进而会影响该国在国际贸易中的利益。这种变化和利益分配可以通过提供曲线反映出来。

一个国家供给方面的影响因素如资源、要素禀赋或技术水平变化，而其他条件不变时，该国出口商品的供给能力将发生变化，进而该国的提供曲线将发生变化。需求方面，一国消费偏好、收入水平、人口构成、价值观念等变化，在其他条件不变时，该国的需求发生变化，其提供曲线也将发生变化。

当供给不变时，一国需求的变动可能导致两种情况的产生：本国对出口商品需求增加导致出口供给减少；本国对进口商品需求增加。对于小国而言，这种变化只导致贸易量的变化，不影响贸易条件；对于大国而言，如果第一种影响大于第二种，贸易条件将改善，贸易量减少；如果第一种影响小于第二种，那么，本国的贸易条件将恶化，贸易量将增加。

如图 4-1 所示，A 代表 A 国的提供曲线，B 代表 B 国的提供曲线。最初，两国提供曲线在 E 点相交，贸易条件为 $P_w$。在 B 国供求条件不变的情况下，如果 A 是一个大国国内对出口商品 X 的需求增加，提供曲线将由 A 移动到 $A'$，这时，A 国贸易条件改善，但贸易量减少；若 A 国对进口商品 Y 的需求增加，提供曲线将向下移动，由 A 移动到 $A''$，这时，贸易条件恶化，但是贸易量增加。

同约翰·穆勒一样，阿尔弗雷德·马歇尔认为，均衡贸易条件决定于进行贸易的国家各自对对方商品的相互需求强度。因此，阿尔弗雷德·马歇尔的相互需求理论只是补充和完善了约翰·穆勒的相互需求理论。但阿尔弗雷德·马歇尔用提供曲线分析贸易条件比约翰·穆勒的文字描述更为精确，开创了用几何方法作为国际贸易分析工具的先河。

# 第二节　要素禀赋理论

新古典贸易理论中，最有影响的应是要素比例（禀赋）理论。1919 年，赫克歇尔发表了《对外贸易对收入分配的影响》一文，提出了要素禀赋理论的重要思想，但是并没有得到相应的关注。1933 年，俄林出版了《区际贸易与国际贸易》一书，对赫克歇尔的理论进行了进一步的研究,使要素禀赋理论得以成型并得到迅速传播,受到经济学界的广泛关注和赞许,因此该理论又被称为赫克歇尔—俄林贸易理论(即 H-O 模型)。在此基础上,经萨缪尔森(Paul Samuelson)、斯托尔珀(Wolfgang Stolper)、雷布金斯基(T. M. Rybezynski)等人的补充完善,在要素禀赋与贸易模式的关系,要素禀赋与产出、要素价格的关系,产品价格与要素价格的关系等方面,形成了完整的理论体系。

由于俄林在国际贸易理论上的贡献,他于 1977 年同米德(James Mead)分享了诺贝尔经济学奖。萨缪尔森对该理论的改进和推广作出了巨大贡献,因此 H-O 模型也被称为 H-O-S 模型。

完整的要素禀赋理论主要由四大定理组成,分别是:H-O 定理,即要素禀赋理论,该定理研究和预测要素禀赋对贸易模式的影响;H-O-S 定理,即赫克歇尔—俄林—萨缪尔森定理,又称要素价格均等化定理,研究国际贸易对要素价格的影响;S-S 定理,即斯托尔珀—萨缪尔森定理,研究国际贸易中商品价格变化对要素价格及收入分配的影响;雷布金斯基定理,研究经济增长的影响。

## 一、要素禀赋理论

### (一)基本概念

**1. 生产要素**

生产要素指进行社会生产经营活动时所需要的各种社会资源,是维系国民经济运行及市场主体生产经营过程中所必须具备的基本因素。传统的生产三要素包括土地、劳动力、资本。随着科技的发展和知识产权制度的建立,技术也作为相对独立的要素投入生产。这些生产要素进行市场交换,形成各种各样的生产要素价格及体系。

**2. 要素价格**

要素价格是指生产要素的使用费用或要素的报酬。例如,土地的租金、劳动的工资、资本的利息、管理的利润等。

要素价格具有双重性。一方面,生产要素既然已经商品化,其价格形成和变动就具有一般商品的性质和规定性,其价格形成和变动过程就与普通商品的价格形成和变动过程具有共同之处;另一方面,生产要素虽然是商品,但毕竟是特殊的商品,其价格形成与变动必然具有自身的特点。

**3. 要素禀赋**

要素禀赋指一个经济体所拥有的各种生产要素的总量。由于历史、自然条件、地理位置以及经济发展水平等原因,各经济体所拥有的生产要素禀赋情况是不相同的,有的国家自然资源丰富,有的国家劳动资源丰富。这些差异决定了各经济体之间产出成本的差异,进而形成国际贸易的基础。

**4. 要素密集度**

生产任何产品都需要不同生产要素的配比。但因为其属性特点的不同,不同产品生产中所要求的要素配比比例也不同。相对于另一种产品,如果生产某种产品需要投入更多的劳动和较少的资本,则该产品是劳动密集型产品。一般而言,产品可以分为劳动密集型产品、资本密集型产品、资源密集型产品和技术密集型产品。

5. 要素丰裕与要素稀缺

要素丰裕度是一国的资源拥有状况,即一国的要素禀赋状况。一个国家的要素禀赋决定该国各产业适宜的或可行的要素使用比例范围;同样,也决定着要素价格的适宜的或可行的范围。

衡量要素丰裕度有两种方法:一种方法是以生产要素供给总量衡量,若一国某要素的供给比例大于别国的同种要素供给比例,则该国相对于别国而言,该要素丰裕;若一国某要素的供给比例小于别国的同种要素供给比例,则该国相对于别国而言,该要素稀缺。另一种方法是以要素相对价格衡量,若一国某要素的相对价格,即某要素的价格和别的要素价格的比率低于别国同种要素相对价格,则该国该要素相对于别国丰裕。

以总量法衡量的要素丰裕只考虑要素的供给,而以价格法衡量的要素丰裕考虑了要素的供给和需求两方面,因而价格法较为科学。

**(二)基本假设**

(1)2×2×2 模型:国际贸易中有且仅有两个国家,使用两种生产要素(劳动力和资本),生产两种商品。

(2)一国是劳动丰裕的国家,另一国是资本丰裕的国家;一种商品是劳动密集型产品,另一种商品是资本密集型产品。

(3)两国使用相同的生产技术,因此,如果要素价格相同,两国在生产同一商品时,将使用相同数量的劳动和资本,不存在要素密集度逆转的情况。

(4)在两个国家,两种商品的生产均为规模报酬不变。

(5)两国的需求偏好相同,如果两国的相对商品价格相同,其消费的两种商品比率相同。

(6)在两国国内,商品市场和要素市场是完全竞争的,就是说,两国的商品生产者、消费者都不能左右商品价格。

(7)生产要素在国内是自由流动的,但是在国际间不能自由流动。这意味着生产要素价格在国内是相等的,而在国际间是不相等的。

(8)没有运输成本、贸易壁垒等国际贸易障碍。

(9)两国是不完全分工。即在自由贸易条件下,两国也要继续生产两种商品。

(10)在两国,资源都得到充分利用。

(11)两国贸易平衡。

**(三)基本思想**

如果每个国家要素丰裕情况不同,即使劳动生产率完全一样,也会产生生产成本的差异。劳动丰裕的国家在生产劳动密集型产品方面具有比较优势,而资本丰裕的国家在生产资本密集型产品上具有比较优势。如果两个国家发生贸易,那么,劳动丰裕的国家应该生产并出口劳动密集型产品,进口资本密集型产品;而资本丰裕的国家,应该生产和出口资本密集型产品,进口劳动密集型产品。

根据 H-O 定理,相同产品在不同国家的价格不同,是国际贸易产生的直接原因。而相同产品在不同国家之所以存在这种价格差异,是因为各国生产该产品时的生产成本,也就是生产要素价格不同导致的。在需求偏好相同的情况下,要素禀赋决定要素供给,而要素供给决定了要素相对价格。因此,要素禀赋是各经济体具有比较优势的基本原因和决定因素。

**(四)理论图示**

图 4-2 和图 4-3 说明不同经济情形下的 H-O 定理。其中,A 国是劳动丰裕的国家,B 国是资本丰裕的国家。两国使用相同的生产技术,需求偏好也相同。

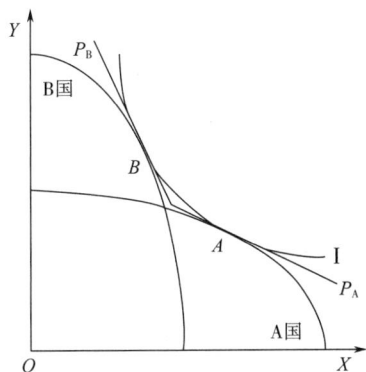

图 4-2 封闭经济情形 H-O 模型

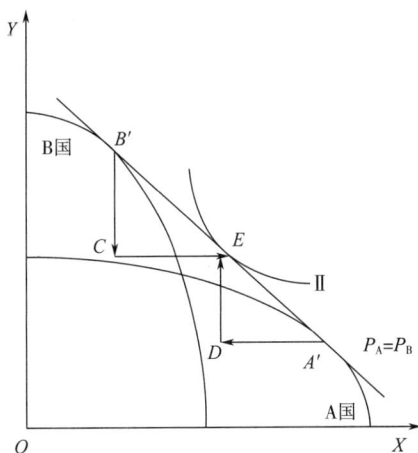

图 4-3 开放经济情形 H-O 模型

如图 4-2 所示,在封闭经济情形下,两国进行国际贸易前,A 国在 $A$ 点生产并消费,B 国在 $B$ 点生产并消费。$X$ 商品的相对价格 $P_A < P_B$。可见,A 国在 X 商品上具有比较优势,而 B 国在 $Y$ 商品上具有比较优势。

由于假设两国需求偏好相同,无差异曲线 I 是两国共同的。该曲线与 A 国的生产可能性边界相切于 $A$ 点,与 B 国的生产可能性边界相切于 $B$ 点,确定了两国封闭经济条件下的相对商品价格。很明显 $P_x < P_n$。这表明 $X$ 商品价格在 A 国比在 B 国要低。因此 A 国生产有比

较优势。

如果两国开放经济,进行国际贸易,则 A 国将增加 X 商品的生产并出口 X 商品,交换 Y 商品;B 国则增加 Y 商品的生产并出口 Y 商品,交换 X 商品。

如图 4-3 所示,两国开放贸易后,A 国的生产点将由原来的 A 点移至 A′点,出口 A′D 的 X 交换 DE 的 Y,实现了在 E 点的消费;而 B 国的生产点将由原来的 B 点移至 B′点,并出口 B′C 的 Y 交换 CE 的 X,也实现了在 E 点的消费。通过贸易,两国的福利水平都得以提高,两国达到了更高的无差异曲线 Ⅱ。

## 二、要素价格均等化定理

### (一)产生背景

在国际贸易领域里,萨缪尔森的论著涉及国际贸易与收入分配、价值转移与贸易条件等各个方面。新古典贸易理论的著名四大定理中,有两个与他的名字联系在一起,即 H-O-S 定理和 S-S 定理,其影响力和贡献可见一斑。

按照 H-O 模型,国际贸易将导致各国生产要素的相对价格和绝对价格趋于均等化,萨缪尔森发展了这一理论,认为要素价格均等化不仅是一种趋势,而且是一种必然,国际贸易将使不同国家间同质生产要素的相对和绝对收益必然相等,这是对 H-O 模型的重大发展,故被称为 H-O-S 定理。

要素价格均等化定理是指两个要素禀赋不同的国家,通过交换要素密集度不同的商品进行商品流动。这种商品流动,在一定程度上替代了要素的流动,从而使两个国家要素禀赋的差异有所缓和。贸易的结果使贸易各国生产要素价格均等化。

要素价格均等化有五个限制条件:生产要素非同质;不同国家技术不同;不完全竞争;存在运输成本、交易成本;存在贸易壁垒。

### (二)理论解释

假定 A 国是劳动相对丰裕的国家,X 商品是劳动密集型产品。A 国劳动的初始相对价格小于 B 国,因此 A 国生产劳动密集型 X 商品有比较优势,生产和出口 X 商品,进口 Y 商品。贸易的结果是 A 国 X 商品的相对价格上升,Y 商品的相对价格下降。这样,A 国就会增加 X 商品的生产,减少 Y 商品的生产,由于 X 商品是劳动密集型产品,A 国对劳动的需求会增加,进而导致 A 国劳动价格(即工资)上升。

假定 B 国是资本相对丰裕的国家,Y 商品是资本密集型产品。B 国资本的初始相对价格小于 A 国,因此 B 国生产资本密集型 Y 商品有比较优势,生产和出口 Y 商品,进口 X 商品。贸易的结果是 B 国 Y 商品的相对价格上升,X 商品的相对价格下降。这样,B 国就会增加 Y 商品的生产,减少 X 商品的生产,由于 Y 商品是资本密集型产品,B 国对资本的需求会增加,进而导致 B 国资本价格(即利息)上升。

因此,只要 A 国的相对价格小于 B 国的相对价格,A 国在 X 商品生产上的比较优势必将存在,A 国就会继续生产和出口 X 商品,进口 Y 商品。最终使两国生产要素的价格均等。

这一观点,赫克歇尔在其论文《对外贸易对收入分配的影响》中已有阐述。他认为,生产要素价格在理论上将趋于完全均等化;俄林则认为,生产要素价格均等化只是一种趋势,因为由于产业定位以及由此发生的对生产要素的需求,不可能与各区域生产要素的配置完全适应,即使实现了生产要素价格的完全均等化,一旦贸易停止,各国将又回到封闭状态,原有的相对价格差异又将出现,贸易继续恢复。两人对此都没有严格的数学证明。

1948年、1949年和1953年,萨缪尔森先后在3篇论文中进行了数学推导,证明生产要素价格完全均等是必然的。认为相对生产要素价格和绝对生产要素价格都是完全均等的。即国际贸易将使贸易各国劳动要素价格工资率相等,资本要素价格利率相等,资源要素价格资源报酬率相等。因此,要素价格均等化定理,又被称为 H-O-S 定理。

### (三)国际贸易与收入分配

要素价格均等化定理表明,国际贸易会使贸易各国丰裕要素的价格上升,稀缺要素的价格下降。如果贸易前后各国的生产要素都得到充分利用,要素所有者的真实收入与要素价格呈同方向变动,那么,国际贸易将使贸易各国丰裕要素的收入上升,而稀缺要素的收入下降。就是说,国际贸易影响收入分配,它使贸易各国的收入差异缩小。

这与大卫·李嘉图理论是不同的。在大卫·李嘉图理论中,由于劳动是唯一的生产要素,且可以在国内各经济部门自由流动,因此,当国际贸易使出口商品的价格上升,出口部门的工资率上升时,劳动将从生产进口替代品的部门转移至出口商品的生产部门,分享劳动价格上升的利益。因此,无论是生产出口商品的生产部门,还是生产进口替代品的生产部门,劳动的价格是一样的。国际贸易使两个部门的劳动价格均上升。因此,国际贸易不影响收入分配。当然,也不会有人反对自由贸易。但是,在 H-O-S 模型中,可以看到,国际贸易使出口部门密集使用的生产要素获益,进口替代部门密集使用的生产要素受损。国际贸易过程中,并非所有生产要素的所有者都是赢家,因此,会有人反对自由贸易。这在一定程度上解释了贸易保护主义盛行的原因。

根据要素价格均等化定理,国际贸易将减小发达国家与发展中国家的收入差距,甚至实现发展中国家的经济赶超。

## 三、斯托尔珀—萨缪尔森定理

### (一)产生背景

1941年,美国学者斯托尔珀和萨缪尔森在《保护与实际工资》一文中分析了产品价格变化对生产要素价格的影响。因此该定理被称为斯托尔珀—萨缪尔森定理。

### (二)基本内容

S-S 定理指的是某一种商品相对价格的上升,将导致该商品生产中密集使用的生产要素的实际报酬上升,而另一种生产要素的实际报酬下降。

设 $w$ 为劳动的报酬工资率,$r$ 为资本的报酬利率。现有两种商品,$X$ 和 $Y$,$X$ 是劳动密集型商品,$Y$ 是资本密集型商品。两个国家,A 国是劳动要素丰裕国,B 国是资本要素丰裕国。

当 $P_x/P_y$ 上升时,A 国将增加 $X$ 商品的生产,减少 $Y$ 商品的生产。由于 $X$ 是劳动密集型产品,$X$ 商品生产的增加所需要的劳动资本比($L/K$)势必高于减少 $Y$ 商品的生产所释放的劳动资本比,结果 $w/r$ 上升,资本替代劳动,使两种商品生产中的资本劳动比上升。此时每单位的劳动结合了更多的资本,劳动的边际生产率上升,因此,$w$ 上升。与此同时,由于生产 $Y$ 商品时每单位的资本结合了较少的劳动,资本的边际生产率下降,$r$ 下降。

### (三)现实意义

S-S 定理表明,商品价格的变化会影响生产中密集使用的要素价格的变化,进而影响收入分配。

一方面,对一个国家而言,由于国际贸易使其出口商品价格上升,出口商品生产中密集使用的生产要素(即该国的丰裕要素)的报酬将会提高,而进口替代品生产中密集使用的要素(即该国的稀缺要素)的报酬将会下降。因此,自由贸易有利于该国的丰裕要素所有者。

另一方面,如果一国对进口商品征收关税,征税的结果是使进口商品的价格上升,必然导致该国稀缺要素的报酬上升,而丰裕要素的报酬下降。例如,一个资本丰裕国对劳动密集型产品的进口征收关税,必然导致该国稀缺要素劳动的报酬上升。这一点解释了为什么资本丰裕的发达国家工会青睐对劳动密集型产品征税。

## 四、雷布金斯基定理

### (一)产生背景

到目前为止,关于国际贸易的分析都是静态的,即假设贸易各方的生产要素禀赋、生产技术等都是给定的。但事实上,各国的要素禀赋情况是在发生变化的,技术也在发生变化。一国的要素禀赋变化对产出将产生什么影响?1955 年英籍波兰经济学家雷布金斯基(Tadeus Rybezynski)发表了《要素禀赋与相对商品价格》的论文,探讨了该问题。

### (二)基本内容

雷布金斯基定理指的是,如果商品和生产要素的价格保持不变,一种生产要素的增加,将使密集使用该要素的商品产量增加,使密集使用另一种要素的商品产量减少。

假设某国资本供给增加 $\Delta K$。在商品相对价格保持不变的前提下,为了使新增加的资本 $\Delta K$ 能全部被利用,以保证充分就业,则需资本密集型部门 $X$ 来吸收新增的资本,但要保证 $X$ 部门将新增的资本全部吸收,还需要一定的劳动来与其搭配,所以 $Y$ 部门不得不缩小生产规模,以便释放出一定的劳动 $\Delta L_y$。但 $Y$ 部门在释放出劳动的同时,还会释放出一定的资本 $\Delta K_y$,这部分资本也需 $X$ 部门来吸收。结果 $X$ 部门的生产扩大,而 $Y$ 部门的生产则下降。如果是劳动总量增加,资本总量不变,则同样的道理,$Y$ 部门的生产将扩大,$X$ 部门的生产将下降。

### (三)悲惨增长

由于要素增加或技术进步带来的经济增长,并没有使该国福利水平上升,反而使其福利水平下降。这就是美国经济学家巴格瓦蒂(J. N. Bhagwati)指出的"悲惨增长"。

如图 4-4 所示,经济增长之前,该国在 $X$ 商品生产上具有比较优势,根据国际贸易条件,该国在 $B$ 点生产,参加国际交换后,在 $E$ 点消费,贸易条件为 $P$。经济增长后该国生产 $X$ 商品的比较优势更明显了。

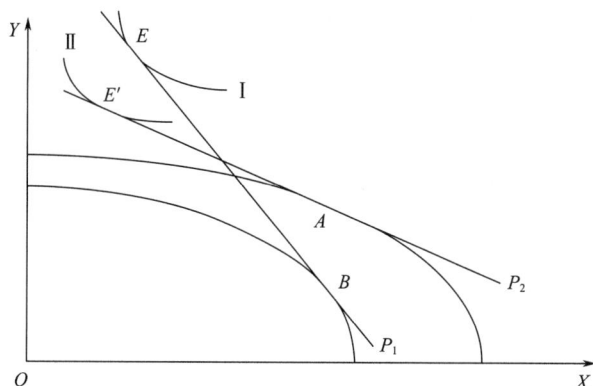

图 4-4　悲惨增长图示

但是出口的扩张导致贸易条件由 $P_1$ 下降到 $P_2$。结果,该国在 $A$ 点生产,根据 $P_2$ 的贸易条件进行贸易,在 $E'$ 点消费。该国的福利水平由无差异曲线 I 下降到无差异曲线 II,低于经济增长前的福利水平。也就是说当一国出现了偏向出口的经济增长后,贸易条件恶化,由于贸易条件恶化所造成的利益损失大于经济增长本身带来的收益。

现实世界里,悲惨增长可能在下述情况下发生。

(1)经济增长使该国在贸易条件不变时出口量大大增加。

(2)该国是大国,出口增加会导致贸易条件恶化。

(3)该国是单一经济国家,对出口商品有很强的依赖。

(4)该国出口商品需求弹性非常小。

# 第三节　对要素禀赋理论的实证检验

## 一、里昂惕夫之谜

### (一)产生背景

里昂惕夫(Wassily Leontief),美籍俄国经济学家,是投入产出分析方法的创始人。投入产出分析方法为研究社会生产各部门之间相互依赖关系,特别是系统地分析经济内部各产业之间错综复杂的交易提供了一种实用的经济分析方法。1953 年里昂惕夫完成了对要素禀赋模型的第一次检验,检验的结果令人震惊并引发了人们对该模型的深入思考和持续检验。

### (二)主要思想

1953 年,里昂惕夫发表了《国内生产与对外贸易:美国资本地位再审视》一文,利用投入产出分析方法计算了 1947 年美国每百万美元进口替代品和出口产品中劳动和资本的数量及资本劳动比率(表 4-2)。由于美国是世界上资本最丰裕的国家,如果 H-O 模型的预测是正确的,那么,美国进口的应是劳动密集型商品,出口的是资本密集型商品,美国出口行业的资本劳动比应高于进口替代行业的资本劳动比。但结果是令人震惊的,美国进口替代品的资本劳动比比出口商品的资本劳动比高出 30%。这意味着,美国进口的是资本密集商品,出口的是劳动密集商品。这与 H-O 模型的预测恰好相反。这一发现被称为"里昂惕夫之谜"或"里昂惕夫悖论",见表 4-2。

表 4-2　美国每百万美元出口产品和进口替代品的资本和劳动需求

| 项目 | 出口 | 进口替代品 | 进口/出口 |
| --- | --- | --- | --- |
| 里昂惕夫(1947 年投入需求,1947 年贸易) | | | |
| 资本(美元) | 2550780 | 3091339 | — |
| 劳动(年人工) | 182 | 170 | — |
| 资本/劳动(美元/年人工) | 14015 | 18184 | 1.3 |
| 里昂惕夫(1947 年投入需求,1951 年贸易) | | | |
| 资本(美元) | 2256800 | 2303400 | — |
| 劳动(年人工) | 174 | 168 | — |
| 资本/劳动(美元/年人工) | 12977 | 13726 | 1.06 |
| 资本/劳动(美元/年人工,不含自然资源) | — | — | 0.88 |

## 二、对里昂惕夫之谜的解释

里昂惕夫之谜引起国际贸易学界的极大关注,人们试图解释这一悖论,并运用投入产出法对其他国家的贸易模式进行验证。里昂惕夫本人也尝试解释这一结论。1956 年,他在《要素比例和美国贸易结构:进一步的理论和经验分析》中,运用美国 1951 年的贸易数据计算得出进口/出口的资本劳动比为 1.06。除去自然资源产业后,该比率下降到 0.88,这就消除了上述矛盾。另外,里昂惕夫认为,1947 年美国工人的劳动生产率是外国工人的 3 倍。那么,如果将美国劳动数量乘以 3,再和外国比较,则美国是一个劳动丰裕国家。这一解释后来被否定了。除里昂惕夫的解释外,对该悖论的解释主要有以下几种。

### (一)要素密集度逆转

要素密集度逆转是指此种情况:一种商品在劳动丰裕的国家是劳动密集型商品,在资本丰裕的国家是资本密集型商品。H-O 定理成立的一个前提是不存在要素密集度逆转的情况。而当要素密集度逆转存在时,H-O 定理和要素价格均等化定理必然失效。

1962 年,明哈斯(B. S. Minhas)发现,要素密集度逆转是非常普遍的,约占其研究总数的1/3。1964 年,里昂惕夫纠正了明哈斯的偏差,发现要素密集度逆转的情况只占其所研究案例的 8%,如果除去生产中大量使用自然资源的两个产业,要素密集度逆转的发生率只占研究案例的 1%。同时,鲍尔(D. P. S. Ball)1966 年证实,要素密集度逆转的情况在现实世界很少发生。一般情况下,一种商品是劳动密集型商品,另一种是资本密集型商品的假设是成立的。因此,H-O 模型是适用的。

### (二)美国的贸易限制

克拉维斯(I. B. Kravis)1956 年的研究发现,美国最受贸易保护的产业就是劳动密集型行业,这无疑影响了美国的贸易模式,降低了美国进口替代品的劳动密集度。

### (三) 美国的需求偏好

这种解释认为,美国对资本密集型产品有强烈的需求偏好,影响了美国的贸易模式。但是 1957 年,豪萨克(H. Houthakker)对许多国家的家庭消费模式研究表明,各国对食物、衣物、住房以及其他商品的收入需求弹性是相近的。因此,该解释未被普遍接受。

### (四) 要素的忽略

里昂惕夫使用的是两要素分析,即资本和劳动。忽略了其他要素如自然资源的影响。如果一种产品是资源密集型的,在两要素模型中将其划为资本或劳动密集型,显然不对。而且自然资源开采或提炼需要大量的资本,而美国对自然资源的进口依赖度很高,这在一定程度上有助于解释为什么美国进口替代产业资本密集度较高。里昂惕夫本人对此也表示赞同。在 1956 年的验证中发现,如果提出自然资源产品,里昂惕夫之谜就消失了。

1971 年,鲍德温(R. E. Baldwin)使用 1958 年的投入需求和 1962 年的贸易数据得出美国进口/出口的资本劳动比为 1.27,剔除自然资源产业后,该比率降至 1.04,但未能完全消除里昂惕夫之谜。加上人力资本后,该比率降至 0.92,里昂惕夫之谜消除了。


## 思考题

1. 相互需求理论的概念是什么? 根据相互需求理论,贸易的基础是什么? 如何获得贸易利益?

2. 什么是要素禀赋、要素丰裕、要素稀缺和要素密集度?

3. 要素禀赋理论的四大定理分别是什么? 它们各自研究和预测的内容是什么? 试举例说明。

4. 什么是里昂惕夫之谜? 对里昂惕夫之谜的解释主要有哪些?

5. 什么是要素密集度逆转? 如果要素密集度逆转存在,对 H-O 定理和 H-O-S 定理有什么影响? 现实世界要素密集度逆转的情况如何?

6. 一个劳动丰裕的小国生产两种商品:劳动密集型产品和资本密集型产品。

(1)若该国参加自由贸易,将出口什么商品?

(2)国内两类商品的价格会发生什么变化?

(3)现在突然有大量外国移民进入该国,对该国会产生什么影响?

(4)若有大量外部援助进入该国,又会对该国产生什么影响?

(5)如果该国是劳动丰裕的大国,上述情况会是什么样?

# 第五章　当代国际贸易理论

**学习目标**

1. 了解规模经济与国际贸易的关系。
2. 掌握需求对国际贸易的影响。
3. 明确产品生命周期与国际贸易的关系。

当代国际贸易理论

## 案例导入

### 比较优势与竞争优势：创新强国的两条腿

在人类发展的历史长河中,有些关键性技术创新能够根本性地改变人类的生产与生存基础,引发全球范围内如经济学家熊彼特所称的"创造性的破坏",带来长期的经济增长长波。这种关键性技术创新,不仅可以加速产业转型升级,更会带来一场产业革命,使大量新组合替代旧组合。

这种根本性技术创新,迄今为人类带来了三次工业革命。第一次工业革命开始于18世纪60年代的英国,人类由此进入蒸汽时代。第二次工业革命发生在19世纪下半叶至20世纪初,人类进入电气时代。第三次工业革命发生在20世纪40、50年代,以原子能、电子计算机、空间技术和生物遗传工程的发明和应用为主要标志,涉及信息技术、新能源技术、新材料技术、生物遗传技术、空间技术和海洋技术等诸多领域,属于一场信息控制技术革命。

2001年我国加入世界贸易组织后,在全球化的背景下,中国不再满足于简单的制造加工,开始推动工业升级,加快向创新驱动型经济转型。在军事工业领域,中国在研发和生产高端军事装备方面取得了显著进展,如歼-20隐形战斗机、航空母舰、重型运输机等,实现了从追赶到领先的转变。在民用工业领域,中国在高端装备制造、新材料、生物医药等领域取得了重大进展,我国的智能制造和绿色制造等先进制造技术开始走向世界。在电子信息领域,中国的高技术制造业发展迅猛,尤其是在人工智能、芯片制造、5G通信等领域处于世界领先地位。最新统计数据显示,2024年前5个月,我国高技术制造业投资同比增长10.4%,高出全部固定资产投资0.8个百分点,有力支撑着中国经济平稳运行。制造业高端化、智能化、绿色化不断深入。国产大飞机成功商业化运行,神舟十六号载人飞船发射圆满成功。前5个月,规模以上航空航天器及设备制造业增加值、智能车载设备制造业增加值同比分别增长53.1%和33%。

随着中国越来越多企业在其产品和技术方面获得竞争优势,人们开始讨论"中国创造"。中国政府首次在2016年政府工作报告中提出要成为"创新强国",这不是没有根据的——政府也可以成为熊彼特意义上的"企业家",所需要的是意志和行动。中国从此之后不应仅仅局限于发挥以劳动力成本较低为基础的"比较优势",而是要两条腿走路,同时发挥"比较优势"和"竞争优势"。从"贴牌"到"品牌",从"制造"到"创造",从"跟跑"到部分领域实现"并跑""领跑",中国在科技创新发展方面与欧美间的差距正逐渐缩小。

在第四次工业革命发生之际,中国提出了"中国制造2025"战略蓝图,将坚持"创新驱动、质量为先、绿色发展、结构优化、人才为本"的基本方针,与德国的"工业4.0"战略遥相呼应。如果说中国在前三次工业革命过程中只是无关或者追随者,那么只要制度运用得当,中国可以参与甚至引领第四次工业革命,而且中国已经在发挥部分引领作用。比如在互联网金融发展方面,中美两国居于领先地位;在3D打印技术方面,中国也有一定的竞争优势;在航空航天方面,中国正在成为竞争力中心。

资料来源:《中国青年报》

# 第一节　当代国际贸易理论概述

## 一、产生背景

第二次世界大战以后,国际贸易环境发生了很大的变化,传统贸易理论不再能够充分解释国际贸易现象。

### (一)产业内贸易快速发展

古典贸易理论认为,国际贸易的基础是各国之间产品生产的劳动生产率不同。一个国家生产和出口劳动生产率高的产品,进口劳动生产率低的产品,获得贸易利益。要素禀赋理论则认为,国际贸易产生的基础是各国要素禀赋的差异。各国即使生产产品的劳动生产率都相同,只要资源禀赋不同,仍然会产生互利的贸易。一个国家应该出口密集使用其相对丰裕的要素生产的产品,进口密集使用其相对稀缺要素生产的产品,这就是著名的赫克歇尔—俄林定理。因此,贸易各国之间劳动生产率的差异或要素禀赋的差异越大,互利贸易量越大;反之,差异越小,互利贸易的可能性越小。贸易各国交易的是完全不同的产品,这种贸易属于"产业间贸易"。比较优势原理是产业间贸易的理论基础。

但是,第二次世界大战以来,世界贸易出现了新的现象。许多国家在出口某些产品的同时,还在进口与出口产品相似的产品。例如,美国生产汽车,向世界各地出口汽车,同时还从其他国家进口汽车;同样,在香水、香烟、化妆品、服装等众多产品上,都存在着一个国家既出口同时又进口该种类产品的现象。这种既出口又进口同一种类产品的贸易现象就是"产业内贸易"。

### (二)规模经济和垄断出现

古典贸易理论假设市场是完全竞争的,所有的市场参与者都是价格的接受者。但是第二次世界大战后,产业日益集中,大公司对市场结构和市场行为的影响力显著提高,他们可以通过战略性选择影响世界市场价格,建立其竞争优势,而不是被动地接受价格。传统比较优势和贸易模式之间的关系,不那么明确,因此需要有新的理论来解释这种现象。

### (三) 政治环境和政策动力产生变化

在一些国家,特别是发达国家,无论是已经饱和的夕阳产业,还是可以进行自由贸易的朝阳产业,都希望政府给予帮助。愈演愈烈的贸易保护主义要求,使经济学家和政策制定者们需要从理论上为政策制定提供支持。

### (四) 分析工具革新为新贸易理论进入主流提供技术支持

20 世纪 70 年代,一些经济学家开始尝试从市场结构、规模经济效果、需求等全新角度,分析国际贸易产生的原因、国际贸易模式的确定、贸易政策在保护本国市场中的作用以及最佳贸易政策的含义,进而解释国际贸易现象。

直到产业组织理论出现了革命性的变革,经济学家推出了一系列研究不完全竞争市场中经济行为的模型,这些模型被用于国际贸易研究,使国际贸易理论发生了变革。保罗·克鲁格曼《报酬递增、垄断竞争与国际贸易》一文的发表,奠定了当代贸易理论,特别是产业内贸易理论的基础。

当代贸易理论中,规模经济理论从规模经济、差异产品的角度分析当代国际贸易产生的原因,重叠需求理论从消费者的角度解释了国际贸易的基础,产品生命周期理论从动态的视角探究了技术标准化进程对国际贸易的影响。


## 二、当代国际贸易的发展趋势

### (一) 绿色贸易成为发展主流

绿色概念是随着环境问题日渐突出而产生的。1987 年,世界环境与发展委员会在《我们共同的未来》报告中提出了"可持续发展"概念,主张在不危及后代人满足环境资源要求的前提下,确保人类社会走可持续发展道路。1992 年,联合国环境与发展大会召开"地球峰会",通过了《21 世纪议程》,指出可持续发展是协调人与自然的正确方向。由于认识到保护环境是人类的一项迫切任务,绿色浪潮渐呈席卷之势。

绿色消费观念对人类的消费行为产生了重要的导向作用,消费者的绿色内生需求直接影响到厂商对生产技术的革新。由于对绿色产品的内生需求和各国环境水平的差异,到 20 世纪 90 年代绿色贸易已成为广泛讨论的议题。与传统国际贸易只关注市场上发生的费用不同,绿色贸易将市场外的环境因素考虑在内,扩充了贸易的成本范围,增加了环境成本和与之相关的社会成本两大内容。由于这两类成本不能有效地内化到产品的价格中去,因而绿色贸易引发的问题实际就是如何解决国际贸易中的环境外部性问题。

### (二) 发展中国家将成为国际贸易的重要推动力量

经过第二次世界大战后几十年的奋斗,一些发展中国家和地区在工业化进程的目标达成度方面取得了令世界瞩目的成就,其经济结构正在迅速与发达国家趋同,在国际贸易中的作用非常突出。

虽然发展中国家不可能与发达国家在国际贸易中处于同等地位,但新的经济和产业结构的调整,将大大促进其国民经济的发展。随着国际经济秩序的逐步发展,一部分较先进的发展中国家必定会成为未来国际贸易重要的推动力量。

### (三)区域贸易组织发展如火如荼

区域化和全球化的相互促进、互为补充乃至阶段性的交替发展,凸显了社会生产力发展的必然要求及当代世界经济贸易发展的本质性特征。一方面,在贸易自由化、生产国际化和经济一体化不断突破国家和地域限制,各国及各地区之间经济联系日益增强的条件下,世界贸易组织的建立和运作,协调和规范了国际贸易发展的秩序,推动经济全球化进入了一个新的发展阶段。另一方面,由于多边贸易体制存在着一定的局限性,双边和区域层次上的贸易自由化的努力仍然十分活跃,由此促进区域经济一体化的发展。

在现代科技发展推动下,生产力的快速发展及利益的驱动,特别是受现有区域贸易集团内既得利益的限制,一些集团开始进行新的调整,如吸收新成员,或与其他集团联合成更大规模的贸易集团,或是集团内成员再与集团外其他国家和地区进行新的组合,以拓展发展空间,获取更大的利益。

### (四)资本在全球各地加速流动

随着跨国投资的壁垒不断降低,许多国家采取了一系列措施,包括放宽外商投资限制、简化投资审批程序、提供税收减免等,吸引和鼓励外国投资者来投资。这种便利化措施促进了资本的跨境流动。

国际投资不仅是资金的流动,还伴随着技术和知识的转移。外国投资者常常将先进的生产技术、管理经验和创新知识引入投资国,从而促进本地企业的技术升级和竞争力提升。国际资本流动还对资本接收国的经济增长和固定资产投资发挥着重要作用。外国直接投资可以为接收国的企业提供所需的资金,以扩大生产规模、增加产能和改善生产效率。这对于发展中国家来说尤为关键,因为它们通常面临投资不足和技术落后的问题。

# 第二节　产业内贸易理论

## 一、产业内贸易的概念

### (一)提出背景

随着世界经济的发展,国际经济市场的扩大,发达国家之间相同产业内的贸易量日益扩大,而这种国与国之间的产业内贸易是传统的国际贸易理论无法解释的。20世纪60年代以后,国家之间的产品交换从产业间发展到产业内部,出现了产业内贸易说。这是由美国经济学家格鲁贝尔等人提出的。他们在研究共同市场成员国之间贸易量的增长时,发现发达国家之间的贸易并不是按生产要素禀赋理论进行,即不是工业制成品和初级产品之间的贸易,而是产业内同类产品的相互交换。格鲁贝尔等人继而对产业内贸易进行研究,提出了产业内同类产品贸易增长原因的理论。

他们认为,当代国际贸易产品结构大致可以分为产业间贸易和产业内贸易两类。前者是指不同产业间的贸易,后者是指产业内部同类产品之间的贸易,即一个国家同时出口和进口同类产品,如美国和日本之间相互输出汽车。

### (二)产业间贸易和产业内贸易

#### 1. 产业间贸易

一国进口和出口不同产业部门生产的商品,即为产业间贸易(Inter-industry Trade),也称为部门间贸易。如出口初级产品,进口制成品;出口服装,进口电脑等。

#### 2. 产业内贸易

产业内贸易(Intra-industry Trade),也称为部门内贸易,即一国既出口又进口某种同类型制成品。在这里,相同类型的商品是指按国际商品标准分类法统计时,至少前3位数都相同的商品。也就是至少属于同类、同章、同组的商品,该商品既出现在一国的进口项目中,又出现在该国的出口项目中。

产业内贸易并不是泛指广义的工业部门内贸易或工业制成品的相互贸易。而是指两国以上在某些相当具体的工业部门内进行相互贸易,即两国互相进口和出口属于同一部门或类别的制成品。比如,美国和一些西欧国家既是机动车辆的出口国,也是机动车辆的进口国;既出口酒类饮料和食品,也进口酒类饮料和食品。

## 二、产业内贸易的特点

### (一)产品流动具有双向性

产业间贸易对象的流动是单向的,一国出口一种产品,进口另一种产品。产业内贸易的产品流向则具有双向性,即同一产业内的产品,可以在两国之间相互进出口。

### (二)要素投入具有相似性及消费具有可替代性

产业内贸易的商品必须具备两个条件:一是在消费上能够相互替代:二是在生产中需要相近或相似的生产要素投入。例如,一国出口某种型号的汽车,进口另一种型号的汽车,不管其型号、档次有何差别,它们都是代步工具,可以相互替代。

这是由它们属于某一具体的产业部门的属性所决定的。这一特点预示着一国进出口同类产品往往不是因为缺乏生产能力或成本上的劣势,更主要的是出于产品差别、规模经济的原因。通过产业内分工和贸易,相互开放市场,有助于双方厂商实现规模经济效益。产业内贸易的发展程度可用产业内贸易指数来衡量。

## 三、产业内贸易形成的原因

### (一)同类产品的异质性是产业内贸易的重要基础

从实物形态上,同类产品可以由于商标、牌号、款式、包装、规格等方面的差异而被视为异质产品,即使实物形态相同,也可以由于信贷条件、交货时间、售后服务和广告宣传等方面的差异而被视为异质产品。这种同类的异质性产品可以满足不同消费心理、消费欲望和消费层次的需要,从而促使不同国家之间产业内部的分工和产业内部贸易的产生与发展。

### (二)规模经济收益递增是产业内贸易的重要成因

生产要素比例相近或相似国家之间之所以能够进行有效的国际分工并获得贸易利益,

主要原因是其企业规模经济的差别。一国的企业可通过大规模专业化生产,取得规模节约的经济效果,其平均成本随着产量的增长而递减,使生产成本具有比较优势,打破了各生产企业之间原有的比较优势均衡状态,使自己的产品处于相对竞争优势,在国际市场上具有较强的竞争力,从而扩大该产品的出口。这样,产业内部的分工和贸易也就形成了。如战后日本汽车、彩电进入美国和欧洲市场。

### (三)经济发展水平是产业内贸易的重要制约因素

经济发展水平越高,产业部门内部异质性产品的生产规模也就越大,产业部门内部分工就越发达,从而形成异质性产品的供给市场。同时,经济发展水平越高,人均收入水平也越高,人均收入较高的消费者的需求会变得更加复杂和多样,呈现出对异质性产品的强烈需求,从而形成异质性产品的需求市场。当两国之间人均收入水平趋于相等时,其需求结构也趋于接近,产业内分工和贸易发展的趋向性就越强。

## 四、产业内贸易的计算公式

### (一)从产业角度分析

从某一产业的角度分析,产业内贸易指数的计算公式为:

$$A_i = 1 - \frac{|X_i - M_i|}{X_i + M_i}$$

式中:$X_i$ 为一国 $i$ 产品的出口额;$M_i$ 为该国 $i$ 产品的进口额;$A_i$ 为 $i$ 产品的产业内贸易指数。

$A_i$ 在 0 与 1 之间变动,$A_i$ 越接近 1 说明产业内贸易的程度越高,$A_i$ 越接近 0 则意味着产业内贸易程度越低。

### (二)从国家角度分析

从一个国家的角度来看,产业内贸易指数的计算公式为:

$$A = 1 - \frac{\sum_{i=1}^{n} |X_i - M_i|}{\sum_{i=1}^{n} X_i + \sum_{i=1}^{n} M_i}$$

式中:$A$ 为某国所有产品综合产业内贸易指数;$n$ 为该国产品的种类。

产业内贸易指数由各种产品的产业内贸易指数加权平均求得,它表示一国产业内贸易在对外贸易总额中的比重。

# 第三节　规模经济理论

## 一、规模经济概述

古典贸易理论和新古典贸易理论在分析国际贸易时,都假设产品的生产是规模报酬不变的。即产出水平增长比率与要素投入增长比率相同,或者说,如果所有要素投入增加

1倍,产出也增加1倍。但现实经济生活中,很多行业都具有生产规模越大,生产效率越高的规模经济特征。即如果所有的投入都增加1倍,产出增加将大于1倍。

规模经济(Economies of Scale)是经济学的基本理论之一,也是现代企业理论研究的重要范畴,由经济学家克鲁格曼(Paul Krugman)在与艾瀚南(Helpman Elhanan)合著的《市场结构与对外贸易》一书中首先提出。所谓规模经济,又称规模报酬递增,指在一特定时期内,企业产品绝对量增加时,其单位成本下降,即扩大经营规模可以降低平均成本,从而提高利润水平,是产出水平增长比率高于要素投入增长比率的生产状况。规模收益递增为国际贸易提供了直接基础,当某一产品的生产发生规模收益递增时,随着生产规模的扩大,单位产品成本递减而取得成本优势,由此导致这一产品进行专业化生产并出口。

规模经济是与体现GDP增长方式的经济规模指数相对而言的、反映经济体经济发展程度的综合效益指数。宏观上,规模经济指一个经济体(通常为一个国家)用人类发展指数、社会发展指数、社会福利指数、人民幸福感指数来综合衡量的经济发展程度。微观上,规模经济指用产品、企业、产业附加值、综合效益等来衡量的发展指数。规模经济也指规模经济效益,即通过一定的经济规模形成的产业链的完整性、资源配置与再生效率的提高带来的企业边际效益的增加。微观的规模经济离不开宏观的规模经济,宏观的规模经济制约、提升、引导微观的规模经济。无论是宏观经济还是微观经济,经济规模都不等于规模经济,能够带来规模经济的经济规模才是经济发展的指标、目标和路径。

## 二、规模经济分类

### (一)内部规模经济

内部规模经济(Internal Economies of Scale)是指当企业的产量增加时,企业平均生产成本下降,也就是说,规模经济或规模报酬递增是存在于企业内部的。因为企业生产的总成本($TC$)由固定成本($FC$)和可变成本($VC$)构成,即$TC = FC + VC$,随着企业生产规模的扩大,产量的增加,分摊到每个产品上的固定成本会越来越少,因此,平均成本将越来越低。一些固定成本高的行业,如飞机制造、汽车、钢铁行业等具有典型的内部规模经济特征。

### (二)外部规模经济

外部规模经济(External Economies of Scale)是指当整个行业规模扩大、产量增加时,该行业的各个企业平均生产成本下降。外部规模经济依赖于行业中厂商数量增加,而不是单个厂商规模的扩大。存在外部规模经济的行业通常倾向于在地理位置上更集中,这样,该行业的所有厂商因为地理位置上的接近,可以在资源、信息等方面实现共享,进而降低平均生产成本。如浙江各地的专业市场、美国硅谷的高科技企业、华尔街的金融公司和银行以及瑞士的钟表厂,就是这种技术外部性的典型地区。

马歇尔认为外部经济包括三种类型:市场规模扩大提高中间投入品的规模效益,劳动力市场供应,信息交换和技术扩散。前两者称为金钱外部性,后者被称为技术外部性。凡是能够通过市场价格体现出来的外部性,均称为金钱外部性。例如,当某一产品价格上升体现有关稀缺资源需求增加时,价格体系就会使其他替代资源得到更有效的利用。技术外部性也叫技术外溢或者知识扩散,是指发生在产业内不同公司间的知识共享或者学习模仿引起的经济结果。通常的情况是在同一个区域的产业内,当一个公司出现新的工艺、新的发明、新的生产技术或者技术改进以及新的生产组织方式的时候,由于地域上的共同性,工人间以及领导间会相互讨论,从而这些新的生产改进很快就会扩散到整个地区的公司中。

### 三、规模经济对市场结构的影响

#### (一) 内部规模经济对市场结构的影响

假设计算机行业最初有 20 家生产商,总产出 2000 台电脑,平均每家生产商生产 100 台电脑。由于竞争的存在,其中 10 家生产商退出,现在该行业只剩 10 家生产商,每家生产 200 台电脑。如果每件产品的生产成本下降,则存在内部规模经济,即单个厂商产出增加,效率提高。厂商规模越大,成本越低,因此大厂商比小厂商更具有成本优势,完全竞争的市场结构将受到破坏。因此,在内部规模经济的条件下,必然存在不完全竞争的市场结构。

#### (二) 外部规模经济对市场结构的影响

假设计算机行业最初只有 20 家生产商,总产出 2000 台电脑,平均每家生产商生产 100 台电脑。现在该行业规模扩大 1 倍,有 40 家生产商,每家仍然生产 100 台电脑,整个行业的产出变成了 4000 台电脑。由此导致的单个厂商生产效率的提高,就是外部规模经济,即单个厂商的规模不变,厂商效率的提高是由于行业规模扩大。由此可见,存在外部规模经济的行业,是由众多的小厂商构成的,所有的厂商处于完全竞争状态。

### 四、规模经济与国际贸易

#### (一) 内部规模经济与国际贸易

**1. 内部规模经济与差异产品**

在存在内部规模经济的条件下,必然有不完全竞争的市场结构。不完全竞争有两个主要特征:一是同一行业中,只有为数不多的几家主要厂商;二是各厂商生产的产品是差异产品,而不是同质产品。

对企业而言,利润最大化是其根本的追求目标。利润的大小与产品成本和价格有关,追求利润最大化,一方面必须降低成本,另一方面要保持对产品市场价格的控制权。在存在内部规模经济的行业中,企业可以通过扩大生产规模,降低产品生产的单位成本,占据竞争的优势地位,取得规模经济收益,进而取得市场控制力。而当企业的生产规模还不足以影响全行业的价格时,生产差异产品,即生产在品牌、款式、内在质量等各方面与其他厂商不同的产品并赢得消费者的认可,便是取得产品定价权的一种选择。

现代社会,消费者追求效用的最大程度地满足,不仅表现在其预算一定条件下所能消费的产品数量的增加,而且表现在消费者日益追求消费产品种类的多样化、个性化。

**2. 内部规模经济、差异产品与产业内贸易**

所谓差异产品或异质产品,指的是性能上相近,仅仅由于产品风格、包装、质量、使用特点上的细微变化而产生差异,或品牌名称上存在差异致使消费者偏好不同,而不能完全相互替代的产品,如不同品牌的香水、汽车、香烟等;与此相对应的是同质产品,即可以完全相互替代的产品。由于季节、运输成本等原因,同质产品也有产业内贸易。

企业为降低成本,追求规模经济效果,必须大批量、大规模、标准化生产产品,而要取得产品定价权,满足消费者追求差异产品的要求,又要求企业小批量、小规模、多样化生产产品,这样又难以降低成本,达到规模经济效果。只有参加国际分工、进行国际贸易,才能满足现代企业追求规模经济效果,而企业和消费者追求差异产品的要求。这是因为从产出的角度而言,参加国际分工使各国厂商专门大批量生产少数种类的产品,取得规模经济效果,降低成本,而参加国际贸易,扩大了市场规模,使厂商大批量生产的产品有了市场保障,同时,国际贸易将大批量生产的产品分配到世界各地的市场,并表现为小批量的供应。这样,生产者既通过大批量生产取得了规模经济效果,降低了成本,又通过向世界市场小批量的供货,保证了定价权。从投入的角度而言,大批量生产少数种类产品,投入成本必然上升,只有通过国际贸易,全球采购投入要素,才能降低投入成本;对于消费者而言,由于国际贸易分享了规模经济效果,使其所消费的小批量差异产品价格低廉,种类繁多,福利水平提高。因此,在规模经济发生作用的条件下,生产者为实现利润最大化,追求规模经济效果和差异产品的生产;消费者为实现效用最大化,追求价格低廉的差异产品的消费,这必然导致产业内贸易的产生。生产者和消费者均从国际贸易中获利。

3. 产业内贸易与收入分配

根据要素禀赋理论,国际贸易会降低一国稀缺要素的报酬,增加丰裕要素的报酬,因此国际贸易使参加贸易的生产要素既有赢者,也有输者。与此相比较,基于规模经济的产业内贸易使所有要素都增加收入。

例如,美国是资本相对丰裕的国家,越南是劳动相对丰裕的国家。通信设备是资本密集型产品,服装是劳动密集型产品。如果通信设备是同质产品,美国和越南生产的通信设备完全可以相互替代,那么开放贸易后,美国将出口通信设备到越南,从越南进口服装。如果通信设备是差异产品,美国和越南生产的通信设备不能完全相互替代,由于每个企业生产的通信设备是不同的,那么为取得生产通信设备产生的规模经济,美国和越南都不能生产所有种类的通信设备。美国依然出口通信设备,但是,美国消费者也偏好越南生产的通信设备,并从越南进口。因此,美国和越南之间必然有交换,即产业内贸易。这种贸易并没有使越南的通信设备生产者因为贸易开放而减少或停止生产,相反,两国通信设备生产者各自生产不同种类的通信设备,有助于取得规模经济效果,从而使两国所有的生产要素均获利。

这一结论有助于解释产业内贸易障碍相对较少,而产业间贸易壁垒相对较多的原因。

**(二)外部规模经济与国际贸易**

外部规模经济依赖于产业中厂商数量的增加,而不是单个厂商规模的扩大。在存在外部规模经济的行业,所有厂商都享受着较低的平均成本,大厂商并不比小厂商更具有成本优势,所以外部规模经济与完全竞争是一致的。

1. 外部规模经济与贸易模式

外部规模经济同样影响国际贸易。当存在外部经济时,大规模从事某一行业产品生产的国家,往往在该产品的生产上具有较低的平均成本,这样,该国在该种产品上就具有比较优势。

在存在外部规模经济效果的行业,该行业在哪一国最先建立,最先扩大了规模,降低了成本,在很大程度上取决于历史原因。也就是说,一个国家在存在外部规模经济的行业所具有的比较优势,是与时间的积累分不开的。以钻石为例,比利时是全球钻石加工中心,其第二大城市安特卫普被称为"钻石之都",仅一个城市就存在着约1800家从事钻石加工和交易的公司,4家钻石交易所庞大的钻石资源吸引众多钻石商前来选购。由于中国的工资水平低于比利时,因此,中国钻石切割加工的成本曲线位于比利时相应曲线的下方。也就是说,在任何给定的条件下,中国切割加工钻石的成本比比利时相对便宜。但是,由于历史的原因,比利时较早地建立了钻石切割行业,并成为世界市场主要的钻石供应国,且随着比利时钻石出口的增加,其生产成本进一步下降;而中国钻石行业建立较晚,且中国传统更重视黄金、白银等重金属,因此初始平均生产成本高于比利时,不能同比利时相竞争。因此,即使比利时在劳动成本方面不具备比较优势,受外部经济影响,仍然能够维持原有的贸易模式,成为成品钻石的净出口国。可见,在存在外部经济的条件下,历史因素在决定贸易模式方面起着重要作用。

### 2. 动态外部规模经济

动态规模经济(Dynamic External Economies of Scale)指的是随着时间的推移,行业的累计产出不断增加,当某个厂商通过经验积累使其产品质量或生产技术不断提高时,其他厂商有可能通过模仿从中受益,从而使整个行业的平均生产成本进一步下降。在静态外部规模经济情形下,行业的生产成本取决于当前产量;而在动态外部规模经济条件下,生产成本取决于经验,这种经验是用该行业的累计产量来衡量的。以生产钟表为例,随着累计产量的不断增加,生产钟表的工人也在不断积累经验,生产效率也不断提高,单位成本就会不断降低。

# 第四节　重叠需求理论

要素禀赋理论、规模经济论都是从供给的角度阐释国际贸易产生的原因。根据国际经济学原理,国际市场价格是由供求因素共同决定的。贸易各国国内的交换比率决定了互利贸易的范围,实际的交换比率是由需求确定的。因此在研究国际贸易产生的原因时,需求是必须考虑的重要因素。

重叠需求理论(The Overlapping Demand Theory),又称偏好相似理论(Preference Similarity Theory)或需求相似理论,是由瑞典经济学家林德(Straffan B. Linder)于1961年在其论文《论贸易和转变》中提出的,其最早从需求的角度阐释当代国际贸易的原因。林德认为,两国人均收入水平越相近,其需求偏好就越相似,两国产业内贸易范围也越大。

## 一、影响需求的因素

不同国家的消费者对商品和服务有着不同的偏好。影响需求的因素有很多,大体有以下几个。

**（一）收入水平**

收入水平决定需求水平。人们的需求和消费水平是受收入水平约束的。一般而言,收入水平越高的人,对产品和服务的需求档次越高。例如,对耐用消费品的需求,高收入者消费高档次的耐用消费品,低收入者则消费低档次的耐用消费品。因此,同一个国家对同一种商品的需求呈现多档次、多样性的特点。不同的国家,由于经济发展水平不同,一般收入水平或平均收入水平也不同,因此需求水平也不同。

**（二）需求偏好**

不同民族、不同国家的消费者对商品和服务有着不同的偏好,这种偏好与历史文化、风俗习尚以及宗教信仰等有着密切关系。例如,西方人过圣诞节,对相关的产品如圣诞树、圣诞卡片等有着大量的需求,而东方人的需求则小得多;信奉伊斯兰教的国家禁食猪肉,也就没有对猪肉进口的需求,而非伊斯兰教国家对猪肉则有大量的需求;西方人喜欢喝咖啡,对咖啡的需求要远大于偏好茶叶的东方国家。随着各国经济文化的融合,由于历史文化差异而产生的消费偏好差异将逐渐缩小,例如,越来越多的东方国家的年轻人过圣诞、喝咖啡、吃西餐,也有越来越多的西方人吃中餐、喝茶等。

**（三）实际需要**

它指的是由于地理位置、自然条件差异产生的需求差异。例如,棉服再便宜,一般情况下赤道附近的居民购买的可能性也非常小。

## 二、重叠需求理论的基本观点

### （一）产品的出口以国内需求为基础

林德认为,工业产品的生产最初都是以满足国内需要为目的的,只有随着国内市场扩大,产品具有国际竞争力以后,才会产生出口的可能性。

首先,产品生产初期之所以以国内需求为基础,是因为企业家对国内市场的熟悉程度远远超过对国外市场的熟悉程度,在工业生产初期他们更看重国内市场的获利机会。因此,他们不可能生产一种在国内无市场需求的新产品。只有当产品在国内市场站稳了脚跟,且企业规模发展到足够大的时候,企业家才会想到扩大市场范围,通过产品出口来获取国外利润。因此,出口是国内市场扩大的结果。

其次,新产品、新技术发明的动力首先来自本国需求。因为本国的具体环境和特殊问题需要转化,才推动人们去从事技术革新和发明创造,进而带来生产规模的扩大。只有生产扩大超过需求增长时,才促使生产厂商向国外出口。

最后,只有国内需要的商品才具有相对成本优势。一种新产品要使它最终适合市场需求,需要在生产者和消费者间不断进行信息交流。国内交流成本低,而如果在国外市场,则这种交流的成本会很高昂。因此,应在保证国内市场需求充足,生产有利可图的情形下,才会将商品用于出口。

## （二）产业内贸易程度取决于两国消费者偏好的相似程度

两国偏好越相似，则一国有代表性需求的商品也越容易在另一国找到市场，那么这两个国家间的工业品贸易的可能性就越大。如果两国偏好完全一样，则两国的进出口结构也可能一样，这就意味着一国所有可能进出口的商品，同时也是另一国所有可能进出口的商品。

## （三）需求偏好的相似程度取决于平均收入水平

一方面，收入水平相似的发达国家间偏好相似，决定了发达国家间产业内贸易量最大。另一方面，在收入水平相差较大的发达国家与发展中国家之间，又会因为收入分配的不均，使发展中国家中的高收入者和发达国家中的中低收入者之间需求偏好一致，进而在发达国家与发展中国家之间也带来一定的产业内贸易。

# 第五节　产品生命周期理论

## 一、产生背景

### （一）技术差距模型

1961 年，波斯纳建立了技术差距模型（Technological Gap Model），他指出技术差距是国际贸易的原因。美国作为世界上科技最发达的国家之一，由于技术上的垄断优势，出口大量的高新技术产品。由于技术差距，外国厂商要经过一段时间后才能进行模仿，因此，外国主要进口这些产品满足消费。但是，当外国生产者获得新技术后，就会凭借其较低的劳动力成本占领美国的海外市场，最终占领美国市场，与此同时，美国的厂商将开发新产品。由于新的技术差距，美国仍然是新产品的出口国。只要有技术差距，贸易就会继续下去。

### （二）产品生命周期模型

弗农总结和扩展了技术差距论，并在此基础上提出了产品生命周期模型（Product Life Cycle Model）。根据产品生命周期模型，该理论试图从技术变化的角度来解释国际贸易形态的动态变化特征。

在日常生活中经常能够观察到，许多产品如手机、电脑、汽车等往往先由发达国家生产和出口，其他国家则需要进口；但是过了一段时间后，原来需要进口的国家转为出口，而原先出口的国家却转为进口。这个周期在不同技术水平的国家里，发生的时间和过程是不一样的，存在较大的差距和时差，正是这一时差，表现为不同国家在技术上的差距，它实质上反映了同一产品在不同国家市场上的竞争地位的差异，从而决定了国际贸易和国际投资的变化。

## 二、国家分类

第一类是以美国为代表的创新国，具有技术创新优势，因此生产创新产品有比较优势；第二类是一般发达国家，具有资本、工程技术等方面的优势，因此生产资本密集型产品有比较优势；第三类是广大的发展中国家，劳动力资源丰富，因此生产劳动密集型产品有比较优势。

### 三、产品生命周期的四个阶段

#### (一)第一阶段——创新阶段

从要素特性看,处于创新阶段的产品由于技术尚需改进,产品尚未定型,要素比例、工艺流程、规格划定等需不断调整,因而需要科学家、工程师和其他高度技术熟练工人的大量劳动,因此该生命阶段的产品是技术密集型产品。

从产地特性看:由于新产品的设计以及设计的改进要求靠近市场,因而新产品只能在创新国生产。

从成本和价格特性看:这时没有竞争者,又没有相似的替代品,由于研究与开发需大量投入,产品的生产成本比较高,产品的价格因此也相应较高。

从进出口格局看:制造新产品的企业垄断着世界市场,高价格的产品只有创新国和国外的高收入者能够购买。因此,产品主要在创新国销售,并少量向其他一般发达国家出口。这一阶段,创新国垄断出口。

#### (二)第二阶段——成熟阶段

从要素特性看:到这一阶段,产品的生产技术已经定型,且由于出口增加,技术诀窍扩散到国外,仿制开始,创新国的技术垄断优势开始丧失。由于产品开始转入正常生产,只需使用熟练劳动力和扩大生产规模即可。因此,这时产品由技术密集型向资本密集型转变。

从成本和价格特性看:由于产品有了广泛的市场,参加竞争的厂商数目增加,消费需求的价格弹性上升,厂商只有降低价格才能扩大销路。因此,这阶段产品成本价格比第一阶段下降。

从进出口格局看:这一阶段,原进口国的企业及创新国的子公司生产了这种产品并逐步占领国内市场,创新国对这些国家的出口逐渐减少。同时,虽然一般发达国家的厂商在本国生产新产品的成本能和创新国企业的产品相竞争,但由于生产规模尚小,再加上关税、运费后,使其产品无法在第三国市场上与创新国产品相竞争。所以,在这一阶段,创新国在对一般发达国家出口下降的同时,对其他绝大多数市场的出口仍可继续。

#### (三)第三阶段——标准化阶段

从要素特性看:这个阶段的产品已经完全标准化了,不仅一般发达国家已完全掌握该生产技术,就是一些发展中国家也开始掌握这种生产技术,劳动熟练程度也不再是决定性因素,产品变为资本-劳动密集型。

从产地特性看:产品产地开始向一般发达国家甚至发展中国家转移,范围不断扩大。

从成本和价格特性看:由于一般发达国家厂商产量不断上升,经验不断积累,加之工资水平较创新国低,所以生产成本进一步下降。

从进出口格局看:这阶段由于一般发达国家成本降低的程度抵补了向国外出口需交的关税和运费,因而能够和创新国产品在第三国市场上进行竞争,并逐渐取代创新国产品。这也意味着一般发达国家到达净出口阶段。

### (四)第四阶段——衰退阶段

从要素特性看:因技术、生产设备的标准化,技术和资本已逐步失去了重要性,这时产品的比较优势主要决定于劳动力成本的高低。因此,产品变为劳动密集型。

从产地特性看:发展中国家因为劳动力成本低,在生产这类产品上具有优势,因此产品逐渐转移到发展中国家生产。同时,一般发达国家凭借生产规模的扩大也能使生产成本大幅下降,因此仍能从事生产。

从进出口格局看:到这一阶段,创新国出口极度萎缩。创新国要挽救颓势,就要提高和改进技术,使产品升级换代,但与其这样做,不如将这些标准化产品转移到技术水平低、劳动力成本低的发展中国家进行生产,自己放弃生产。这样创新国变为产品的净进口国,产品的生命周期在创新国结束。

## 四、产品生命周期理论图示分析

国际贸易产品生命周期如图 5-1 所示。

第一阶段:创新国对新产品的出口垄断时期,此时的商品为技术—知识密集型产品。

第二阶段:其他发达国家进入新商品的生产时期,此时的商品为技能—资本密集型产品。

第三阶段:外国商品在出口市场中进入竞争时期,此时的商品为资本—劳动密集型产品。

第四阶段:创新国进入进口竞争时期,此时的商品为劳动密集型产品。

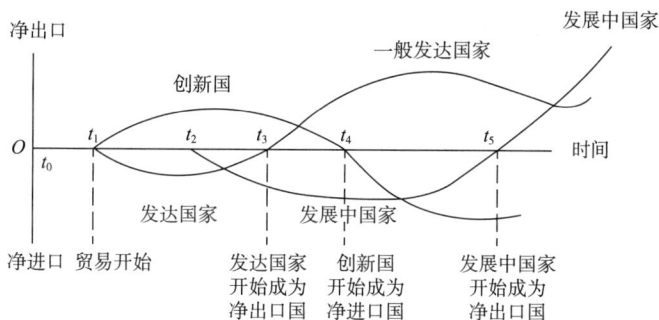

**图 5-1　国际贸易产品生命周期**

新产品的国际贸易模式之所以会发生有规则的变化,是因为不同类型的国家在产品生命周期的各个阶段的比较优势不一样;而比较优势不一样,又是与新产品生命周期的各个阶段,产品的要素密集度联系在一起的。

对于一个产品而言,虽然其生命周期在创新国结束了,但在开始生产这种新产品的其他一般发达国家,产品生命周期还在继续着,它可能处于第二或第三阶段。这时产品的技术已完成了其生命周期,生产技术已经被设计到机器或生产装配线中了,生产过程已经标准化,操作也变得简单,甚至生产该产品的机器本身也因成为标准化的产品而变得比较便宜。因此到了这一阶段,技术和资本的重要性下降,劳动力成本成为决定产品是否具有比较优势的重要因素。发展中国家劳动力成本较低、地价便宜,生产标准化产品更具竞争力。当生产过程标准化和创新国的技术专利失效后,生产便自然而然地转移到发展中国家进行了。发展中国家最终会成为该产品的净出口国,把产品出口到创新国和其他一般发达国家。在国际贸易中,许多产品都经历了或正经历着这样的生命周期。如纺织品、皮革制品、橡胶制品和纸张在20世纪80年代就进入了产品生命周期的第四阶段,而汽车则在20世纪90年代开始标准化生产。出口汽车就说明了这一事实。

以美国为代表的创新国,工业比较先进、技术力量相当雄厚、国内市场广阔、资源相对丰富,生产知识密集型产品具有比较优势。一般发达国家资本丰裕,且拥有相对丰富的科学和工程实践经验,生产处于产品生命周期第二、三阶段的资本密集型成熟产品具有相对优势。发展中国家拥有相对丰富的不熟练劳动,弥补了相对缺乏的资本存量的不足,因此生产成熟标准化的产品具有优势。

## 五、评价

产品生命周期理论是把动态比较成本理论和生产要素禀赋理论、新要素理论结合起来的一种理论。这一理论运用了动态分析法,从技术创新与传播的角度分析了国际分工基础和贸易格局的演变。因此,产品生命周期理论也可被视为对比较成本理论和要素禀赋理论的一种发展。产品生命周期理论发展至今,与国际投资、技术转让等生产要素的国际移动结合在一起,不仅对国际贸易,而且对国际投资、跨国公司的生产经营战略等有很大的影响。这一理论是战后最有影响的国际贸易理论之一。

但在当代,许多产品已不具备这样的生命周期。一是随着跨国公司全球化经营的发展,跨国公司的研发、生产和服务全球化了。对于一些产品,跨国公司往往在东道国就地研发、就地生产,直接面向全球销售,已没有这样一个梯度转移的过程。二是科学技术的迅速发展使产品的生命周期大大缩短,许多产品如一些电子类消费品创新出来以后,迅速进入成熟期,甚至是衰退期。

**思考题**

1. 什么是规模经济?外部规模经济和内部规模经济有什么区别?如何解释规模经济是国际贸易的基础?

2. 举例区别产业内贸易和产业间贸易,分析产业内贸易和产业间贸易产生的原因。如何测量产业内贸易?

3. 重叠需求理论的特点是什么?

4. 作图说明产品生命周期各阶段发明国和模仿国的出口情况。

第二部分

# 实务篇

# 第六章　国际货物买卖

**学习目标**

1. 了解进出口贸易实务的概念。
2. 掌握国际货物买卖合同的概念特点和适用的法律规范。
3. 了解进出口贸易的基本流程及要注意的有关问题。
4. 了解在执行进出口合同过程中,买卖双方应履行的基本义务。

国际货物买卖

**案例导入**

## 中国纺织品进出口商会多举措助企业突破贸易保护藩篱

中国纺织服装行业在2022年共遭遇15起国外贸易救济调查,案件量同比增长15.3%,涉案金额24.14亿美元,同比增加15.6%。

据中国纺织品进出口商会分析,这些案件呈现诸多特点。首先,发起国集中、重点产品突出、涉案金额较大。15起调查案件中半数以上来自印度尼西亚、印度和欧盟,多起调查涉案金额高达数亿美元,其中欧盟聚酯高强力纱复审调查涉案金额2.3亿美元、印度黏胶纱线反倾销调查涉案金额2.56亿美元、印度尼西亚三项保障措施调查涉案金额11.3亿美元。其次,欧盟案件连锁效应强、应对难度高。2022年欧盟对中国聚酯高强力纱先后启动一次日落复审调查、一次期中复审调查和单独针对海利得的反倾销调查。再次,保障措施调查产品范围广、持续时间长。2022年中国纺织服装行业遭遇的第一起保障措施调查来自委内瑞拉。仅在2022年,土耳其和印度尼西亚针对尼龙产品以及窗帘、纱线和织物类产品发动4起保障措施调查,共涉及126个税号,涉案金额合计约14亿美元。复审调查的发起意味着涉案企业遭受限制措施的期限再次延长。中国纺织品进出口商会将关注保障措施辐射效应作为后续工作的重点。

针对2022年15起纺织服装贸易救济案件和2021年11起转结案件,纺织商会及时发布案件预警和立案信息,对正式立案调查的产品情况迅速分析,向救济局汇报案件情况,并通知相关省厅和企业。对于重点案件在征求各方意见后召开应诉会,组织企业开展行业抗辩。商会在官方网站和公众号上及时发布立案信息和裁决结果,广泛通知企业。

为应对秘鲁服装保障措施案,商会积极组织企业参与行业无损害抗辩。2021年12月24日秘鲁对服装产品启动保障措施调查,涉案金额高达7.34亿美元。商会及时组织召开网络应诉协调会,最终11家企业参与行业无损害抗辩。期间,商会多次召开讨论会,确定抗辩的重点产品,分析应对中的难点。先后三次分别针对临时措施和产品排除、立案公告和技术报告以及秘鲁进出数据提交抗辩意见;积极参加线上听证会并发表反对意见。2022年5月中旬秘鲁多部门委员会裁定不采取临时措施,8 月秘鲁调查机关宣布结束调查程序。

2022 年 9 月 30 日印度商工部对黏胶纱线发起反倾销调查,涉案产品达 2.56 亿美元。对此,商会成功组织新乡化纤、吉林化纤、宜宾海斯特、吉林艾卡 4 家企业参与行业抗辩并及时递交抗辩意见。2022 年 11 月印方就产品控制编码(PCN)召开技术性讨论会,商会代表参会反映利益诉求,同时印度进口商和下游代表发表反对意见。之后印度调查机关决定把印度原告铜管纺(SSY)技术生产的黏胶长丝放在被调查产品范围内,并未接受印度原告提出的不区分染色和未染色的意见。就此,我方在产品控制编码和被调查产品范围的界定方面取得初步胜利。

资料来源:《国际商报》

进出口贸易实务,又称国际贸易实务,主要介绍有关国际货物买卖理论和实际业务及国际贸易基本惯例。

主要内容包括:国际货物买卖合同条款;国际货物买卖合同的商定与履行;国际贸易术语;与国际货物买卖相关的主要法律规范;国际贸易方式。具体如下:

(1)国际货物买卖合同。国际货物买卖合同的定义,主要条款(包括品质、数量、包装、价格、装运、保险、支付)和一般条款(包括检验、索赔、不可抗力、仲裁)。

(2)国际货物买卖合同的商定与履行。国际货物买卖合同的交易磋商与订立,出口合同的履行,进口合同的履行。

(3)国际贸易术语。《国际贸易术语解释通则 2020》中常用的 6 种贸易术语,其他 5 种贸易术语以及贸易术语的选用。

(4)与国际货物买卖相关的主要法律规范。国际条约、国内法、国际惯例。如《联合国国际货物销售合同公约》(*The United Nations Convention on Contracts for the International Sale of Goods*,CISC)(以下简称《公约》)、《区域全面经济伙伴关系协定》、《中华人民共和国民法典》、《国际贸易术语解释通则》(*International Rules for the Interpretation of Trade Terms*,INCO-TERMS)(如国际商会第 723E 号出版物,INCOTERMS®2020)、《跟单信用证统一惯例》(*Uniform Customs and Practice for Documentary Credits*,UCP)(如国际商会第 600 号出版物,UCP600)、《托收统一规则》(*The Uniform Rules for Collections*,URC)(如国际商会第 522 号出版物,URC522)。

(5)国际贸易方式。包括经销、代理、招投标、拍卖、寄售、展卖、易货、互购、租赁、加工贸易、期货贸易、补偿贸易。

《联合国国际货物销售合同公约》

《区域全面经济伙伴关系协定》(节选)

# 第一节　国际货物买卖合同

国际货物买卖合同,又称为国际货物销售合同,是营业地在不同国家的当事人之间为买卖一定货物所达成的协议,是当事人双方各自履行约定义务的依据,也是一旦发生违约行为时进行补救、处理争议的法律文件。

由于国际货物买卖合同是进出口贸易活动的中心,所以国际货物买卖合同是进出口贸易中最基本、最重要的合同,订立好国际货物买卖合同对合同买卖双方当事人都十分重要。

国际货物买卖合同能否顺利实施是以具备必要条款作为前提的,否则会给买卖双方当事人在履行约定义务、处理争议,或者进行违约补救时带来困扰,甚至可能导致合同无效。国际货物买卖合同的条款主要包括以下五个部分。

(1)合同的标的:货物的名称、质量、数量和包装。

(2)货物的价格:货物的单价和总价。

(3)卖方的义务:如何在指定时间、指定地点以何种方式交付货物,移交与货物有关的单据和转移货物的所有权。

(4)买方的义务:于何时、何地支付货款、收取货物。

(5)争议的预防与处理:商品的检验、索赔、不可抗力、仲裁。

# 第二节　国际货物买卖合同涉及的法律规范

从国际货物买卖合同的定义可以看出,国际货物买卖合同是一个法律文件。因此,国际货物买卖合同不仅体现了进出口贸易中的经济活动,还包含了贸易双方的法律关系。国际货物买卖合同要想得到法律的保护,就必须受到法律的监督和约束,所以只有当国际货物买卖合同符合法律规范的要求时,才能使合同买卖双方当事人的权利和义务受到法律的保护。

国际货物买卖合同适用的法律规范有三种,分别是国内法、国际条约或国际公约、国际贸易惯例。

## 一、国内法

国内法是指由国家制定或认可并在本国主权管辖范围内生效的法律。国际货物买卖合同必须符合国内法,即符合某个国家制定或认可的法律。例如,按照我国法律,订立合同,包括涉外合同,都必须遵守中华人民共和国法律,即使依照法律规定适用外国法律或者国际惯例的,也不得违反中华人民共和国的社会公共利益。但是,由于国际货物买卖合同的当事人所在的国家不同,他们各自又都要遵守所在国的国内法,而不同的国家对同一问题的有关法律规定往往不一致,因而一旦发生争议引起诉讼时,就会产生究竟应适用何国法律,即以何国法律处理有争议的问题。为了解决这种"法律冲突",以利于正常的国际往来,通常采用在国内法中规定冲突规范的办法。我国法律对涉外经济合同的冲突规范也采用上述国际上的通用规则,并在我国《中华人民共和国涉外民事关系法律适用法》第四十一条作了原则规定:"当事人可以协议选择合同适用的法律。当事人没有选择的,适用履行义务最能体现该合同特征的一方当事人经常居所地法律或者其他与该合同有最密切联系的法律。"此外,《中华人民共和国民法典》规定:"涉外民事关系的法律适用,依照《中华人民共和国涉外民事关系法律适用法》确定;其他法律对涉外民事关系法律适用另有特别规定的,依照其规定。"据此,除法律另有规定外,我国当事人只要与国外当事人取得协议,就可在合同中选择处理合同争议所适用的法律或国际条约,例如既可选择按我国法律,也可选择按对方所在国法律或双方同意的第三国法律或者有关的国际条约来处理本合同的争议。如果当事人未在合同中作出选择,则当发生争议时,由受理合同争议的法院或仲裁机构依照法院或仲裁机构视交易具体情况认定的"与合同有最密切联系的国家"的法律进行处理。

## 二、国际条约或国际公约

国际货物买卖合同的订立和履行必须符合当事人所在国缔结或参加的与合同有关的双边或多边国际条约。国际条约是两个或两个以上主权国家为确定彼此的政治、经济、贸易、文化、军事等方面的权利和义务而缔结的诸如公约、协定、议定书等包括各种协议的总称。国际公约指国际间有关政治、经济、文化、技术等多边条约的特定类型。

目前与我国对外贸易有关的国际条约,主要是我国与其他国家缔结的双边或多边的贸易协定、支付协定,以及我国缔结或参加的有关国际贸易、海运、陆运、空运、工业产权、知识产权、仲裁等方面的协定或公约。

其中,与我国进出口贸易关系最密切、对我国进出口贸易影响最大的一项国际公约是《联合国国际货物销售合同公约》。该公约于 1988 年 1 月 1 日起正式生效,全文 101 条,包括适用范围和总则、合同的订立、货物买卖、最后条款四部分内容。我国是最早加入该公约的缔约国之一,为公约的定稿和通过做出了一定贡献。

我国在 1986 年 12 月 11 日核准该公约时,曾对该公约提出了两项保留。

(1)不同意扩大该公约的适用范围。只承认该公约的适用范围限于营业地分处于不同缔约国的当事人之间所订立的货物买卖合同。

(2)关于合同形式的保留。我国通常认为涉外经济合同是重要的合同,原则上应当采用书面形式。因此,当事人应就合同条款以书面形式达成协议才为合同成立。而针对"通过信件、电报、电传书面形式达成协议,一方当事人要求签订确认书的,签订确认书时,方为合同成立"。我国认为,订立、变更或终止国际货物买卖合同都应当采取书面形式。该公约的上述规定对中国不适用。不过我国 1999 年颁布的《合同法》规定,合同可以以书面形式、口头形式和其他形式订立,与《联合国国际货物销售合同公约》的规定相符,之后我国政府提交了针对第二项保留意见"书面形式"的撤回申请,并于 2013 年正式生效。至此,我国与绝大多数公约缔约国一样不再要求国际货物销售合同必须采用书面形式。2021 年 1 月 1 日起《中华人民共和国民法典》生效,《合同法》同时废止。《中华人民共和国民法典》第四百六十九条规定:"当事人订立合同,可以采用书面形式、口头形式或者其他形式。书面形式是合同书、信件、电报、电传、传真等可以有形地表现所载内容的形式。以电子数据交换、电子邮件等方式能够有形地表现所载内容，并可以随时调取查用的数据电文，视为书面形式。"

此外，2022 年 1 月 1 日正式生效的《区域全面经济伙伴关系协定》是亚太地区规模最大、最重要的自由贸易协定谈判之一，也是近年来对我国进出口贸易影响最大的国际条约之一。RCEP 由东盟十国（文莱、柬埔寨、老挝、新加坡、泰国、越南、马来西亚、缅甸、印度尼西亚、菲律宾）发起，并邀请中国、日本、韩国、澳大利亚和新西兰共同参与，旨在通过削减关税及非关税壁垒，建立一个涵盖 15 个国家的统一市场。RCEP 的签署标志着世界上经贸规模最大、最具发展潜力的自由贸易区的诞生。RCEP 的具体内容包括序言、20 个章节以及 4 个市场准入承诺表附件，涵盖了货物贸易、服务贸易、投资、知识产权、电子商务等多个领域。其目标是实现高质量和包容性的统一，最终零关税产品数整体上将超过 90%。

2012 年，由东盟发起 RCEP。2021 年 3 月，中国完成 RCEP 核准，成为率先批准协定的国家。2022 年 1 月 1 日 RCEP 正式生效，首批生效的国家包括文莱、柬埔寨、老挝、新加坡、泰国、越南等东盟 6 国和中国、日本、新西兰、澳大利亚等非东盟 4 国。之后，RCEP 又先后对韩国、马来西亚、缅甸、印度尼西亚、菲律宾等 5 国生效。

《中华人民共和国海商法》第二百六十八条明确规定："中华人民共和国缔结或者参加的国际条约同本法有不同规定的，适用国际条约的规定；但是，中华人民共和国声明保留的条款除外。"由此可见，根据"条约必须遵守"的原则，在法律适用的问题上，国家缔结或参加的有关国际条约，除国家在缔结或参加时声明保留的条款以外，优先于国内法。长期以来我国外贸企业习惯于订立书面合同，如果需要订立书面合同，需要在交易磋商之前事先向对方声明，只有当事人双方达成书面合同，交易才属正式达成。否则容易产生不必要的争议。

### 三、国际贸易惯例

国际贸易惯例，又称国际商业惯例，是国际贸易法的主要渊源之一，它是指在国际贸易的长期实践中逐渐形成的一些有较为明确和固定内容的贸易习惯和一般做法。国际贸易惯例通常是由国际性的组织或商业团体制定的有关国际贸易的成文的通则、准则和规则。

国际贸易惯例不是法律，它对合同当事人没有普遍的强制性，只有当事人在合同中规定加以采用时，才对合同当事人有法律约束力。但是，国际贸易惯例可以弥补法律的空缺和立法的不足，起到稳定当事人的经济关系和法律关系的作用。《中华人民共和国海商法》第二百六十八条明确规定："中华人民共和国法律和中华人民共和国缔结或者参加的国际条约没有规定的，可以适用国际惯例。"

然而，必须指出，由于国际贸易惯例不是法律，对当事人无普遍的强制性，所以，当事人在采用时，可以对其中的某项或某几项具体内容进行更改或补充。如果在国际货物买卖合同中作了与国际贸易惯例不同的规定，在解释合同当事人义务时应以合同规定为准。

目前，被国际贸易行业从业者和参与者广泛使用的国际贸易惯例有国际商会制定的《国际贸易术语解释通则》《跟单信用证统一惯例》和《托收统一规则》。《INCOTERMS®2020》《UCP600》《URC522》则分别是这 3 项国际贸易惯例的最新修订版本。由于国际贸易惯例不是法律文件,所以新版本的推出并不意味着老版本的废止,在使用贸易惯例时要注意引用版本号。

# 第三节　交易磋商与合同订立

## 一、交易磋商的形式

交易磋商在形式上可以分为口头和书面两种。

口头磋商包括参加各种交易会、洽谈会、贸易小组出访、电话洽谈及邀请客户来洽谈交易等面对面的磋商。口头磋商可以根据进展情况及时调整策略,对谈判内容复杂、涉及问题多的交易尤其合适。

书面磋商是指通过交换信件、电报、传真,传递照片、图表、书信及文件等信息,进行交易磋商。目前各国已广泛应用传真、电子数据交换(EDI)和电子邮件,取代了以往的电报。但应注意,传真容易褪色,不能长期保存,传真和电子邮件容易伪造,所以通过传真或电子邮件达成交易的,应以信函补寄正本文件或另行签订合同,以掌握合同成立的可靠证据。

## 二、交易磋商的程序

在国际货物买卖合同商订的过程中,磋商程序主要包括四个环节:询盘、发盘、还盘和接受。其中,发盘和接受是达成交易必不可少的两个环节。

### (一)询盘

询盘(Enquiry)是交易的一方打算购买或出售某种商品,向对方询问该商品交易的有关条件,或者就该项交易提出带有保留条件的建议。

询盘对于买卖双方都没有法律上的约束力。进口方询盘后,没有必须购买的义务,出口方也没有必须出售的责任。但是,在商业习惯上,被询盘的一方接到询盘后,应当尽快予以答复。

询盘主要是试探对方交易的诚意和了解其对交易条件的意见,内容涉及价格、规格、品质、数量、包装、交货期以及索取样品、商品目录等,而多数是询问价格,所以也称询价。如果是新客户,则必然有建立贸易关系的愿望,因此,在往来函电中,除了说明要询问的内容外,一般还应告知信息来源(如何获得贸易伙伴的联系方式)、去函目的、本公司概述、产品介绍及激励性语言和期望,以达到使对方发盘的目的。询盘既可由卖方也可由买方发出,它对询盘人和被询盘人均无法律约束力。

### (二)发盘

发盘(Offer)是交易的一方(发盘人)向另一方(受盘人)提出购买或出售某种商品的各项条件,并表示愿意按照这些条件与对方达成交易、订立合同的行为。

发盘可以是应对方的询盘作出的答复,也可以在没有邀请的情况下直接发出。发盘多由卖方发出,称作售货发盘,也可以由买方发出,称作购货发盘或递盘。在发盘有效期内,发盘人不得任意撤销或修改其内容,并且一经对方接受,发盘人将受其约束,并承担按照发盘条件与对方订立合同的法律责任。

完整准确地拟写发盘函，可以避免争议，有利于缩短交易磋商的时间，尽快达成协议。为了防止日后争议或敦促对方早下订单，发盘中应明示报价的有效期或其他约束条件。另外，对外报价时最好说明该价格的数量基础。根据《联合国国际货物销售合同公约》，发盘的相关要领如下。

1. 发盘的构成条件

构成一项发盘应具备以下 4 个条件。①发盘要有特定的受盘人。受盘人可以是一个，也可以是一个以上的人；可以是自然人，也可以是法人，但必须特定化。②发盘的内容要十分确定。主要是指在发盘中明确货物、规定数量和价格。但是，在我国外贸业务中，通常要有 6 项主要交易条件，即商品品质、数量、包装、价格、交货和支付条件。③表明发盘人受其约束。发盘人表示，在得到有效接受时，双方即可按发盘的内容订立合同。④发盘要送达受盘人。

发盘中通常都规定有效期，作为发盘人受约束的期限和受盘人接受的有效时限，它不是构成发盘的必要条件。如果没有规定有效期，受盘人应在合理的时间内接受。至于合理时间，国际上并无统一明确的解释，因此，业务中还是以明确有效期为妥。有效期的规定可根据商品的特点和采用的通信方式合理规定。发盘有效期规定要明确具体。

2. 发盘的生效和撤回

发盘在送达受盘人时生效，因此，发盘到达受盘人之前对发盘人没有约束力。

发盘送出后，到达受盘人之前，发盘人可以将其撤回。这就要求发盘人要以更快的通信方式将撤回的通知送达受盘人或与发盘同时到达。可见，撤回的实质是阻止发盘生效。业务中遇到想要撤回发盘的情况时，必须清楚发盘是何时发出的，预计何时到达对方，然后再考虑是否可能撤回发盘。

3. 发盘的撤销

发盘的撤销是在发盘送达受盘人后，发盘人取消发盘，解除效力的行为。

在订立合同之前，发盘可以撤销，但撤销的通知必须在受盘人发出接受通知以前送达受盘人。在下列情况下，发盘不得撤销。①发盘中写明了发盘的有效期，或以其他方式表明发盘是不可撤销的。②受盘人有理由信赖该发盘是不可撤销的，并已本着对该发盘的信赖采取了行动，如寻找用户、组织货源等。

4. 发盘的失效

发盘的失效一方面意味着发盘人受发盘约束义务的结束，另一方面表示受盘人接受发盘权利的丧失。发盘的失效，是指当受盘人不接受发盘提出的条件，并将拒绝的通知送达发盘人手中时，原发盘失去效力，发盘人不再受其约束。除此之外，以下情况也可造成发盘的失效。①受盘人作出还盘。②发盘人依法撤销发盘。③发盘中规定的有效期届满。④人力不可抗拒的意外事故，如政府禁令或限制措施。⑤在发盘被接受前，当事人丧失行为能力或死亡或法人破产等。

### (三) 还盘

还盘(Counter Offer),又称还价,是指受盘人对发盘内容不完全同意而提出修改或变更的表示。还盘可以针对商品价格,也可以针对其他交易条件。一笔交易可以多次还盘。

还盘是对发盘的拒绝,还盘一经作出,原发盘即已失效,发盘人不再受其约束。一项还盘等于受盘人向原发盘人提出的一项新的发盘,即还盘就是一项新发盘。还盘作出后,还盘者处于发盘人的位置,原发盘人有权对还盘的内容进行考虑,决定接受、拒绝或再还盘。

### (四) 接受

接受(Acceptance)是受盘人接到对方的发盘或还盘后,同意对方提出的条件,愿意与对方达成交易、订立合同的一种表示。也就是说,交易的一方完全同意对方发来的报盘或还盘的全部内容,由此作出的肯定表示。

**1. 构成接受的条件**

(1)接受必须由受盘人作出。如果其他人了解发盘的内容并完全同意,也不能构成有效的接受。除非发盘人表示同意,否则合同不能成立。

(2)接受的内容必须与发盘相符。一项有效的接受必须是同意发盘提出的所有条件,只接受其中的部分内容,或对发盘提出实质性的修改,或提出有条件的接受,均不能构成接受,只能视为还盘。但是,如果受盘人在表示接受时,对发盘内容提出某些非实质性的添加、限制或更改,此项接受能否构成有效接受,取决于发盘人是否同意。如果发盘人同意,合同得以成立,合同的条件就既包括了发盘的内容也包括了接受中所做的变更。

(3)必须在有效期内接受。如果发盘没有规定有效期,则应在合理时间内接受,方为有效。如果接受通知超过发盘规定的有效期限,或发盘没有具体规定有效期限而超过合理时间才送达发盘人,这就是逾期接受,也称迟到的接受,发盘人不受其约束,不具有法律效力。但也有例外:其一,发盘人在收到逾期接受后,毫不延迟地通知受盘人,确认接受有效;其二,如果接受的信件在传递正常的情况下是能够及时送达发盘人的,这种逾期接受仍被视为有效接受,除非发盘人毫不延迟地用口头或书面方式通知收受盘人该发盘已经失效。总之,在接受迟到的情况下,不管受盘人有无责任,决定接受是否有效的主动权在发盘人。

**2. 接受的方式**

接受必须由受盘人以某种方式向发盘人表示出来,口头或书面声明方式均可。一般来说,发盘人以何种方式发盘,受盘人也以何种方式接受。除采用声明方式接受外,还可以通过行为表示接受。例如,买方在发盘中提出交易条件,卖方同意并及时发运货物,或者买方同意卖方提出的交易条件并随即支付货款或开出信用证。这种做法有些国家不予承认,一般在双方习惯做法或存在惯例的条件下,才用行为方式来表示接受。

**3. 接受的生效和撤回**

接受在什么情况下生效,国际上不同的法律体系有不同的解释。

英美法系实行的是发出生效原则,即采用信件、电报等通信方式表示接受时,接受的函电一经发出立即生效,不影响合同的成立。

大陆法系采用的是到达生效的原则,即接受的函电须在规定时间内送达发盘人,接受才视为生效,函电在途中遗失,合同不能成立。

《公约》采用的是到达生效的原则,这是针对采用书面形式接受时的规定。如果以口头方式进行磋商,那么,对口头发盘必须立即接受,双方另有约定者不在此限。如果以行为表示接受,那么,接受于该项行为作出时生效。但该项行为必须在规定的期限内作出。

按照英美法系的规定,接受不存在撤回问题;按照《公约》的规定,接受发出后可以撤回,但必须保证撤回的通知在接受到达之前送达发盘人或者二者同时到达。

### 三、合同有效成立的条件

发盘经过对方有效接受,合同即告成立。但是合同是否具有法律效力,还要看其是否具备一定的条件,不具有法律效力的合同是不受法律保护的。一份合法有效的合同必须具备下述特征:当事人必须在自愿和真实的基础上达成协议,采取欺诈、胁迫手段订立的合同无效;当事人具有订立合同的行为能力,未成年人、精神病患者等不具备相应行为能力的人,订立的合同可能无效或者效力待定(八周岁以上的未成年人为限制民事行为能力人,实施民事法律行为由其法定代理人代理或者经其法定代理人同意、追认;不满八周岁的未成年人为无民事行为能力人,由其法定代理人代理实施民事法律行为;不能辨认自己行为的成年人为无民事行为能力人,不能完全辨认自己行为的成年人为限制民事行为能力人);合同双方需存在对等的权利义务关系,即一方获得某种利益,需给予对方相应的代价(这种对等关系类似英美法系中的"约因"概念,但我国法律更强调权利义务对等),且合同的目的必须合法;合同的标的和内容必须合法,以非法经营的产品为基础订立的合同不受法律保护;合同的形式必须符合法律规定的要求,我国《中华人民共和国民法典》规定,当事人订立合同,可以采用书面形式、口头形式或者其他形式。

### 四、书面合同的签订

买卖双方经过磋商,一方的发盘被另一方有效接受,交易即达成,合同成立。但在实际业务中,按照一般习惯做法,买卖双方达成协议后,通常还要制作书面合同将各自的权利和义务用书面方式加以明确,这就是签订合同。

#### (一)书面合同的意义

1. 合同成立的证据

书面合同可以证明合同关系的存在,一旦发生争议,可以此为凭证,据理力争。

2. 履行合同的依据

书面合同上明确了买卖双方的权利和义务,履行合同时可参照执行。

3. 有时是合同生效的条件

一般来说,接受生效,合同就成立,但在通过信件、传真、电子邮件达成协议的特定环境下,一方当事人要求签订确认书,则签订确认书方为合同成立。此外,如果所签订合同必须是经一方或双方所在国政府审核批准的合同,那么这一合同的生效就必须是具有一定格式的书面合同。

## (二)合同的形式

国际贸易中买卖双方既可采用正式合同、确认书、协议,也可采用备忘录等形式。

在我国进出口业务中,书面合同主要采用两种形式:一种是条款较完备、内容较全面的正式合同(销售合同和购货合同),这类合同除了写明商品的名称、规格、包装、装运港和目的港、交货期、付款方式、运输标志及商品检验等条件外,还有异议索赔、仲裁、不可抗力等条件,它适合大宗商品或成交金额较大的交易。另一种是内容较简单的简式合同(销售确认书和购货确认书),这类合同的条款比销售合同简单,一般适用于金额不大、批数较多的土特产品和轻工产品,或者已订有代理、包销等长期协议的交易。合同无论采用哪种形式,法律上具有同等效力。

在实际业务中,各出口企业都印有固定格式的出口合同或销售确认书。当面成交的,由买卖双方共同签署;通过函电往来成交的,由我方签署后,一般将正本一式两份寄送国外买方签署,同时附上一封短信。客户收到合同后,签署寄回一份,以备存查,同时附函说明。

除了常用的合同形式外,订单和委托订购单有时也被采用。订单是指由进口商或实际买主拟制的货物订购单;委托订购单是指由代理商或佣金商拟制的代客户购买货物的订购单。在实际业务中,国外客户往往将订单或委托订购单寄来一式两份,要求我方签署后退回一份。这种经磋商成交后寄来的订单或委托订购单,实际上是国外客户的购货合同或购货确认书。但是对事先未经磋商客户径自寄来的订单或委托订购单,我方应按照具体内容区别其是发盘还是询盘,研究是否与其交易,并及时答复对方。

## (三)书面合同的内容

书面合同的内容一般由下列三部分组成。

(1)约首:合同的序言部分,包括合同的名称、合同号码、订约当事人的名称和地址等。

(2)本文:合同的主体部分,具体包括品名、品质规格、数量、价格、包装、交货条件、运输与保险条件、支付方式以及检索、索赔、不可抗力和仲裁条款等。

(3)约尾:一般列明订约时间和地点及双方当事人签字等项内容。订约的地点涉及合同准据法的问题,中国出口合同的订约地点一般都写在中国。

# 第四节 进出口贸易流程

进出口贸易业务基本由三部分组成:交易前的准备、商订合同、履行合同。但是由于进出口环节所涉及的交易方式、成交条件不同,所以各自涉及的基本业务不同。

## 一、出口贸易的基本业务程序

### 1. 出口前的准备

出口交易前的准备工作,主要包括对国际市场调查研究、制订商品经营方案、落实货源、制订出口商品产出计划、开展广告宣传、选定客户并建立业务关系等。

2. 出口交易磋商和合同订立

当出口前的准备工作完成后,就可以通过函电联系或者当面洽谈等方式,同国外客户就国际货物买卖合同的具体交易条件进行磋商。磋商环节要经历询盘、发盘、还盘、接受四个部分。当一方的发盘被另一方接受后,交易即告达成,合同宣告订立。然而在实际业务中,为了明确买卖双方责任,或使口头谈成的合同生效,通常还需当事人双方签署一份有一定格式的书面合同,如出口销售合同或售货确认书。

3. 出口合同的履行

出口合同订立后,交易双方要根据重合同、守信用的原则,落实买卖双方各自应尽的责任和义务。根据使用的贸易术语不同,出口方要和进口方密切联系,积极完成在货物、运输、单证和货款转移过程中所涉及的出口方义务。

## 二、进口贸易的基本业务程序

1. 进口前的准备

进口前的准备工作,主要包括:制订进口商品经营方案或价格方案、调查国外市场和外商资信情况、选定采购市场和供货对象。

2. 进口交易磋商和合同订立

进口交易磋商和合同订立的做法与出口交易基本相同,但特别应做好价格比较工作,以便在与外商谈判中争取到对进口方最有利的条件。

在通过发盘与接受达成交易后,人都还需签署一份正式的书面合同,如购货合同或购货确认书。

3. 进口合同的履行

进口合同订立后,交易双方要根据重合同、守信用的原则,落实买卖双方各自应尽的责任和义务。根据使用的贸易术语不同,进口方要和出口方密切联系,积极完成在货款、单证、运输和货物转移过程中所涉及的进口方义务。

**思考题**

1. 什么是国际货物买卖合同?
2. 国际货物买卖合同涉及的法律规范有哪些?
3. 什么是国际惯例? 国际惯例具有法律效力吗,为什么?
4. 简述出口贸易的基本业务程序。

# 第七章　货物的品质

## 学习目标

1. 掌握货物的命名方法和质量的表示方法。
2. 熟悉国际货物买卖合同中品名条款和质量条款的订立方法。
3. 能够运用所学的知识分析相关业务案例。

货物的品质

## 案例导入

### 货物质量引纠纷　商法中心巧化解

2022年底,伊朗客商通过义乌某外贸公司向市场商户余某代采购了一批价值约3万元人民币的糖胶玩具,并在出货前向外贸公司支付全部货款,外贸公司也已将货款支付给余某。但外商在伊朗收到货物后认为产品存在质量问题,向外贸公司索赔金额1万元人民币。外贸公司认为产品质量问题是供应商的责任,要求余某承担。余某认为货物在出口运输前已由外贸公司验收,不存在质量问题,而且由于外箱已经破损,有可能是运输不当导致的产品受损,不予赔偿。外贸公司与余某自行协商无果后,向义乌市国际商事法律服务中心申请调解。

调解员首先判断了该起案件货款已经支付完结,不适用信保理赔政策。随后调解员分别听取了余某和外贸公司的陈述,在现有证据的基础上,对双方的主张进行了梳理和分析。调解员提出,根据《中华人民共和国民法典》规定,合同中未约定产品质量标准时,应当依次按照国家标准、行业标准、通常标准、符合合同目的的特定标准进行适用。因此,该产品质量是否有问题需要外贸公司提供第三方检测机构证明举证。目前货物已出口国外,检测费用较高且不便利。在此单贸易中,外贸公司在国内端收到货物时有查验的义务,但供应商是保证产品质量的第一责任人。

考虑此案件涉案金额不大,走诉讼途径需要较长的时间和精力,调解员建议余某与外贸公司以余某支付一定费用作为补偿来解决争议,双方表示接受。

最终,商户余某支付外贸公司2000元人民币作为补偿,外贸公司不再追究其他责任,双方权利义务关系终止。

资料来源:中国国际贸易促进委员会浙江省委员会

货物的品质是国际货物买卖合同中不可缺少的主要条款之一。货物是买卖双方进行交易的物质基础,货物的名称和质量是货物买卖双方当事人进行磋商和交易时首先需要商定的交易条件。它既是国际货物买卖合同的要件,又是买卖双方交接货物时的依据,对双方都有约束力。因此在合同磋商和订立合同时,应该根据货物特性和交易习惯,正确选择货物品质条款内容的规定方法,订明品质条款,并在实际交付货物时做到与合同规定完全相符。

# 第一节　货物的名称

## 一、货物的命名方法

货物名称,又称"品名",是指能使某种货物区别于其他货物的一种称呼或概念。货物的名称在一定程度上体现了它的自然属性、用途以及主要的性能特征。生活中常见把货物名称与商标混淆的情况,二者虽有联系,但仍有区别,不能互换。比如生活中常出现的"TEN-CEL"其实是奥地利兰精集团 TENCEL™ 纺织纤维旗舰品牌,不仅包括莫代尔纤维、莱赛尔纤维等纺织纤维,还拓展到 TENCEL™ 运动系列、TENCEL™ 牛仔系列、TENCEL™ 家居系列、TENCEL™ 亲肤系列及 TENCEL™ 奢华系列等日常生活领域。如果用"TENCEL"为兰精集团的某种产品命名显然不合适。

货物的命名方法有许多种,具体如下。

(1)按主要用途命名。这种方法强调货物的用途,便于消费者按其需要购买。如防护服、篮球鞋、消毒水、土工布、洗面奶、沐浴露等。

(2)按所使用的主要原材料命名。这种方法通过突出所使用的主要原材料反映货物的质量。如藤椅、草席、芳纶布、羊毛衫、羽绒服、竹笛、鹅绒被、松子糖等。

(3)按主要成分或配料命名。这种方法方便消费者了解商品的有效内涵。如五粮液、板蓝根冲剂、红糖姜茶、芝麻油、花生酱、矿泉水等。

(4)以外观及造型命名。这种方法有利于消费者了解货物的外观特征。如竹节纱、细支纱、变形纱、A 字裙、直筒裤、喇叭裤、圆桌等。

(5)以褒义词命名。这种命名方法能突出商品的使用功效,旨在激发消费者的购买欲望。如健力宝、美图秀秀、帮宝适、淘宝、拼多多、美团、娃哈哈等。

(6)以人物名字命名。这种命名方法以著名的历史人物或在某个领域做出杰出贡献的人物命名,其目的在于引起消费者的注意和兴趣,如王致和腐乳、李宁运动服、戴春林美妆等。

(7)以制作工艺命名。这种命名方法在于强调货物具有区别于常规同类商品的特殊工艺,提振消费者购买信心。如仿真绣、紧密纺、熟醅、二锅头、精梳纱。

(8)以地名命名。这种命名方法在于强调当地特有的自然条件,如水、土、气候,或者当地特有的制作技艺,同样可以吸引消费者关注。如贵州茅台、西湖龙井、涪陵榨菜、南通蓝印花布、白蒲茶干等。

恰当的货物名称,不但能高度概括出货物的特性,而且还能满足消费者的消费心理,诱发消费者的购买欲望。为了将生产或销售同类商品的厂商或销售商区别开来,商品的名称又常常与牌名相融合,构成描述、说明货物的重要部分。

### 二、品名条款的基本内容

买卖合同中的品名条款规定没有统一的格式,一般是由交易双方酌情商定的。合同中的品名条款比较简单,通常是在"货物名称"或"品名"标题下填写货物的名称。有时为了省略起见,也可不加标题,只在合同的开头部分,列明交易双方同意买卖某种货物。但有的货物具有不同的品种、等级和型号,为了明确起见,有必要把有关的具体品种、等级和型号等概括性描述包括进去,做进一步限定。此外,有的合同甚至把货物的品质规格也包括进去,这样它就不是单纯的品名条款,而是品名条款和质量条款的合并。

### 三、规定品名条款的注意事项

1. 货物名称的规定必须明确、具体

合同中货物的名称一定要明确、具体,既适合商品的特点,又不能含糊笼统。在采用外文名称时,做到译名准确,与原意一致,避免因模糊或空洞而引起贸易纠纷。同时,货物名称中不应该列入做不到或不必要的描绘词,以免给履约造成麻烦。

2. 采用国际通用名

为了避免误解,货物名称尽可能使用国际上通用的称呼。若使用地方性的名称,双方应事先达成共识;若对于新货物进行命名,也要考虑符合国际上的习惯称呼。

3. 兼顾自身利益

有些货物具有不同的名称,并且在实际业务中也存在同一货物因为名称不同而需缴付不同的关税和班轮运费的现象,甚至受到的进出口限值也不一样。所以,在确定合同名称时,应当从节税节费角度选用对自己有利的名称。

# 第二节　货物的质量

### 一、货物质量的含义

货物质量是货物的外观形态和内在品质的综合。货物的外观形态包括货物的外形尺寸、色泽、款式、味觉和嗅觉等;货物的内在品质包括货物的物理性能、生物特征、化学成分等自然属性。

### 二、货物质量的表示方法和相应的交易方式

在国际货物买卖中,由于交易的货物种类繁杂,特点各异,市场交易习惯各不相同,所以表示质量的方法也多种多样。归纳起来,主要分为用实物表示和用文字说明表示两大类,与之相应的交易方式见表7-1。

表 7-1 货物质量的表示方法与相应交易方式

| 货物质量表示方法 | | 相应交易方式 | |
| --- | --- | --- | --- |
| 用实物表示 | 凭实物买卖 | 看货买卖 | |
| | | 凭样品买卖 | 凭卖方样品买卖 |
| | | | 凭买方样品买卖 |
| 用文字说明表示 | 凭文字说明买卖 | 凭规格、等级或标准买卖 | |
| | | 凭牌名或商标买卖 | |
| | | 凭产地名称或地理标志买卖 | |
| | | 凭说明书和图样买卖 | |

**(一)凭实物买卖**

凭实物买卖根据是否验看货物可以分为两种,一种是看货买卖,另一种是凭样品买卖。

1. 看货买卖

买卖双方根据成交的货物的实际质量进行交易。通常由买方或其代理人在卖方所在地验看货物,达成交易后,买方即应按验看过的货物交付。只要卖方交付的是验看过的货物,买方就不得对货物的质量提出异议。看货买卖,多用于寄售、拍卖、展卖等贸易业务中。

2. 凭样品买卖

样品通常是从一批货物中抽出来的,或由生产、使用部门设计、加工出来的,足以反映和代表整批货物质量的少量实物。凭样品买卖,是指以样品表示货物质量并以此作为交货依据的买卖。凭卖方样品买卖是指凭由卖方提供的样品表示货物质量并以此作为交货依据的买卖;凭买方样品买卖是指凭由买方提供的样品表示货物质量并以此作为交货依据的买卖。

(1)凭卖方样品买卖。凭卖方样品买卖时,卖方选择的样品品质要具有充分的代表性,并以此样品提供给买方。在将样品即原样,或称标准样品向买方送交时,应留存与送交样品质量完全一致的另一样品即留样,或复样,以备将来组织生产、交货或处理质量纠纷时作核对之用。卖方应在原样和留存的复样上编制相同的号码、注明样品提交买方的具体日期,以便日后联系、洽谈交易时参考。留存的复样应妥善保管,对于某些易受环境影响而改变质量的样品,还应采取适当措施,如密封、防潮、防虫害、防污染等,贮藏保存好,以保证样品质量的稳定。

(2)凭买方样品买卖。凭买方样品买卖,在我国也称为"来样成交"或"来样制作"。由于买方熟悉目标市场的需求状况,买方提供的样品往往更能直接地反映出当地消费者的需求。买方出样在我国出口交易中有时也有采用,但在确认按买方提交的样品成交之前,卖方必须充分考虑买方样品所代表的货物在原材料、加工生产技术、设备和生产调度安排等方面的可行性,以防日后交货困难。在实际操作中,为避免日后交货时产生质量纠纷,卖方可以根据买方来样仿制,或从现有货物中选择品质相近的样品,即"对等样品"或"回样",提交买方,请买方确认,而不直接按买方样品成交。买方一旦确认以对等样品或者回样作为双方交易的质量依据,就等于把凭买方样品买卖转变成了凭卖方样品买卖。在出口业务中凡是以买方样品作为交接货物的质量依据时,为防止卖方被卷入侵犯第三者工业产权的纠纷,一般应在合同中明确规定,如果发生由买方来样引起的工业产权等第三者权利问题,概由买方负责,与卖方无关。

样品无论是由买方提供还是由卖方提供,一经双方确认便成为买卖双方履行合同时交接货物的质量依据。卖方承担交付的货物质量与样品完全一致的责任,否则,买方有权提出索赔、修理、交付替代货物甚至拒收货物、撤销合同。这是凭样品买卖的基本特点。因此,一些质量稳定的产品可以凭样品成交,而一些质量不易稳定的产品及某些交货质量无法或者无须与样品绝对相同的产品(如木材、煤炭、矿产品等天然品),则不宜使用凭样品买卖的交易方式。对于那些必须采用凭样品买卖方式,而又难以做到货样一致或无法保证批量生产时质量稳定的产品,则应该在订立合同时特别规定弹性条款,以期如实反映成交货物的实际质量状况。例如,"质量与样品大致相同""质量与样品近似"。

为了避免买卖双方在履约过程中产生质量争议,必要时还可使用封样,即由第三方或由公证机关(如商品检验机构)在一批货物中抽取同样质量的样品若干份,每份样品采用铅丸、钢卡、封条、封识章、不干胶印纸以及火漆等各种方式加封识别,由第三方或公证机关留存一份备案,其余供当事人使用。有时,封样也可由出样人自封或买卖双方会同加封。在当前国际贸易中,有时样品只能反映货物的某方面或某几方面质量要求,而不能反映全部质量要求,这时就要将样品与文字说明相结合,将货物的质量要求表达完整。如在纺织品的交易中,色样表示纺织品的染色标准,花型或板型样品表示纺织品的花型或版式加工工艺水平,其他的质量内容则通过文字说明来表示。卖方将由样品及文字说明组成的质量内容提交买方确认,以此成交,作为日后加工货物、履行交货义务的质量依据。

凭样品买卖适用于工艺品、服装、土特产品、轻工业品等的交易。在国际货物买卖中,实物样品的使用非常广泛,不仅存在于国际货物买卖合同的磋商阶段,而且在市场开发和履约阶段,买卖双方出于不同的商业目的,也会使用实物样品,例如参考样品、免费样品、推销样品、装运样品、到货样品、检验用样品等。这些实物样品的使用目的及意义不同于作为交货物品质依据的实物样品,应当注意区分。

**(二)凭文字说明买卖**

凭文字说明买卖是指用文字说明表示货物质量的方法。在国际货物买卖中,大多数货物的质量可以用文字说明表示,具体分为以下几种方式。

1. 凭规格买卖

规格是指以反映货物质量的主要指标,如大小、长短、粗细、成分、容量、含量、纯度、性能等。由于各种货物本身的物理、化学属性不同,所以表示质量的规格也不同。用规格确定货物质量而进行的买卖称为凭规格买卖,这种表示质量的方法简单方便、准确具体,在国际贸易中使用最为广泛。

例1:色织布。

经纬纱支数 30×36 支,经纬纱密度 72×69 根/英寸①,幅宽 35~36 英寸,匹长 300 码。

---

① 1 英寸 = 2.54 厘米。

Yarn Counts(Warp and weft)30 * 36. Yarn Density(Warp and weft)72 * 69 per Inch. Width 35~36″. Length 30 yards.

例2:大豆。

水分含量最高14%,杂质含量最高1%,不完善粒含量最高7%,含油量最低18%。

Moisture( max ):14% . Admixture ( max ):1% . Imperfect Grains ( max ):7% . Oil content ( min ):18%.

2. 凭等级买卖

等级指同一类货物,按其质地的差异或尺寸、形状、重量、成分、构造、效能等的不同,用文字、数字或符号所作的分类。如特级、一级、二级、大号、中号、小号等。同一类商品不同等级的产生是长期生产与贸易实践的结果,等级不同的商品规格不同。当买卖双方对交易货物等级对应的规格非常熟悉或者理解一致时,只需在合同中明确等级即可。但当双方对等级内容不熟悉时,最好明确每一等级的具体规格,以便履行合同和避免日后纠纷。

3. 凭标准买卖

标准是规格和等级的标准化,一般由标准化组织、政府机关、行业团体、工商组织、商品交易所等规定、公布,并在一定范围内实施。

世界各国都有自己的标准,如常用的工业品国家标准有:NF( Normes Francaises)法国标准;DIN( Deutsche Industric Norman)德国工业品标准;BSI( British Standard Institute)英国标准协会标准;JIS( Japanese Industrial Standard)日本工业标准;ANSI( American National Standards Institute)美国国家标准学会标准。另外,还有国际标准,如国际标准化组织制定的 ISO 标准,国际电工委员会制定的 IEC 标准。我国有国家标准、行业标准、地方标准和企业标准。

由于标准在实施过程中常常随着生产技术的发展和变化进行修改、增删,所以某个国家或某个部门颁布的某类产品标准往往会有不同的年份版本。在援引某项标准时,应注明采用标准的版本名称及其年份,以免发生不必要的纠纷。在凭标准买卖时,买卖双方使用某种标准作为说明和评价货物质量的依据。

在国际贸易中,质量差异比较大的农副产品,以及品质构成条件复杂的某些工业制成品,难以规定统一的标准,但仍然可以凭标准买卖,此时可以用良好平均品质( Fair Average Quality,FAQ)或者上好可销品质( Good Merchantable Quality,GMQ)作为标准。

(1)良好平均品质。即在一定时期或季节,以某地装船的装运货物的平均品质水平作为标准。一般是从各批出运的货物中抽样、混合,取其中间者作为良好平均品质的标准。二是指生产国农副产品收获后,对产品进行广泛抽样,从中制定该年度的良好平均品质的标准。两种抽样均可由买卖双方联合进行,也可以委托检验人员进行。为了在执行合同时不发生争执,双方应在合同中订明是何年或何季度的 F. A. Q. ,或者同时规定具体的规格要求。

例如:2024 年生产中国花生仁,FAQ 水分含量不超过13%,不完善粒含量最高5%,含油量最低44%。

Chinese peanut kernels produced in 2024,F. A. Q. ,moisture does not exceed 13% ,imperfect grains up to 5% ,oil content at least 44% .

（2）上好可销品质。上好可销品质是指卖方只要保证货物品质良好、适合销售即可。这种表述笼统，在对外贸易中很少使用。

4. 凭牌名或商标买卖

商品的牌名，又称"品牌"，是指厂商或销售商所生产或销售商品的牌号；商标则是牌号的图案化，是特定商品的标志。使用牌名与商标的主要目的是使之区别于其他同类商品，以利销售。

在国际贸易中，在市场上行销已久，质量稳定，信誉良好的产品，其牌名或商标也往往为买方或消费者所熟悉喜爱。生产厂商或销售商凭牌名或商标来表示商品的质量，与买方达成交易，这种方法称为"凭牌名或商标买卖"。

商品的牌名或商标不仅代表着一定的质量水平，而且能够诱发买方或消费者的购买欲望，成为强有力的竞销手段，因此，应当注意维护名牌商标的声誉。在凭牌名或商标买卖时，如果同一种牌名反映不同型号或规格的商品，则必须在合同中明确牌名或商标的同时，规定型号或规格。应当指出的是，牌名、商标属于工业产权，各国都制定了有关商标法加以保护。在凭牌名或商标买卖时，生产厂商或销售商应注意有关国家的法律规定，在销往国办理登记注册手续，以维护商标专用权。

5. 凭产地名称或地理标志买卖

是指按货物的原产地名称进行交易。在国际货物买卖中，有些产品，因产区的自然条件、传统加工工艺等因素的影响，在品质方面具有其他产区的产品所不具有的独特风格和特色，对于这类产品，一般也可用产地名称或地理标志来表示品质。

地理标志是由产地名称逐步发展而来的，《中华人民共和国商标法》规定，地理标志是指标示某商品来源于某地区，该商品的特定质量、信誉或者其他特征，主要由该地区的自然因素或者人文因素所决定的标志。地理标志在关贸总协定乌拉圭回合最终协议文件中已被正式列入知识产权保护范畴。国际上欧洲在地理标志保护方面做得比较好。如在1989年5月，欧盟已正式确认了干邑地理标志认证。法国干邑（Cognac）是在法国干邑地区酿造蒸馏的烈酒，干邑产区的地理限定区域包括滨海夏朗德省的全部，夏朗德省的大部分以及多尔多涅省和德塞夫勒省的一些地方。干邑的蒸馏必须使用传统的双蒸法，干邑的销售必须遵守"法定产区命名"的一系列法规以获得"干邑法定产区命名"。2009年12月，干邑成为首个在中国获得地理标志认证的外国产品。

我国疆域辽阔，地大物博，在国内的各个地方都有不同的物种和标志产品，为了有效保护这些产自特定地域，且具有一定质量、声誉或特性的产品，我国推出了"国家地理标志保护产品"和"农产品地理标志产品"，分别由国家知识产权局和农业农村部进行管理，并实施对地理标志产品保护。例如"德化白瓷""阳澄湖大闸蟹""吕四海蜇""南通蓝印花布""永春纸织画""宜春夏布""香云纱""杭州丝绸""大英长绒棉""麻柳刺绣""和田地毯"等。对这类产品的销售，可以采用产地名称或者地理标志来表示其商品品质。

6. 凭说明书和图样买卖

在国际货物买卖中，有些机器、电器、仪表、大型设备、交通工具等技术密集型产品，由于其结构复杂,制作工艺不同,无法用样品或简单的几项指标来反映其质量全貌。对于这类商品,买卖双方除了要规定其名称、商标牌号、型号等外,通常还必须采用说明书来介绍该产品的构造、原材料、产品形状、性能、使用方法等,有时还附以图样、图片、设计图纸、性能分析表等来完整说明其具有的质量特征。

如前所述,表示商品质量的方法有两大类,即用实物表示和用文字说明表示。在销售某一商品时,原则上,可用文字说明表示质量的,就不再同时用样品表示,反之亦然。如果有些商品确需既用文字说明又用样品表示质量,则一旦成交,卖方必须承担交货质量既符合文字说明又符合样品的责任。

用文字说明表示质量的方法有多种。在实际业务中,可单独使用某一种方法,如只凭规格,也可将两种或两种以上的方法结合使用,如既凭商标牌名,又凭规格,甚至再列明等级或产地名称。当然,以任何一种或几种方法表示所买卖的商品质量,卖方必须承担按各个方法所表示的质量履行交货义务的责任。

在用文字说明表示质量时,为了使买方进一步了解商品的实际质量,增加感官认识,也可寄供一些"参考样品",这与"凭样买卖"是有区别的,因为这种参考样品是作为卖方宣传介绍之用,仅供对方决定购买时参考,不作为交货时的质量依据。可是,为了防止可能发生的纠纷,一般应标明"仅供参考"( For Reference Only ) 字样。同时,在对外寄送参考样品时,也必须慎重对待,力求做到日后交货的质量既符合文字说明,又与参考样品相接近。

总之,卖方应根据商品的特点、市场习惯和实际需要,适当地选用适合于有关商品的表示质量的方法,以利销售,并维护其自身利益。在国际贸易中,有些特种商品,既无法用文字概括其质量,也没有质量完全相同的样品可以作为交易的质量依据,如珠宝、首饰、字画、特定工艺制品( 玉雕、微雕等)。对于这类具有独特性质的商品,买卖双方只能看货洽谈,按货物的实际状况达成交易,这种交易方式称为"看货成交"。

# 第三节　买卖合同中的品名质量条款

## 一、基本内容

表示商品质量的方法不同,合同中品名质量条款的内容也各不相同。在凭样品买卖时,合同中除了要列明商品的名称外,还应订明达成交易的样品的编号,必要时还要列出寄送的日期。在凭文字说明买卖时,应针对不同交易的具体情况在买卖合同中明确规定商品的名称、规格、等级、标准、牌名、商标或产地名称等内容。在以说明书和图样表示商品质量时,还应在合同中列明说明书、图样的名称、份数等内容。

国际货物买卖合同中的品名质量条款是买卖双方交接货物时的品质依据。卖方所交货物的品质如果与合同规定不符,卖方要承担违约的法律责任,买方则有权对因此而遭受的损失向卖方提出赔偿要求或解除合同。为了防止品质纠纷,合同中的品质条款应尽量明确具体,避免笼统含糊。在规定质量指标时尽量不用诸如"大约""左右""合理误差"等含义不清的用语,所涉及的数据应力求明确,而且要切合实际,避免订得过高、过低、过繁或过细。

## 二、质量的机动幅度条款与质量公差

在国际贸易中,卖方交货品质必须严格与买卖合同规定的质量条款相符。但是,有些商品由于生产、运输过程中存在重量的自然损耗,以及受商品特点、生产工艺等诸多因素制约,难以保证交货质量与合同规定的内容完全一致,对于这类商品,在规定质量条款时,应该用科学的方法把质量上可能出现的波动体现出来,以便顺利交货。为此,订立合同时可在质量条款中通过规定质量的波动范围,卖方所交商品质量只要在规定的质量波动范围内,即可以认为交货质量与合同相符,买方无权拒收。常见的规定办法有以下两种。

### (一)质量的机动幅度条款

质量机动幅度是指买卖双方一致认可的特定质量指标在一定幅度内可以机动。具体方法有规定范围、极限和上下差异三种。质量机动幅度条款主要适用于初级产品,以及某些工业制成品的质量指标。

1. 规定范围

指对某项商品的主要质量指标规定允许有一定机动的范围。

2. 规定极限

指对某些商品的质量规格,规定上下极限。如最多、最少。

3. 规定上下差异

即在规定某一具体质量指标的同时,规定必要的上下变化幅度。有时为了包装的需要,也可订立一些灵活办法。

### (二)质量公差

质量公差是指允许交付货物的特定质量指标有在公认的一定范围内的差异。在工业品生产过程中,对产品的质量指标产生一定的误差有时是难以避免的,如手表走时每天误差若干秒,某一圆形物体的直径误差若干毫米。这种误差若为某一国际同行业所公认,即成为"质量公差"。交货质量在此范围内即可认为与合同相符。

对于国际同行业公认的"质量公差",可以不在合同中明确规定。但如果国际同行业对特定指标并无公认的"质量公差",或者买卖双方对质量公差理解不一致,或者由于生产原因,需要扩大公差范围时,可以在合同中具体规定质量公差的内容,即买卖双方共同认可的误差。

卖方交货质量在质量机动幅度或质量公差允许的范围内,一般均按合同单价计价,不再按质量高低另作调整。但有些商品,也可按交货时的质量状况调整价格,这时就需要在合同中规定质量增减价条款。

例如:我国出口芝麻时,常在合同中规定:中国芝麻水分含量(最高)8%;杂质含量(最高)2%;含油量以52%为基础。如实际装运货物的含油量高或低1%,价格相应增减1%,不足整数部分,按比例计算。

China Sesame seed Moisture(max)8%;Admixture(max)2%;Oil Content 52% basis. Should the oil content of the goods actually shipped be 1% higher or lower, the price will be accordingly increased or decreased by 1%, and any fraction will be proportionally calculated.

**思考题**

1. 在进出口贸易中，如何把握商品质量？

2. 合同中规定商品质量的方法有几种，分别应注意哪些问题？

3. "凭卖方样品买卖"和"凭买方样品买卖"分别要注意哪些问题？什么是"代表性样品""原样""复样""封样""对等样品"和"参考样品"？

4. 试述"质量机动幅度"与"质量公差"的含义及其作用。

5. 某公司出口一批色织布到香港，质量条款规定"幅宽 40±1 英寸"。试分析若该公司实际交货质量高于或低于该标准，卖方所要承担的责任。

# 第八章 货物的数量

## 学习目标

1. 掌握相关法律对卖方交货数量的规定。
2. 熟悉货物数量的计量单位和度量衡制度,熟悉计算重量的方法。
3. 学会订立买卖合同的数量条款。

货物的数量

## 案例导入

### 事前防范未注意 货物数量引纠纷

澳大利亚某公司(以下简称"澳大利亚公司")于2019年8月29日、2020年3月20日向杭州某公司(以下简称"杭州公司")分别下单采购服装,数量合计为2730件,一个款式,分为两个颜色,单价为10.6美元,货款合计28938美元。在合同履行过程中,澳大利亚公司要求杭州公司降低50%的货款,杭州公司仅同意给予10%折扣,双方一直未达成一致且澳大利亚公司拖延支付货款。杭州公司向杭州市国际商事法律服务中心(以下简称"杭州商法中心")申请调解,要求澳大利亚公司立即支付货款28938美元。杭州公司工作人员表示双方无正式合同,但提供了2份订单供参考,因订单允许货物误差,实际发货数量及金额和订单不完全一致,需以商业发票上的数量和金额为准;同时,提供了澳大利亚公司的联系方式。经杭州商法中心调解,澳大利亚公司提供了付款凭证,显示向杭州公司支付了货款24597.3美元。次日,杭州公司联系调解员助理确认澳大利亚公司最终付款24597.3美元,即全部货款的85%。

资料来源:中国国际贸易促进委员会浙江省委员会

国际货物买卖中,商品的数量不仅是国际货物买卖合同中的主要交易条件之一,而且是构成有效合同的必备条件。合同中的数量条款是双方交接货物的数量依据。不明确卖方应交付多少货物,除无法确定买方应该支付多少金额的货款外,不同的量有时还会影响到价格以及其他的交易条件。

影响买卖双方成交数量的因素很多。商品的生产、供应能力,目标市场上的实际需要和销售情况,市场供求以及商品价格可能变动的趋势,客户或买方的资信及其经营实力,生产厂商或销售商的生产供货能力和营销意图,商品的包装、运输条件等,都是卖方在确定具体销售量时要考虑的因素。如果卖方忽视对上述经济因素的分析,一味追求扩大销量,不仅会对卖方顺利履约、收汇产生负面作用,还有可能影响到卖方在目标市场上的售价与利润。买方在商定进口数量时,则要考虑适应当地市场的需求及需求的变化,并符合其实际的支付能力等。除此以外,买卖双方商品成交数量的多寡,还常常受到各国政府进出口商品管理政策、产业政策等宏观经济因素的影响。有时还要受到买卖双方所在国政府的某些限制,如配额制度的约束和限制。因此,正确把握成交数量,对于买卖双方顺利达成交易,合同的履行以及今后交易的进一步发展,都具有十分重要的意义。

# 第一节　货物数量的计算

在国际贸易中,使用的数量计算方法通常有6种:①按重量计量;②按容积计量;③按个数计量;④按长度计量;⑤按面积计量;⑥按体积计量。

具体交易时采用何种计量方法,要视商品的性质、包装种类、运输方法、市场习惯等决定。

## 一、重量的计算方法

在国际货物买卖中,很多商品采用按重量计量。按重量计量时,计算重量的方法主要有以下几种。

### (一)按毛重计

毛重(Gross Weight)是指商品本身的重量加皮重,即商品连同包装的重量。有些单位价值不高的商品(如用麻袋包装的大米、蚕豆等农产品)可采用按毛重计量,即以毛重作为计算价格和交付货物的计量基础。这种计重方法在国际贸易中被称为"以毛作净"。由于这种计重方法直接关系到价格的计算,因此,在销售上述种类的商品时,不仅在规定数量时,需明确"以毛作净(Gross for Net)",在规定价格时,也应加注此条款。

### (二)按净重计

净重(Net Weight)指商品本身的重量,即毛重扣除皮重的重量。在国际货物买卖中,按重量计量的商品大都采用以净重计量。

在国际贸易中去除皮重的方法有四种:

(1)按实际皮重。将整批商品的包装逐一过秤,算出每一件包装的重量和总重量。

(2)按平均皮重。从全部商品中抽取几件,称其包装的重量,除以抽取的件数,得出平均数,再以平均每件的皮重乘以总件数,算出全部包装重量。

(3)按习惯皮重。某些商品的包装比较规格化,并已经形成一定的标准,即可按公认的标准单件包装重量乘以商品的总件数,得出全部包装重量。

(4)按约定皮重。买卖双方以事先约定的单件包装重量,乘以商品的总件数,求得该批商品的总皮重。

去除皮重的方法,根据交易商品的特点以及商业习惯的不同,由买卖双方事先商定在买卖合同中作出具体规定。

### (三)其他计算重量的方法

1. 按公量计重

在计算货物重量时,使用科学方法,抽去商品中所含水分,再加标准水分重量,求得的重量称为公量。这种计重办法较为复杂、麻烦,主要使用于少数经济价值较高而水分含量极不稳定的商品。如羊毛、生丝、棉花等。

2. 按理论重量计重

理论重量适用于有固定规格和固定体积的商品。规格一致、体积相同的商品,每件重量也大致相等,根据件数即可算出其总重量。如马口铁、钢板等。

3. 法定重量和净净重

纯商品的重量加上直接接触商品的包装材料,如内包装等的重量,即为法定重量。法定重量是海关依法征收重量税时,作为征税基础的计量方法。而扣除这部分内包装的重量及其他包含杂物(如水分、尘杂)的重量,则为净净重,净净重的计量方法主要也为海关征税时使用。

在国际货物买卖合同中,如果货物是按重量计量和计价,而未明确规定采用何种方法计算重量和价格时,根据惯例,应按净重计量和计价。

**二、国际贸易中常用的度量衡制度**

在国际货物买卖中,除了使用的计量方法、计量单位不同以外,各国使用的度量衡制度也不相同。因此,同一计量单位表示的实际数量有时会有很大不同。例如:重量单位吨,有公吨(1000 千克)、长吨(1016 千克)、短吨(907.2 千克)之分,数量各不相同。所以,了解和熟悉不同的度量衡制度,关系到货物的计量单位是否符合进口国有关计量单位使用习惯和法律规定等问题。目前,国际贸易中通常使用的度量衡制度有四种:①公制(或米制);②美制;③英制;④国际单位制。

国际标准计量组织大会在 1960 年通过的,在公制基础上发展起来的国际单位制,已为越来越多的国家所采用,有利于计量单位的统一,标志着计量制度的日趋国际化和标准化,从而对国际贸易的进一步发展起到推动作用。我国采用的是以国际单位制为基础的法定计量单位。《中华人民共和国计量法》第三条中明确规定:"国家实行法定计量单位制度。国际单位制计量单位和国家选定的其他计量单位,为国家法定计量单位。国家法定计量单位的名称、符号由国务院公布。因特殊需要采用非法定计量单位的管理办法,由国务院计量行政部门另行制定。"在外贸业务中,出口商品,除合同规定需采用公制、英制或美制计量单位者外,应使用法定计量单位。

一般不进口非法定计量单位的仪器设备。如有特殊需要,须经有关标准计量管理机构批准,才能使用非法定计量单位。

**三、计量单位**

在不同计量方式下,通常采用的计量单位名称及适用的商品,具体如下。

1. 重量单位

适用商品:一般天然产品,以及部分工业制成品。如羊毛、棉花、谷物、矿产品、油类、沙盐、药品等。

常用计量单位:千克(kilogram 或 kg)、公吨(metric ton 或 m/t)、公担(quintal 或 q)、公分(gram 或 gm)、磅(pound 或 lb)、盎司(ounce 或 oz)、长吨(long ton 或 l/t)、短吨(short ton 或 s/t)。

2. 容积单位

适用商品:谷物类,以及部分流体、气体物品。如小麦、玉米、煤油、汽油、酒精、啤酒、天然气等。

常用计量单位:升(litre 或 L)、加仑(gallon 或 gal)、蒲式耳(bushel 或 bu)等。

3. 个数单位

适用商品:一般日用工业制品,以及杂货类商品。如文具、纸张、玩具、成衣、车辆、拖拉机、活牲畜等。

常用计量单位:只(piece 或 pc)、件(package 或 pkg)、双(pair)、台、套、架(set)、打(dozen 或 doz)、罗(gross 或 gr)、大罗(great gross 或 g. gr)、令(ream 或 rm)、卷(roll 或 coil)、辆(unit)、头(head)。有些商品也可按箱(case)、包(bale)、桶(barrel 或 drum)、袋(bag)等计量。

4. 长度单位

适用商品:纺织品匹头、绳索、电线电缆等。

常用单位:码(yard 或 yd)、米(meter 或 m)、英尺(foot 或 ft)、厘米(centimeter 或 cm)等。

5. 面积单位

适用商品:皮制商品、塑料制品等。如塑料篷布、塑料地板、皮革、铁丝网等。

常用单位:平方码(square yard 或 $yd^2$)、平方米(square metre 或 $m^2$)、平方英尺(square foot 或 $ft^2$)、平方英寸(square inch)等。

6. 体积单位

适用商品:化学气体、木材等。

常用单位:立方码(cubic yard 或 $yd^3$)、立方米(cubic meter 或 $m^3$)、立方英尺(cubic foot 或 $ft^3$)、立方英寸(cubic inch)等。

# 第二节　买卖合同中的数量条款

**一、基本内容**

合同中的数量条款,主要包括成交商品的具体数量和计量单位。有的合同还需规定确定数量的方法。

按照合同规定的数量交付货物是卖方的基本义务。某些国家法律规定,卖方交货数量必须与合同规定相符,否则买方有权提出索赔,甚至拒收货物。例如,英国《1893 年货物买卖法》第三十条规定:"卖方交付货物的数量如果少于约定数量,买方可以拒收货物;卖方实际交货数量多于约定数量,买方可以只接受约定数量而拒收超过部分,也可以全部拒收。如果买方接受了卖方所交的全部货物,则必须按约定单价支付货款。"《联合国国际货物销售合同公约》也规定,卖方必须按合同数量条款的规定如数交付货物。如果卖方交货数量多于约定数量,买方可以收取,也可以拒绝收取多交部分货物的全部或一部分;如果卖方实际交货数量少于约定数量,卖方应在规定的交货期届满前补交,但不得使买方遭受不合理的不便或承担不合理的开支,然而,买方保留要求损害赔偿的任何权利。为了避免买卖双方日后的争议,合同中的数量条款应当完整准确,对计量单位的实际含义双方应理解一致,采用对方习惯使用的计量单位时,要注意换算的准确性,以保证实际交货数量与合同数量一致。

### 二、数量的机动幅度条款

在国际货物买卖中,有些商品是可以加以精确计量的,如金银、药品、生丝等。但在实际业务中,有许多商品受本身特性、生产、运输或包装条件以及计量工具的限制,在交货时不易精确计算。如散装谷物、油类、水果、粮食、矿砂、钢材以及一般的工业制成品等,交货数量往往难以完全符合合同约定的某一具体数量。为了便于合同的顺利履行,减少争议,买卖双方通常都要在合同中规定数量的机动幅度条款,允许卖方交货数量可以在一定范围内灵活掌握。

国际货物买卖合同中的溢短装条款(More or Less Clause)是一种常见的数量机动幅度条款。所谓溢短装条款,就是在规定具体数量的同时,再在合同中规定允许多装或少装的一定百分比。"溢短装条款"通常由三部分组成:数量的机动幅度、机动幅度的选择权和溢短装部分的作价方法。该条款常见于农产品、矿产品等大宗商品交易,这些商品的数量波动对于交易影响较大,所以要用完整的溢短装条款对数量进行规定。卖方交货数量只要在允许增减的范围内即为符合合同有关交货数量的规定。例如:5000 公吨,卖方可溢装或短装 5% (5000 m/t, with 5% more or less at seller's option)。按此规定,卖方实际交货数量如果为 4750 m/t 或 5250 m/t,买方不得提出异议。

溢短装条款也可称为增减条款,在使用时,可简单地在增减幅度前加上"±"符号。合同中规定有溢短装条款,具体伸缩量的掌握大都明确由卖方决定,但有时特别是在由买方派船装运时,也可规定由买方决定。在采用租船运输时,为了充分利用船舱容积,便于船长根据具体情况,如轮船的运载能力等,考虑装运数量,也可授权船方掌握并决定装运增、减量。在此情况下,买卖合同应明确由承运人决定伸缩幅度。

此外,在少数场合,也有使用"约"数条款来表示实际交货数量可有一定幅度的伸缩,即在某一具体数字前加"约"或类似含义的文字。例如,约 10000 码。由于"约"数的含义在国际贸易中有不同解释,容易引起纠纷,如果买卖双方一定要使用"约"数条款时,双方应事先在合同中明确允许增加或减少的百分比,或在"一般交易条件"协议中加以规定,否则不宜采用。

在数量机动幅度范围内,多装或少装货物,一般都按合同价格结算货款,多交多收,少交少收。但是,由于数量是计算货款的基础,数量机动幅度的运用在一定程度上关系着买卖双方的商业利益。就卖方而言,在市场价格下跌时,大都按照最高约定数量交货,相反,在市场价格上涨时,则往往尽量争取少交货物。这样,按合同价格计算多交或少交货款,对买方不利。而如由买方决定时,根据市场价格情况,选择上限还是下限交货,则对卖方不利。据此,为了防止拥有数量增减选择权的当事人利用数量机动幅度,根据市场价格情况故意多装或少装货物以获取额外收益,买卖双方可在合同中规定,多装或少装数量的价款按装运日某指定市场价(如某交易所的收盘价)计算。

**思考题**

1. 在国际货物买卖中,如何正确掌握成交数量?

2. 熟悉各种计量方法、计量单位中英文名称。

3. 什么是"以毛作净"?

4. 在国际贸易中,如买卖双方未明确以何种计重方法计价时,应按何种重量计价?

5. 为什么要在国际货物买卖合同中规定数量机动幅度条款? 数量机动幅度是如何规定的?

6. 在合同中规定"About 500 m/t"或"500 m/t 5% more or less at seller's option"条款,对买卖双方有无区别? 为什么? 在后一种规定情况下,卖方最多可交多少公吨? 最少可交多少公吨? 如何计价?

# 第九章 货物的包装

## 学习目标

1. 掌握包装的种类及其作用。
2. 熟悉包装标志及其用途。
3. 熟悉包装条款的基本内容和订立方法。
4. 学会制作唛头。

货物的包装

## 案例导入

### 广东河源一企业进口货物未申报木质包装遭处罚

据 2017 年报道,广东河源出入境检验检疫局对某企业入境的一批货物进行现场检查时,发现该批货物夹带有木质包装,但企业并未对木质包装进行申报。根据《中华人民共和国进出境动植物检疫法》及其实施条例,执法人员对该企业作出了相应的行政处罚。

据了解,木质包装违规现象主要有木质包装未申报、申报数量不符、无 IPPC 标识或标识不规范等。入境货物木质包装未如实申报的主要原因是个别企业对木质包装的申报工作不够重视,尤其是非法检货物所使用的木质包装,个别企业存侥幸心理,企图蒙混过关。

检验检疫部门提醒,木质包装是有害生物的重要传播途径,若处置不当很可能导致有害生物传播,给我国农林业造成巨大损失。相关外贸企业应加强相关法律法规的学习,增强自我防范意识,重视入境货物木质包装申报工作,避免遭受不必要的经济损失和信誉影响。

资料来源:中国日报网

国际贸易中的货物,除无须包装外,可直接装入运输工具中的散装货物,和在形态上自成件数,不必包装或者只需略加捆扎即可成件的裸装货物以外,其他绝大多数商品都需要包装。

商品包装是实现商品的使用价值和附加价值的必要手段之一。适当的商品包装,对保护、保存商品,美化、宣传商品以及方便商品的存储、运输、销售等有着重要的意义。包装的功能有很多,主要体现在以下三个方面。

（1）保护功能。保护功能是商品包装最基本的功能。为了使出口商品的品质和数量在运输、储存、销往国外市场的过程中不受损、不变质、不散失,应根据商品的形态、特征、运输环境、销售环境等因素,合理地选择包装材料,设计包装结构,并注意商品对包装在耐压性、耐摩擦性、耐腐蚀性、防锈蚀、防潮、防偷盗、防虫害、防霉、防受热或受冷、防水等方面的特殊要求。

（2）方便功能。商品包装应能方便生产、方便装填、方便储运和装卸、方便陈列与流通、方便使用、方便处理或重复使用。

（3）信息传递功能。通过包装设计及其包装上的各种标识、文字、色彩等,不同的包装不仅可以传递运输货物的信息,而且可以传递有关商品的牌号、性质、成分、容量、使用方法、生产单位等信息,起到商品信息告知甚至一定的广告作用,便于流通环节和消费者识别商品,从而达到安全运输甚至扩大销售的目的。

包装条款是国际货物买卖合同中的一项主要条款,按照合同约定的包装要求提交货物是卖方的主要义务之一。一些国家的法律将包装视作货物说明的一部分,《联合国国际货物销售合同公约》第三十五条第 1 款规定:"卖方须按照合同规定的方式装箱或包装。"如果卖方不按照合同规定的方式装箱或包装,即构成违约。为了明确国际货物买卖合同中当事人的责任,通常应在买卖合同中对商品的包装要求作出明确具体的规定。

近年来,许多国家出于保护生态环境、保护消费者利益或限制进口的目的,纷纷制定了有关包装的政策、法令、条例,对进口商品包装及其标识进行严格的规定。如一些国家规定禁止用稻草、干草、木丝、报纸作衬垫;一些大型国际展览将具有环保性质的包装置于重要地位等。我国进出口企业应努力适应国际市场对商品包装的要求,尤其对出口商品的包装应力求做到符合科学、经济、牢固、美观、适销的要求,以充分发挥包装的促销作用。

商品包装的分类方法很多。通常人们习惯根据包装在流通过程中所起作用的不同,将商品包装分为运输包装和销售包装两大类。除此以外,包装还可按包装容器形状分类,分为箱、桶、袋、包、筐、篓、捆、坛、罐、缸、瓶等。按包装材料分类,分为木制品、纸制品、金属制品、玻璃制品、陶瓷制品和塑料制品包装等。其中纸制品、金属制品、玻璃制品和塑料制品是现代包装材料的四大支柱。按包装货物种类可分为食品、医药、轻工产品、针棉织品、家用电器、机电产品和果菜类包装等。按安全性能可分为一般货物包装和危险货物包装等。

本章重点介绍运输包装和销售包装。

# 第一节　运输包装

运输包装又称大包装、外包装。它是将货物装入特定容器,或以特定方式成件或成箱的包装。

## 一、运输包装的种类

根据包装方式的不同,运输包装主要可区分为:

（1）箱（Case）。不能紧压的货物通常装入箱内。按不同材料,箱子有木箱、板条箱、纸箱、瓦楞纸箱、漏孔箱等。

（2）桶（Barrel）。液体、半液体以及粉状、粒状货物，可用桶装。桶有木桶、铁桶、塑料桶等。

（3）袋（Bag）。粉状、颗粒状和块状的农产品及化学原料，常用袋装。袋有麻袋、布袋、纸袋、塑料袋等。

（4）包（Bundle，Bale）。羽毛、羊毛、棉花、生丝、布匹等可以紧压的商品可以先经机压打包，压缩体积后，再以棉布、麻布包裹，外加箍铁和塑料带，捆包成件。

除上述单件包装外，运输包装还有将一定数量的单件包装组合成一件大的包装或装入一个大的包装容器内的集合运输包装，如托盘、集装袋等。

## 二、运输包装的标志

运输包装的标志是为了方便货物交接，防止错发、错运、错提货物，方便货物的识别、运输、仓储以及方便海关等有关部门依法对货物进行查验等，而在商品的外包装上标明或刷写的标志。按其作用和用途的不同，包装标志可分成运输标志、指示性标志、警告性标志、重量体积标志和产地标志等。

### （一）运输标志

运输标志，即"唛头"，是国际货物买卖合同、货运单据中有关货物标志事项的基本内容。它一般由一个简单的几何图形以及字母、数字及简单的文字等组成，通常刷印在运输包装的明显部位，目的是使货物运输途中的有关人员辨认货物，核对单证。

为了便于刻唛、刷唛，节省时间和费用，以及便于在制单及其信息传递过程中使用电讯手段，国际标准化组织（International Organization for Standardization，ISO）推荐的标准运输标志不使用几何图形或其他图形。按国际标准化组织的建议，标准运输标志应包括四项内容，如图9-1所示。

（1）收货人或买方的名称字首或简称。

（2）参照号码。如买卖合同号码、订单、发票或运单号码、信用证号码等。

（3）目的地。货物运送的最终目的地或目的港的名称。

（4）件数号码。本批每件货物的顺序号和该批货物的总件数。

```
Fred's Inc.
Long Beach，USA
LC003219
13/100
```

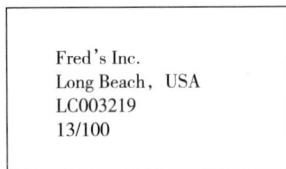

图9-1　标准运输标志

### （二）指示性标志

指示性标志是根据商品的特性，对一些容易破碎、残损、变质的商品，在搬运装卸操作和存放保管条件方面所提出的要求和注意事项，用图形或文字表示的标志。例如，"怕湿""向上""小心轻放"和"禁用吊钩"等。

为了统一各国运输包装指示标志的图形与文字,一些国际组织,如国际标准化组织、国际航空运输协会(The International Air Transport Association,IATA)和国际铁路运输政府间组织(OTIF)分别制定了包装储运指示性标志,并建议各会员国予以采纳。我国关于运输包装指示性标志的国家标准,所用图形与国际上通用的图形基本一致。图9-2列举了一些常用指示性标志。

| 小心轻放 | 易碎物品 | 请勿倒置 |
| 保持干燥 | 禁用吊钩 | 远离热源 |

**图 9-2 常用指示性标志**

**(三)警告性标志**

警告性标志又称危险品标志,是指在装有爆炸品、易燃物品、腐蚀物品、氧化剂和放射物质等危险货物的运输包装上用图形或文字表示各种危险品的标志。其作用是警告有关装卸、运输和保管人员按货物特性采取相应的措施,以保障人身和物资的安全。

为保证国际危险货物运输的安全,国际海事组织(IMO)和国际民用航空组织(ICAO)分别制定有国际海上和航空危险货物运输规则。联合国(UN)和铁路合作组织(OSJD)不直接制定运输规则,但是仍然为相关运输规则提供统一标准。在出口危险品的外包装上,应分别依照上述规则,刷写必要的危险品标志。图9-3列举了《国际海上危险货物运输规则》(简称《国际危规》)所规定的一些危险品标志。

**(四)重量体积标志**

重量体积标志是指在运输包装上标明包装的体积和毛重,以方便储运过程中安排装卸作业和舱位。例如:

NET WEIGHT            11.1kg
GROSS WEIGHT        12kg
MEASUREMENT        35cm×25cm×15cm

**(五)产地标志**

商品产地是海关统计和征税的重要依据,由产地证说明。一般在商品的内外包装上均注明产地,作为商品说明的一个重要内容。例如:我国出口商品包装上均注明"MADE IN CHINA"。

爆炸品　　　易燃气体　　　非易燃、无毒气体　　　有毒气体　　　易燃液体

易燃固体　　　易自燃物质　　　遇水放出易燃　　　氧化剂（物质）　　　有机过氧化物
　　　　　　　　　　　　　　气体的物质

有毒物质　　　感染性物质　　　放射性物质　　　腐蚀性物质　　　杂类危险
　　　　　　　　　　　　　　　　　　　　　　　　　　　　　物质和物品

图 9-3　警告性标志

# 第二节　销售包装

销售包装，又称小包装、内包装或直接包装，是在商品制造出来以后以适当的材料或容器所进行的初次包装。销售包装除了保护商品的品质外，还能美化商品，方便宣传推广，便于陈列展销，吸引顾客和方便消费者识别、选购、携带和使用，从而能起到促进销售，提高商品价值的作用。有的商品如消毒湿巾、罐头食品只有进行了销售包装，生产才真正完成。

## 一、销售包装的种类

根据商品的特征和形状，销售包装可采用不同的包装材料和不同的造型结构与式样。

常见的销售包装有以下几种。

（1）挂式包装。可在商店货架上悬挂展示的包装，其独特的结构如吊钩、吊带、挂孔、网兜等，可充分利用货架的空间陈列商品。

（2）堆叠式包装。这种包装通常指包装品顶部和底部都设有吻合装置使商品在上下堆叠过程中可以相互咬合，其特点是堆叠稳定性强，大量堆叠节省货位，常用于听装的食品罐头或瓶装、盒装商品。

（3）便携式包装。造型和长宽高比例的设计均适合消费者携带使用的包装，如有提手的纸盒、塑料拎包等。

（4）一次用量包装。又称单份包装、专用包装或方便包装，以使用一次为目的的较简单的包装。如一次用量的药品、饮料、调味品等。

（5）易开包装。包装容器上有严密的封口结构，使用者不需另备工具即可容易地开启。易开包装又分为易开罐、易开瓶和易开盒等。

（6）喷雾包装。在气密性容器内，当打开阀门或挤压按钮时，内装物由于推进产生的压力能喷射出来的包装。例如香水、空气清新剂、清洁剂等包装。

（7）配套包装。将消费者在使用上有关联的商品搭配成套，装在同一容器内的销售包装。如工具配套袋、成套茶具的包装盒等。

（8）礼品包装。专作为送礼用的销售包装。礼品包装的造型应美观大方，有较高的艺术性，有的还使用彩带、花结、吊牌等。它的包装除了给消费者留下深刻印象外，还必须具有保护商品的良好性能。使用礼品包装的范围极广，如糖果、化妆品、工艺品、滋补品和玩具等。

## 二、销售包装的图案和文字说明

商品销售包装上的图案和文字说明，是美化商品、宣传商品、吸引消费者，使消费者了解商品特性和妥善使用商品的必要手段。图案、图案和文字说明通常直接印刷在商品包装上，也有采用在商品上粘贴、加标签、挂吊牌等方式。

销售包装的图案应美观大方，富于艺术吸引力，并适合商品的特性。同时，还应适应进口国或销售地区的民族习惯和爱好，以利于扩大出口。文字说明通常包括商品名称、商标品牌、数量规格、成分含量与使用说明等内容。这些文字说明应与销售包装的图案画面紧密结合、和谐统一，以达到树立产品及企业形象、提高宣传和促销商品的目的。使用的文字说明或粘贴、悬挂的商品标签、吊牌等，还应注意不违反有关国家的标签管理条例。

## 三、商品条码标志

条码最早是美国在1949年提出的，可以标出商品的生产国、制造厂家、商品名称、生产日期、图书分类号、邮件起止地点、类别、日期等信息。随着计算机的普及使用，条码在商品流通、图书管理、邮电管理、银行系统等许多领域得到了广泛应用。

商品条码是一种代码，是由一组粗细间隔不等，按照一定的规则安排间距的平行线条图形及其相应的数字组成的标记。条码一般由反射率相差很大的黑条（简称条）和白条（简称空）组成。条码扫描器、放大整形电路、译码接口电路和计算机系统等共同组成了条码识别系统，用于提取条码所代表的具体信息。

商品条码是商品能够流通于国际市场的一种统一代码和通用的"国际语言"，是商品进入超市和大型商场的通行证。在国际市场上，零售商品包装上一般都需使用商品条码。在销售部门销售商品时，商品条码信息被光电扫描器读取，计算机系统自动识别商品条码，通过该商品条码在超市或大型商场的后台数据库系统自动检索出所售商品的品种、规格、数量、售价和生产者/销售者等一系列有关该商品的信息，即时打印售货清单，便于销售部门快速、准确地与顾客结算货款。

国际上使用的商品条码种类很多,主要有以下两种:一种是由美国统一代码委员会(Uniform Code Council Inc,UCC)编制的 UPC 条码(Universal Product Code),另一种是由国际物品编码协会(EAN International)编制的 EAN 条码(European Article Number)。后来,EAN 码和 UPC 码相互兼容。2005 年,更名后的国际物品编码协会(Global Standard 1,GS1),开发了 EAN·UCC 全球统一标识系统。EAN·UCC 系统现已成为国际公认的物品编码标识系统,广泛使用于零售商品。目前使用 EAN·UCC 物品标识系统的国家(地区)已达 100 多个。以图 9-4 所示条码为例,该条码由 13 位数字组成。其中,前 3 位数是由 GS1 分配给各国家(地区)的"前缀码",目前我国已启用 20 个前缀码,分别为 680~699。前 7 位数是由中国物品编码中心分配的包含"前缀码"的"厂商识别代码",第 8 至 12 位数是由商品条码系统成员企业自己分配的"商品项目代码",第 13 位数是根据代码中其他的所有数字计算得出的"校验码"。

图 9-4　商品条码标识

为了适应我国对外经济技术交流不断扩大的要求,国务院于 1988 年批准成立了中国物品编码中心(GS1 China)。该中心于 1991 年 4 月代表中国加入国际物品编码协会,负责统一组织、协调、管理我国的商品条码工作。

# 第三节　定牌、无牌和中性包装

定牌、无牌和中性包装,是国际贸易中的通常做法。我国在出口业务中,一些出口企业有时也可应客户的要求,采用这些做法。

定牌是指买方要求在我国出口商品和/或包装上使用买方指定的商标或牌名的做法。我们同意采用定牌,是为了利用买主(包括生产厂商、大百货公司、超级市场和专业商店)的经营能力和他们的企业商誉或名牌声誉,以提高商品售价和扩大销售数量。但是过分依赖定牌加工会影响我国出口企业自身制造实力的展示,从而影响我国产品在国际市场树立品牌。

无牌是指买方要求在我国出口商品和/或包装上免除任何商标或牌名的做法。它主要用于一些尚待进一步加工的半制成品,如供印染用的棉坯布,或供组装精密设备使用的仪器配件等。其目的主要是避免浪费,降低费用成本。国外有的大百货公司、超级市场向我国订购低值易耗的日用消费品时,也有要求采用无牌包装方式的。其原因是,无牌商品无须广告宣传,可节省广告费用,降低销售成本,从而可达到薄利多销的目的。除非另有约定,采用定牌和无牌时,在我国出口商品和/或包装上均须标明"中国制造"字样。

中性包装是指在商品上和内外包装上不注明生产国别的包装。中性包装有定牌中性和无牌中性之分。

定牌中性是指在商品和/或包装上使用买方指定的商标或牌名,但不注明生产国别。无牌中性是指在商品和包装上均不使用任何商标或牌名,也不注明生产国别。

采用中性包装,是为了适应国外市场的特殊需要,如转口销售等,有利于扩大贸易。但需注意,近年来中性包装的做法在国际上屡遭非议。因此,如国外商人要求对其所购货物采用中性包装时,我方必须谨慎行事。

# 第四节　买卖合同中的包装条款

如前所述,包装是主要交易条件之一,是国际货物买卖合同的重要内容,买卖双方必须认真洽商,取得一致意见,并在合同中作出明确具体的规定。合同中包装条款的内容一般包括包装材料、包装方式和每件包装中所含物品的数量或重量。以下是包装条款的一些实例。

布包,每包 20 匹,每匹 42 码。

In cloth bales, each containing 20 pcs. of 42 yds.

布包,每包 80 套,每套塑料袋装。

In cloth bales of 80 sets, each set packed in a poly bag.

单层新麻袋,每袋约 50 千克。

In new single gunny bags of about 50 kg each.

布袋装,内衬聚乙烯袋,每袋净重 25 千克。

In cloth bags, lined with polythene bags of 25 kg net each.

在实际业务中,有时对包装条款仅作笼统的规定,例如使用:"适合海运包装""习惯包装"或"卖方惯用包装"(seller's usual packing)等术语。由于此类规定缺乏统一解释,容易引起纠纷与争议。因此,除非买卖双方对包装方式的具体内容经事先充分交换意见或由于长时期的业务交往已取得一致认识,否则在合同中不宜采用笼统的规定方法。

按国际贸易习惯,唛头一般由卖方决定,并无必要在合同中作具体规定。如买方要求,也可在合同中作出具体规定;如买方要求在合同订立以后由其另行指定,则应具体规定指定的最后时限,并订明若到时尚未收到有关唛头通知,卖方可自行决定。

包装费用一般包括在货价以内。如买方要求特殊包装,除非事先明确包装费用包括在货价内,其超出的包装费用原则上应由买方负担,并应在合同中具体规定负担的费用金额和支付办法。如双方商定,全部或部分包装材料由买方负责供应的,合同中应同时规定包装材料最迟到达卖方的时限和逾期到达的责任。该时限应与合同的交货时间相衔接。

在进口合同中,特别是对于包装技术性较强的商品,通常要在单价条款后注明"包括包装费用",以免事后发生纠纷。

**思考题**

1. 在国际货物买卖中商品包装的意义是什么？

2. 对出口商品包装的基本要求是什么？

3. 什么是运输标志？它一般由哪些内容组成？试按一般要求设计一个运输标志。

4. 是什么指示性标志、警告性标志？试各举一例。

5. 是什么商品条码？零售商品条码的作用是什么？

6. 什么是定牌、无牌和中性包装？在我国出口业务中,何种情况下采用这些做法？

7. 进出口合同中的包装条款一般包括哪些内容？在规定包装条款时,应注意哪些问题？

# 第十章　贸易术语

**学习目标**

1. 掌握《国际贸易术语解释通则 2020》中主要贸易术语的解释。
2. 了解贸易术语的含义及相关的国际贸易惯例。
3. 学会运用主要贸易术语描述相关贸易活动。

贸易术语

**案例导入**

## 国际商会 2024 年 1 月会议提出的 TA936 rev 案例

B 国开证行开出金额为 327000 美元的信用证,货描显示×××金额、成本加运费(CFR)、C 港口,未注明适用的 INCOTERMS® 版本。出口商在信用证项下于 2022 年 3 月 29 日至 5 月 16 日分六次交单,所有交单均在信用证有效期内。受益人提交的发票在单价和金额中显示贸易术语为成本加运费(C&F),同时发票显示卸货港和最终目的地为 C 港口。其中,前 4 笔交单被开证行正常承付,第 5、第 6 笔交单被开证行拒付,理由为"发票上未显示贸易术语"。第 5 笔交单拒付通知迟于交单日后 5 个工作日发出,交单行对拒付通知的有效性提出异议,该笔交单 4 个月后被开证行承付。第 6 笔交单项下开证行发电称申请人拒绝放弃不符点,并将正本单据退回。

交单行对开证行提出的不符点进行驳斥,理由为:贸易术语 C&F 存在于 INCOTERMS 1980 版本,后来演变为 CFR,二者对于买卖双方的责任相同。发票明显表示成本加运费,提单上也清楚显示卖方在装货港已支付运费。由于信用证没有具体要求 INCOTERMS® 版本,受益人选择了 INCOTERMS 1980 版本中等同的贸易术语。作为开证行,应当确保信用证条款对于适用的贸易术语规则及版本不产生任何歧义。同时,交单行认为开证行已经承付了之前相似方式制作的交单,表明已接受该贸易条件 C&F,不应突然改变其在交易中的立场。

交单行认为开证行所提的不符点不成立,并持续与开证行进行沟通,开证行仍拒绝付款。

资料来源:《中国外汇》2024 年第 6 期,郑岩,中国建设银行单证业务中心

## 第一节　贸易术语的含义和作用

国际贸易的买卖双方分处两国,远隔两地,在卖方交货和买方接货的每次交易过程中,都会遇到一系列与费用支付、风险和责任划分相关的问题,如货物的检验费、包装费、装卸费、运费、保险费、进出口税捐和其他杂项费用由何方支付;货物在运输途中可能发生的损坏

或灭失的风险由何方负担;安排运输、装货、卸货、办理货运保险、申请进出口许可证和报关纳税等责任由何方承担等。

如果买卖双方每次都需要反复磋商上述问题,将会占用双方大量的时间和费用,还有可能发生疏漏、影响交易。在国际贸易的长期实践中,针对以上问题,逐渐发展出了一些为人们所熟悉和普遍采用的贸易术语。

贸易术语(Trade Terms),又称贸易条件、价格术语(Price Terms),它是一个简短的概念,例如"Free on Board",或三个字母的缩写,例如"FOB",用来说明价格的构成及买卖双方有关费用、风险和责任的划分,以确定买卖双方在交货和接货过程中应尽的义务。买卖双方仅需选用合适的贸易术语,就可解决上述问题,节省了交易磋商的时间和费用,促进了国际贸易的发展。

贸易术语属于国际贸易惯例,不具有强制性。要想受到法律的保护应该在国际买卖合同的价格条款中规定并引用相关的国际贸易惯例,如:FOB Shanghai《INCOTERMS®2020》。

# 第二节　和贸易术语有关的国际贸易惯例

早在 19 世纪初,在国际贸易中已开始使用贸易术语。但是并没有统一的解释。后来为了消除分歧、便利国际贸易的发展,陆续出现了一些被较多国家的法律界和工商界所熟悉、承认和接受的有关贸易术语的解释和规则。这些解释和规则,就成为有关贸易术语的国际贸易惯例。

目前,在国际上影响较大的有关贸易术语的国际惯例主要有三个,分别是《1932 年华沙—牛津规则》《1990 年美国对外贸易定义修正本》和《国际贸易术语解释通则》。

## 一、1932 年华沙—牛津规则

国际法协会(International Law Association)1928 年在华沙举行会议,制定了关于 CIF 买卖合同的统一规则,共 22 条,称为《1928 年华沙规则》。后又经过 1930 年纽约会议、1931 年巴黎会议和 1932 年牛津会议修订为 21 条,定名为《1932 年华沙—牛津规则》。

《1932 年华沙—牛津规则》具体规定了 CIF 合同的性质、特点及买卖双方所承担的费用、责任和风险。按该规则,CIF 合同的卖方所需承担的主要义务如下。

(1)必须提供符合合同说明的货物,并按港口习惯方式,在合同规定的时间或期限内,在装运港将货物装到船上;负担货物损坏或灭失的风险,直到货物装上船时为止。

(2)必须根据货物的性质和预定航线或特定行业通用的条件,自负费用,订立合理的运输合同。该运输合同必须以"已装船"提单为证据。

(3)必须自负费用,向一家信誉良好的保险商或保险公司取得一份海运保险单,作为一项有效的确实存在的保险合同的证明。除买卖合同特别规定外,该保险单须按特定行业或预定航线上的惯例承保所有的风险,但不包括战争险;其保险金额按特定行业惯例予以确定,如无此惯例,则按 CIF 发票价值减去到货时应付的运费,加预期利润的 10%。

（4）必须在货物已装船时通知买方，说明船名、唛头和详尽细节。发出该通知的费用由买方负担。如买方未收到这种通知，或偶然遗漏发出通知，买方无权拒收卖方提交的单据。

（5）必须尽力发送单据，并有责任以各种适当的方式将单据提交或使其得以提交给买方。所谓"单据"，是指提单、发票和保险单，以及根据买卖合同卖方有责任取得并提交买方的附属于这些单据的其他单据。

根据《1932 年华沙—牛津规则》，CIF 合同买方的主要义务是：在正当的单据被提交时，买方必须接受单据，并按买卖合同规定支付价款。买方有权享有检查单据的合理机会和作该项检查的合理时间。但在正当的单据被提交时，买方无权以没有机会检验货物为借口，拒绝接受这种单据，或拒绝按照买卖合同的规定支付价款。

《1932 年华沙—牛津规则》颁布后一直沿用至今，这个规则对 CIF 贸易术语的解释方法也被其他贸易术语和惯例沿用，成为国际贸易中有影响力的国际贸易惯例。

### 二、1990 年美国对外贸易定义修正本

1919 年美国九个大商业团体制订了《美国出口报价及其缩写》（The US Export Quotations and Abbreviations）。其后，由于贸易习惯发生了很多变化，在 1940 年美国第 27 届全国对外贸易会议上对该定义作了修订，并于 1941 年 7 月 31 日经美国商会、美国进口商协会和美国全国对外贸易协会所组成的联合委员会通过，称为《1941 年美国对外贸易定义修正本》（Revised American Foreign Trade Definitions 1941）。1990 年再次修订，称为《1990 年美国对外贸易定义修正本》。该修正本对下列六种贸易术语作了解释。

1. EXW

EXW 全称 Ex Point of Origin。Ex 后面应注明具体的交货地点，如"Ex Factory""Ex Mill""Ex Mine""Ex Plantation""Ex Warehouse"（如"工厂交货""工场交货""矿山交货""农场交货""仓库交货"）等。

按此术语，卖方必须在规定的日期或期限内，在原产地双方约定的地点，将货物置于买方处置之下，并负担一切费用和风险，直至买方应负责提取货物之时为止。当货物按规定被置于买方处置之下时，买方必须立即提取，并自买方应负责提货之时起，负担货物的一切费用和风险。

2. FOB

《1990 年美国对外贸易定义修正本》将 FOB（Free on Board）术语分为下列六种。

（1）FOB（named inland carrier at named inland point of departure）"在指定内陆发货地点的指定内陆运输工具上交货"。按此术语，在内陆装运地点，由卖方安排并将货物装于火车、卡车、驳船、拖船、飞机或其他供运输用的运载工具之上。

（2）FOB（named inland carrier at named inland point of departure）freight prepaid to（named point of exportation）"在指定内陆发货地点的指定内陆运输工具上交货，运费预付到指定的出口地点"。按此术语，卖方预付至出口地点的运费，并在指定内陆起运地点取得清洁提单或其他运输收据后，对货物不再承担责任。

（3）FOB（named inland carrier at named inland point of departure）freight allowed to（named point）"在指定内陆发货地点的指定内陆运输工具上交货,减除至指定地点的运费"。按此术语,卖方所报价格包括货物至指定地点的运输费用,但注明运费到付,并由卖方在价金内减除。卖方在指定内陆起运地点取得清洁提单或其他运输收据后,对货物不再承担责任。

（4）FOB（named inland carrier at named point of exportation）"在指定出口地点的指定内陆运输工具上交货"。按此术语,卖方所报价格包括将货物运至指定出口地点的运输费用,并承担货物的任何灭失及/或损坏的责任,直至上述地点。

（5）FOB（named port of shipment）"船上交货（指定装运港）"。按此术语,卖方必须在规定的日期或期限内,将货物实际装载于买方提供的或为买方提供的轮船上,负担货物装载于船上为止的一切费用和承担任何灭失及/或损坏的责任,并提供清洁轮船收据或已装船提单;在买方请求并由其负担费用的情况下,协助买方取得由原产地及/或装运地国家签发的,为货物出口或在目的地进口所需的各种证件。买方必须办理有关货物自装运港运至目的港的运转事宜,包括办理保险并支付其费用,提供船舶并支付其费用;承担货物装上船后的一切费用和任何灭失及/或损坏的责任;支付因领取由原产地及/或装运地国家签发的,为货物出口或在目的地进口所需的各种证件（清洁轮船收据或提单除外）而发生的一切费用;支付出口税和因出口而征收的其他税捐费用。

（6）FOB（named inland point in country of importation）"在指定进口国内陆地点交货"。按此术语,卖方必须安排运至指定进口国地点的全部运输事宜,并支付其费用;办理海洋运输保险,并支付其费用;承担货物的任何灭失及/或损坏的责任,直至装载于运输工具上的货物抵达指定进口国内陆地点为止;自负费用,取得产地证、领事发票,或由原产地及/或装运地国家签发的,为货物在目的地进口及必要时经由第三国过境运输所需的各种证件;支付出口和进口关税以及因出口和进口而征收的其他税捐和报关费用。买方必须在运载工具抵达目的地时,立即受领货物;负担货物到达目的地后的任何费用,并承担一切灭失及/或损坏的责任。

3. FAS

FAS 全称 Free Along Side。FAS（named port of shipment）"船边交货（指定装运港）"。按此术语,卖方必须在规定的日期或期限内,将货物交至买方指定的海洋轮船船边,或船上装货吊钩可及之处,或交至由买方或为买方所指定或提供的码头,负担货物交至上述地点为止的一切费用和承担任何灭失及/或损坏的责任。买方必须办理自货物被置于船边以后的一切运转事宜,包括办理海洋运输及其他运输,办理保险,并支付其费用;承担货物交至船边或码头以后的任何灭失及/或损坏的责任;领取由原产地及/或装运地国家签发的,为货物出口或在目的地进口所需的各种证件（清洁的码头收据或轮船收据除外）,并支付因此而发生的一切费用;支付出口税及因出口而征收的其他税捐费用。

4. CFR

CFR 全称 Cost and Freight。CFR（named point of destination）"成本加运费（指定目的地）"。按此术语,卖方必须负责安排将货物运至指定目的地的运输事宜,并支付其费用;取得运往目的地的清洁轮船收据或已装船提单,并立即将它送交买方或其代理;承担货物交至船上为止的任何灭失及/或损坏的责任;在买方请求并由其负担费用的情况下,提供产地证明书、领事发票,或由原产地及/或装运地国家签发的,为买方在目的地国家进口货物以及必要时经另一国家过境运输所需的任何其他证件;支付出口税或因出口而征收的其他税捐费用。买方必须接受所提交的单据;在载货船舶到达时受领货物,办理一切随后的货物运转事宜,并支付其费用,包括按提单从船上提货;支付卸至岸上的一切费用,包括在指定目的地的任何税捐和其他费用;办理保险并支付其费用;承担货物交至船上后的任何灭失及/或损坏的责任;支付产地证明书、领事发票,或由原产地及/或装运地国家签发的,为货物在目的地国家进口以及必要时经另一国家过境运输所需的任何其他证件的费用。

**5. CIF**

CIF 全称 Cost, Insurance and Freight。CIF( named point of destination)"成本加保险费、运费(指定目的地)"。按此术语,卖方除了必须承担 CFR 术语下所有的责任外,还须办理海运保险,支付其费用,并提供保险单或可转让的保险凭证。买方的责任,则在 CFR 术语的基础上,免除办理货物海运保险及其费用(卖方投保战争险所支出的费用需由买方负担)。

**6. DEQ**

DEQ 全称 Delivered Ex Quay。DEQ( duty paid)"进口港码头交货(关税已付)",也可写为"Ex Quay""Ex Pier"。按此术语,卖方必须安排货物运至指定进口港的运输事宜,办理海洋运输保险,并支付其费用;承担货物的任何灭失及/或损坏的责任,直至在指定的进口港码头允许货物停留的期限届满时为止;支付产地证明书、领事发票、提单签证,或由原产地及/或装运地国家签发的,为买方在目的地国家进口货物以及必要时经另一国家过境运输所需的任何其他证件的费用;支付出口税及因出口而征收的其他费用;支付一切卸至岸上的费用,包括码头费、卸货费及税捐等;支付在进口国的一切报关费用、进口税和一切适用于进口的税捐。买方必须在码头规定的期限内在指定进口港码头上受领货物;如不在码头规定的期限内受领货物,须负担货物的费用和风险。

《1990 年美国对外贸易定义修正本》在美洲国家有较大影响。由于它对贸易术语的解释,特别是对 FOB 术语的解释与其他国际惯例的解释有所不同,因此,我国外贸企业在与美洲国家贸易企业进行进出口商品交易时,应予特别注意。

### 三、2020 年国际贸易术语解释通则

为了减少合同双方当事人因不熟悉对方国家对贸易术语的解释而可能产生的摩擦、争议和纠纷,避免因各国对贸易术语解释不通而造成的交易不确定性,国际商会( International Chamber of Commerce, ICC)于 1936 年提出了第一套与贸易术语相关的国际统一规则,定名为《INCOTERMS 1936》,其副标题为 International Rules for the Interpretation of Trade Terms(《国际贸易术语解释通则》)。随后,为适应国际贸易实践不断发展的需要,国际商会分别于 1953 年、1967 年、1976 年、1980 年、1990 年、2000 年、2010 年和 2020 年对 INCOTERMS® 作了 8 次修订和补充。最新版本是国际商会在 2016 年 9 月启动修订,2019 年 9 月 10 日正

式发布的第 723E 号出版物《INCOTERMS®2020》(《国际贸易术语解释通则 2020》,ICC Publication No. 723E),自 2020 年 1 月 1 日起实施。《INCOTERMS®2020》适用于国际和国内贸易。

**(一)《INCOTERMS®2020》的基本形式**

《INCOTERMS®2020》虽然和《INCOTERMS 2010》一样,都解释了 11 个贸易术语,但以新的 DPU 术语取代了《INCOTERMS 2010》中的 DAT 术语,并将 DPU 术语列在 DAP 术语后。

《INCOTERMS®2020》对贸易术语的分类沿袭了《INCOTERMS 2010》的分类方式,根据适用的运输方式的不同,分为两类。

1. 适用于任意运输方式的贸易术语

(1)EXW(EX WORKS)工厂交货。

(2)FCA(FREE CARRIER)货交承运人。

(3)CPT(CARRIAGE PAID TO)运费付至。

(4)CIP(CARRIAGE AND INSURANCE PAID TO)运费、保险费付至。

(5)DAP(DELIVERED AT PLACE)目的地交货。

(6)DPU(DELIVERED AT PLACE UNLOADED)目的地卸货后交货。

(7)DDP(DELIVERED DUTY PAID)完税后交货。

2. 只适用于海运和内河运输的术语

(1)FAS(FREE ALONGSIDE SHIP)船边交货。

(2)FOB(FREE ON BOARD)装运港船上交货。

(3)CFR(COST AND FREIGHT)成本加运费。

(4)CIF(COST INSURANCE AND FREIGHT)成本加保险费运费。

《INCOTERMS®2020》的引言中明确说明,《INCOTERMS 1990》和《INCOTERMS 2000》对贸易术语的分类方式,将首字母相同的贸易术语归为一组,把贸易术语分为 E 组、F 组、C 组和 D 组的分类形式仍然有助于理解交货点。

《INCOTERMS®2020》对买卖双方各自义务的划分形式与《INCOTERMS 2010》相同,仍然以"A 卖方义务"对应"B 买方义务",分为一一对应的十项事项,逐项平列,左右对照。不同之处在于 1~10 项的项顺序做了重大调整,调整后的顺序如下:

A1/B1 一般义务

A2/B2 交货/收货

A3/B3 风险转移

A4/B4 运输

A5/B5 保险

A6/B6 交货/运输单据

A7/B7 出口/进口清关

A8/B8 查验/包装/标记

A9/B9 费用划分

A10/B10 通知义务

**(二)《INCOTERMS®2020》对《INCOTERMS 2010》的主要修改**

《INCOTERMS®2020》对《INCOTERMS 2010》所做的更改主要包括六个方面。

1. 按 FCA 术语成交时,卖方可能需要提交已装船提单

按照《INCOTERMS 2010》的 FCA 术语成交,在货交买方指定的承运人接管时即货物装船前卖方即完成交货义务,而承运人也只有在货物实际装船后才有义务并有权签发已装船提单,所以无法确定卖方是否能够从承运人处获取已装船提单。为此,《INCOTERMS®2020》在 FCA 中 A6/B6 提供了一个附加项,规定买方和卖方可以约定,由买方指示其承运人在货物装船后向卖方签发已装船提单,然后卖方有义务向买方(通常通过银行)提交此提单。尽管 FCA 条件下要求卖方提交已装船提单并不恰当,但主要是为了满足在特定货物销售融资中银行对已装船提单的要求。必须强调的是,即便如此,卖方也没有办理运输的义务。

2. 提高 CIP 默认的卖方投保险别

按照《INCOTERMS 2010》对 CIP 合同的规定,如果合同中没有明确卖方需要办理保险的具体规定,则卖方的义务为选择某一保险条款投保其最低基本险,投保金额加一成,按合同货币投保。《INCOTERMS®2020》将 CIP 合同中卖方的保险义务改为选择某一保险条款投保其最高基本险。

3. 将 DAT 改为 DPU

《INCOTERMS 2010》的 DAT 和 DAP 的唯一区别是:货物运抵目的地后,DAT 以卖方将货物从运输工具卸到运输终端上完成交货。运输终端包括任何地点,含义模糊;DAP 条件下,卖方只需在目的地将在运输工具已做好卸货准备的货物交给买方处置即完成交货。但这两个贸易术语在使用时仍然容易混淆。所以,《INCOTERMS®2020》将 DAT( Delivered at Terminal)改为 DPU( Delivered at Place Unloaded),强调目的地可以是任何地方,而不仅仅是运输终端,但应该确保其交货地点能够卸货。

4. 在 FCA、DAP、DPU、DDP 中使用买方或卖方自己的运输工具安排运输

《INCOTERMS®2020》明确允许买方或卖方与第三方订立运输合同,也允许买方或卖方使用自有运输工具,允许仅安排必要的运输。而在《INCOTERMS 2010》中,对 FCA、DAP、DPU、DDP 条件下的运输始终设定为由办理运输的一方雇佣第三方承运人运输,而不考虑买方、卖方使用自己的运输工具完成运输的可能性。

5. 费用划分后移,并清单式列出

《INCOTERMS®2020》将费用划分后移至 A9/B9,并将 A1/B1～A8/B8 的费用清单式列出,防止费用上的纠纷。而《INCOTERMS 2010》中各项费用在具体事项中列出,并不在 A6/B6 费用划分中罗列。

6. 扩大链式交易范围

《INCOTERMS 2010》首次在 FOB、CFR 和 CIF 贸易术语下提出了"链式交易( String Sales)",并在卖方的交货义务中相应增加"'或取得已如此交付的货物( or procure the goods so delivered)'完成交货"。《INCOTERMS®2020》进一步扩大了链式交易范围,在 FCA、CPT、

CIP、FAS、DAP、DPU 和 DDP 七个贸易术语卖方义务后都添加了"或取得已经如此交付的货物"。因此,在《INCOTERMS®2020》中,除了 EXW 不适用链式交易外,其余 10 个贸易术语都适用链式交易。

# 第三节　主要贸易术语的解释

在国际贸易中,FOB、CFR、CIF、FCA、CPT 和 CIP 是六种使用较多的贸易术语。FOB、CIF 和 CFR 是三种适用于海运和内陆水路运输的贸易术语,后来随着物流业的发展,这三种仅适用于水上运输的贸易术语的运输范围从水上延伸至陆地,衍生出了三种适用于各种运输方式的贸易术语,分别对应 FCA、CPT 和 CIP。因此,熟悉这六种主要贸易术语的含义、买卖双方的义务,以及在使用中应注意的问题,尤其重要。

## 一、适用于海洋运输和内河水运的三种主要贸易术语

### (一)FOB

FOB( insert named port of shipment )装运港船上交货( 指定装运港)是指在指定装运港将货物交到买方指定的船上,或取得已如此交付的货物,卖方完成交货。当货物被交到船上时,风险转移。自该时刻起,买方负担货物灭失或损坏的风险,并支付一切费用。

如前述,《INCOTERMSCFR®2020》沿用了《INCOTERMS 2010》中 FOB 适用链式贸易的规定,通过在卖方的义务中添加"取得已交付货物",鼓励应用于大宗商品的转售( 链式交易)中。需要注意的是,在链式交易中,只有在载货船舶未启航前,可采用 FOB 术语( 或CFR)转售已装船的货物;一旦船舶启航,转售在途货物必须采用 CIF 术语。

在清关适用的地方,FOB 术语要求卖方负责办理清关。本术语适用于海运和内陆水路运输。如果买卖双方不拟以货物交到船上作为完成交货,而以货物于装船前在指定地点( 例如集装箱堆场)交给承运人( hand over to the carrier )完成交货,则应采用 FCA 术语。

按《INCOTERMS®2020》在 FOB 术语下,买卖双方主要义务如下:

1. 卖方的主要义务

(1)负责在合同规定的日期或期间内,在指定装运港,将符合合同的货物按港口惯常方式交至买方指定的船上,或取得已如此交付的货物(适用链式交易时),并给予买方充分的通知。

(2)在需要办理清关手续的情况下,负责取得出口许可证或其他核准书,办理货物出口清关手续。

(3)负担货物在装运港交至船上时为止的一切费用和风险。

(4)负责提供商业发票和证明货物已交至船上的通常运输单据。

2. 买方的主要义务

(1)负责按合同规定支付价款。

(2)负责租船或订舱,支付运费,并给予卖方关于船名、装船地点和要求交货时间的充分的通知。

（3）在需要办理清关手续的情况下，自负风险和费用取得进口许可证或其他核准书，并办理货物进口以及必要时经由另一国过境运输的一切海关手续。

（4）负担货物在装运港交至船上时的一切费用和风险。

（5）收取卖方按合同规定交付的货物，接受与合同相符的单据。

采用 FOB 术语，需注意以下几点。

第一，以"装运港船上"为交货点和费用划分点。

INCOTERMS 各版本的贸易术语都有其特定的"交货点"（point of delivery），亦即"风险点"（point of risk）。在《INCOTERMS 2010》以前的传统版本，FOB/CFR/CIF 的交货点都为船舷（ship's rail）。当货物越过船舷时，风险转移，卖方完成交货。但是这一规定并不实用，所以在《INCOTERMS 2010》中，规定 FOB 以"装运港船上"为交货点，当货物装上船时，风险转移，卖方完成交货。《INCOTERMS®2020》沿用了《INCOTERMS 2010》对 FOB 交货点的规定。

FOB 术语除了有交货点/风险点外，还有"费用划分点"（point for division of costs）。FOB的费用划分点与风险转移点理论上一致，都是在装运港船上。FOB 卖方负担一切费用到货物交至船上为止，货物装上船后，由买方负担一切费用。在实际业务中，FOB 术语下买卖双方的费用划分往往按运费的结构、港口习惯或买卖双方的约定做必要的调整，而不严格以装上船为界。

第二，船货衔接问题。

在 FOB 术语中，买方负责租船订舱，并将船名和装船时间通知卖方，而卖方负责在合同规定的装运港和装船期，将合同规定的货物装上买方指定的船只。这就涉及买卖双方如何处理船货衔接的问题。如果买方在合同规定的期限内安排指定船只抵达装运港，卖方因货未备妥而未能及时装运，则卖方应承担由此而造成的空舱费（dead freight）或滞期费。反之，如果买方延迟派船，使卖方不能在合同规定的装运期内将货物装船，则由此而引起的卖方仓储费和保险费等费用支出的增加，以及因迟收货款而造成的利息损失，均需由买方负责。因此，在 FOB 术语下，买卖双方对船货衔接事项，不仅要在合同中作明确规定；还要在订约后加强联系和协作，防止船货脱节。

在按 FOB 术语订约的情况下，如成交货物的数量不大，只需部分舱位而用班轮装运时，卖方往往按照买卖双方之间明示或默示的协议，代买方办理各项装运手续，包括以卖方自己的名义订舱和取得提单。但是，除非另有协议或根据行业习惯，由此而产生的任何代办手续费用和订舱不到等风险仍由买方负担。

第三，装货费用的负担。

在装运港的装货费用主要包括装船费以及与装货有关的理舱费和平舱费。在 FOB 术语下，如果使用班轮运输，则装货费用是由买方在支付班轮费用时负担。如果大宗货物使用租船运输，买卖双方应该对装卸费用的负担协商好，并用文字明确，也可以通过选用 FOB 术语的变形形式明确规定。常见的 FOB 术语变形如下。

（1）FOB 班轮条件（FOB Liner Terms），卖方对装货费用的负担同班轮运输，由支付运费的一方（即买方）负担。

（2）FOB 吊钩下交货（FOB Under Tackle），指卖方负担将货物置于买方指定轮船吊钩可及之处的费用，从货物起吊开始的装货费用由买方负担。

（3）FOB 包括理舱（FOB Stowed，FOBS），指卖方负担将货物装入船舱并支付包括理舱费在内的装货费用。

（4）FOB 包括平舱（FOB Trimmed，FOBT），指卖方负担将货物装入船舱并支付包括平舱费在内的装货费用。

上述对 FOB 术语变形的说明，是根据我国外贸实践通常的理解和应用所作的解释。但需注意，对贸易术语变形国际上并无统一和权威性的解释。因此，在实际业务中，除非买卖双方对有关贸易术语变形的含义有一致的理解，在使用术语变形时，应在合同中明确规定卖方所需承担的额外义务。例如，在使用 FOBS（FOB 包括理舱）的变形时，它是仅限于卖方负担因理舱而发生的额外费用——理舱费，还是它不仅包括理舱费，还包括直至完成理舱为止货物可能发生灭失或损坏的风险。在合同中，对术语变形所产生的额外义务作出具体明确的规定，可防止以后履行合同时因双方理解不一而发生纠纷，造成损失。

第四，美国对 FOB 术语的特殊解释。

美国、加拿大和一些拉丁美洲国家习惯使用的《1990 年美国对外贸易定义修订本》将 FOB 术语分为六种，其中只有 FOB Vessel（named port of shipment）（指定装运港船上交货）与《INCOTERMS®2020》解释的 FOB（named port of shipment）（装运港船上交货）术语相近。然而按《1990 年美国对外贸易定义修正本》规定，只有在买方提出请求，并由买方负担费用的情况下，FOB Vessel 的卖方才有义务协助买方取得由出口国签发的为货物出口或在目的地进口所需的各种证件，并且，出口税和其他税捐费用也需由买方负担。这些规定与《INCOTERMS®2020》中 FOB 术语规定的"卖方须负责取得出口许可证，并负担一切出口税捐及费用"有很大不同。因此，我国外贸企业在与美国和其他美洲国家出口商按 FOB 术语洽谈进口业务时，除了应在 FOB 术语后注明"vessel"（轮船）外，还应明确提出由对方（卖方）负责取得出口许可证，并支付一切出口税捐及费用。

## （二）CIF

CIF（insert named port of destination）成本加保险费、运费（填入指定目的港）是指卖方将货物交至船上，或取得已如此交付的货物，完成交货。卖方必须支付将货物运至指定目的港所必需的费用和运费，但交货后货物灭失或损坏的风险，以及由于发生事件而引起的任何额外费用，自卖方转移至买方。然而，在 CIF 术语中卖方还必须为买方就货物在运输中灭失或损坏的风险取得海上保险（最低险别）。因此，卖方须订立保险合同，并支付保险费。

如前文所述，对 CIF 卖方交货义务的规定添加"或取得已如此交付的货物"，是为了满足大宗商品转售（链式交易）的需要。

在需办理清关手续的地方，CIF 术语要求卖方办理货物出口清关。本术语适用于海运和内陆水路运输。如果双方当事人不拟以货物交到船上作为完成交货，而以货物于装船前在指定地点交给承运人完成交货，则应采用 CIP 术语。

按《INCOTERMS®2020》，CIF 合同买卖双方的主要义务如下。

1. 卖方的主要义务

(1)负责在合同规定的日期或期间内,在装运港将符合合同的货物交至运往指定目的港的船上,或取得已如此交付的货物,并给予买方充分的通知。

(2)在清关适用的地方,负责取得出口许可证或其他核准书,办理货物出口清关手续。

(3)负责租船或订舱,并支付至目的港的运费。

(4)负责办理货物运输保险(最低险别),支付保险费。

(5)负担货物在装运港交至船上为止的一切费用和风险。

(6)负责提供商业发票、保险单和货物运往约定目的港的通常运输单据。

2. 买方的主要义务

(1)负责按合同规定支付价款。

(2)在清关适用的地方,自负风险和费用取得进口许可证或其他核准书,并办理货物进口以及必要时经由另一国过境运输的一切海关手续。

(3)负担货物在装运港交至船上后的一切费用和风险。

(4)收取卖方按合同规定交付的货物,接受与合同相符的单据。

在采用 CIF 术语时,需注意以下几点。

第一,卖方租船或订舱的责任。

CIF 合同的卖方为按合同规定的时间装运出口,必须负责自费办理租船或订舱。如果卖方不能及时租船或订舱,不能按合同规定装船交货,即构成违约,从而需承担被买方要求解除合同及/或损害赔偿的责任。根据《INCOTERMS®2020》,卖方只负责按照通常条件租船或订舱,使用适合装运有关货物的通常类型的轮船,经习惯行驶航线装运货物。因此,买方一般无权提出关于限制船舶的国籍、船型、船龄以及指定装载某船或某班轮公司的船只等要求。但在出口业务中,如国外买方提出上述要求,在能够办到又不增加额外费用的情况下,我方也可灵活掌握考虑接受。

第二,卖方办理货运保险的责任。

在 CIF 合同中,卖方是为买方的利益办理货运保险的,因为此项保险主要是为了保障货物装船后在运输途中的风险。《INCOTERMS®2020》对卖方的保险责任规定:如无相反的明示协议,卖方只需按协会货物保险条款或其他类似的保险条款中最低责任的保险险别投保。如买方有更高的保险险别要求,或要求投保战争、罢工、暴动和民变险,须与卖方达成明示协议,或者自行安排额外保险。最低保险金额应为合同规定的价款加 10%,并以合同货币投保。有关保险责任的起讫期限必须与货物运输相符合,并必须最迟自买方需负担货物灭失或损坏的风险时(即自货物在装运港装上船时)起对买方的保障生效。该保险责任的期限必须展延至货物到达约定的目的港为止。在实际业务中,为了明确责任,我外贸企业在与国外客户洽谈交易采用 CIF 术语时,一般都应在合同中具体规定保险金额、保险险别和适用的保险条款。目前中国保险条款和国际上使用较多的伦敦保险业协会货物险条款均列有保险公司的保险责任的起讫期限。

第三,卸货费用的负担。

班轮运费包括装运港的装货费用和在目的港的卸货费用。如采用班轮运输,装运港的装货费用和在目的港的卸货费用由运费的支付方即卖方负担。如大宗货物采用租船运输,装运港的装货费用应由卖方支付,而目的港的卸货费用究竟由何方负担,买卖双方应在合同中订明。其规定方法,可以在合同内用文字具体订明,也可采用 CIF 术语的变形来表示,举例如下。

(1)CIF 班轮条件(CIF Liner Terms),指卸货费用按班轮条件处理,由支付运费的一方(即卖方)负担。

(2)CIF 舱底交货(CIF Ex Ship's hold),指买方负担将货物从舱底起吊卸到码头的费用。

(3)CIF 吊钩交货(CIF Ex Tackle),指卖方负担将货物从舱底吊至船边卸离吊钩为止的费用。

(4)CIF 卸到岸上(CIF Landed),指卖方负担将货物卸到目的港岸上的费用,包括驳船费和码头费。

在上文阐述 FOB 术语变形时,对贸易术语变形的解释及其在实际业务应用中需注意的问题所作的说明,也适用于 CIF 术语变形。

第四,象征性交货与单据买卖。

根据《INCOTERMS®2020》,CIF 术语的交货点/风险点与 FOB 术语完全相同。在 CIF 术语下,卖方在装运港将货物装上船,即完成了交货义务。因此,和 FOB 一样,采用 CIF 术语订立的合同属"装运合同"。但是,由于在 CIF 术语后所注明的是目的港(例如"CIF 纽约")以及在我国曾将 CIF 术语译作"到岸价",所以 CIF 合同的法律性质,常被误解为"到货合同"。为此,必须明确指出,CIF 与 FOB 一样,卖方在装运地完成交货义务方面,其性质是相同的,采用这两种术语订立的买卖合同均属"装运合同"性质。此类合同的卖方在按合同规定在装运地将货物交付装运后,对货物可能发生的任何风险不再承担责任。卖方只要提交齐全、正确的单据,即可推定为交付货物,买方则必须凭上述符合合同要求的货运单据支付价款。即所谓"象征性交货"(Symbolic Delivery)。

CIF 合同的特点是典型的单据买卖(A Sale of Documents),卖方凭单据收款,买方凭单据付款。合同的卖方按合同约定将货物装上船后,通过向买方提交货运单据(主要包括提单、保险单和直业发票)来完成其交货义务,但他既不保证货物必然到达和在何时到达目的港,也不对货物装上船后的任何进一步的风险承担责任。即使在卖方提交单据时,货物已经灭失或损坏,买方仍必须凭单据付款,但他可凭提单向船方或凭保险单向保险公司要求赔偿。如果在采用 CIF 术语订立合同时,卖方被要求保证货物的到达或以何时到货作为收取价款的条件的话,则该合同将成为一份有名无实的 CIF 合同。

### (三)CFR

CFR(insert named port of destination)成本加运费(填入指定目的港)是指卖方将货物交至船上,或取得已如此交付的货物,完成交货。卖方必须支付将货物运至指定目的港所必需的费用和运费,但交货后货物灭失或损坏的风险,以及由于发生事件而引起的任何额外费用,自卖方转移至买方。

《INCOTERMS®2020》对 CFR 卖方交货义务的规定,添加"或取得已如此交付的货物",是为了满足大宗商品转售(链式交易)的需要。需注意,只有在载货船舶起航前,可采用 CFR 术语对已装船货物作转售交易;载货船舶起航后,必须采用 CIF 术语。

在清关适用的地方,CFR 术语要求卖方办理出口清关。

本术语适用于海运和内陆水路运输。

CFR 与 CIF 不同之处仅在于:CFR 合同的卖方不负责办理保险手续和不支付保险费,不提供保险单据。有关海上运输的货物保险由买方自理。除此之外,CFR 和 CIF 合同中买卖双方的义务划分基本上是相同的。

在 CIF 条件下,为解决卸货问题而产生的各种变形,也适用于 CFR,例如:CFR 班轮条件(CFR Liner Terms)、CFR 舱底交货(CFR Ex Ship's Hold)、CFR 吊钩交货(CFR Ex Tackle)和 CFR 卸到岸上(CFR Landed)。这些 CFR 术语的变形形式,在关于明确卸货费用负担的含义方面,同前述 CIF 术语变形说明。

需要说明的是,FOB、CIF 和 CFR 贸易术语的各种变形,除买卖双方另有约定者外,其作用通常仅限于明确或改变买卖双方在费用负担上的划分,而不涉及或改变风险的划分。此外,还须强调指出,只有在买卖双方对所使用的贸易术语变形的含义有一致理解的前提下,才能在交易中使用这些术语变形。

CFR 在《INCOTERMS 1980》及先前版本中写作 C&F。在实际业务中,应规范地使用这一术语的标准缩写 CFR。如果双方当事人不拟以货物交到船上作为完成交货,而以货物于装船前在指定地点交给承运人完成交货,则应采用 CPT 术语。

按 CFR 术语订立合同,需特别注意装船通知的问题。因为,在 CFR 术语下,卖方负责安排在装运港将货物装上船,而买方须自行办理货物运输保险,以获得货物装上船后可能遭受灭失或损坏的风险的保障。因此,在货物装上船前,即风险转移至买方前,买方及时向保险公司办妥保险,是 CFR 合同中一个至关重要的问题。《INCOTERMS®2020》强调,CFR 卖方必须向买方发出买方收取货物所需要的任何交货通知,以便买方采取通常必要的措施以收取货物。不过《INCOTERMS®2020》没有对卖方未能及时给予买方装运通知的后果作出具体规定。即便如此,根据有关货物买卖合同的适用法律,卖方可因遗漏或不及时向买方发出装船通知而使买方未能及时办妥货运保险而造成的后果,承担违约责任。为此,在实际业务中,我方出口企业应事先与国外买方就如何发给装船通知商定具体做法;如果事先未曾商定,则应根据双方已经形成的习惯做法,或根据订约后、装船前买方提出的具体请求(包括在信用证中对装船通知的规定),及时用电子通信方式向买方发出装船通知。上述做法也适用于我方出口的 FOB 合同。

## 二、适用于各种运输方式的三种主要贸易术语

### (一)FCA

FCA(insert named place of delivery)货交承运人(填入指定交货地)是指卖方在规定的时

间,在指定地点,将货物交付给买方指定的承运人,或取得已经如此交付的货物,即完成交货。买方必须自负费用订立从指定地点承运货物的运输合同,并及时通知卖方有关承运人的名称和向其交货的时间。卖方承担货物在指定地点交给承运人接管时为止的一切费用和风险。这一术语适用于任何运输方式,包括多式联运。

《INCOTERMS®2020》对 FCA 卖方交货义务的规定,添加"或取得已如此交付的货物",是为了满足在大宗商品交易中对已装船货物作转售(链式交易)的需要。

双方当事人应尽可能明确地规定指定地内的交货地点(point of delivery),因为风险在该地点转移至买方。如买方不通知在指定地内的特定交货地点,卖方可选择在指定地内他认为最合适的地点交货。

"承运人"是指在运输合同中承担履行铁路、公路、海洋、航空、内陆水路运输或多式运输的实际承运人(Actual Carrier),或承担取得上述运输履行的订约承运人(Contracting Carrier),如货运代理商(Freight Forwarder)。如果买方指定一个非承运人的人收取货物,当货物被交给该人时,应认为卖方已履行了交货义务。

在清关适用的地方,FCA 术语要求卖方办理货物出口清关。本术语适用于任何一种或多种运输方式。

FCA 是在 FOB 的基础上发展起来的,适用于各种运输方式,特别是集装箱运输和多式运输的贸易术语。在采用此术语时,需注意以下几点。

第一,交货点和风险转移。

如前所述,INCOTERMS® 的每种贸易术语都有其特定的交货点。例如,FOB 术语的交货点为装运港船上,而 FCA 术语的交货点则不能如此单一。由于 FCA 可适用于各种运输方式,它的交货点要依据不同的运输方式和不同的指定交货地而定。

《INCOTERMS®2020》关于 FCA 卖方如何完成交货义务的规定与《INCOTERMS 2010》保持一致,可概括以下两点。

(1)如合同中所规定的指定交货地为卖方所在处所,则当货物被装至由买方指定的承运人的收货运输工具上时,卖方即完成了交货义务。

(2)在其他情况下,当货物在买方指定的交货地,在卖方的送货运输工具上(未卸下),被交由买方指定的承运人处置时,卖方即完成了交货义务。

由此可见,在以上第(1)种情况下,FCA 的交货点是在卖方所在处所(工厂、工场、仓库等)由承运人提供的收货运输工具上;在第(2)种情况下,FCA 的交货点是在买方指定的其他交货地(铁路终点站、启运机场、货运站、集装箱码头或堆场、多用途货运终点站或类似的收货点),在卖方的送货运输工具上。当卖方按合同规定,在卖方所在处所将货物装上承运人的收货运输工具,或者,在其他指定交货地,在卖方的送货运输工具上,将货物置于承运人处置之下时,货物灭失或损坏的风险,即转移至买方。

《INCOTERMS®2020》对在 FCA 术语下装货和卸货的义务,明确规定:如在卖方所在处所交货,卖方负责将货物装上由买方指定的承运人的收货运输工具;如在其他指定地点交货,卖方不负责将货物从其送货运输工具上卸下。

第二,买方安排运输。

FCA 合同的买方必须自负费用订立至指定地运输货物的合同。但是,如果买方提出请求,或如果按照商业惯例,在与承运人订立运输合同时(如在铁路或航空运输的情况下)需要卖方提供协助的话,卖方可代为安排运输,但有关费用和风险由买方负担。假如买方有可能较卖方取得较低的运价,或按其本国政府规定必须由买方自行订立运输合同,则买方应在订立买卖合同时明确告知卖方,以免双方重复订立运输合同而引起问题和发生额外费用。反之,如卖方不愿按买方的请求或商业惯例协助买方订立运输合同,也必须及时通知买方,否则,遗漏安排运输,也将引起额外费用和风险。

《INCOTERMS®2020》规定,在 FCA、DAP、DPU、DDP 术语下,货物从卖方运往买方可以不雇佣任何第三方承运人,而由卖方或买方使用自己的运输工具运送货物。由此,在 FCA 术语下,买方可以使用自己的运输工具来收取货物并运送至买方所在地;也允许买方仅安排必要的运输。而在《INCOTERMS 2010》中则规定,无论买方还是卖方负责运输,都"必须签订或取得运输合同",即由第三方承运人将货物由卖方运往买方。

第三,卖方可能被要求提交已装船提单。

在按 FCA 术语成交时,为了满足在特定货物销售融资(如托收和信用证业务)中银行对已装船提单的要求,卖方可能被要求提交已装船提单。但是,FCA 在货交承运人接管且并未装船时即完成交货义务,而承运人也只有在货物实际装船后才有义务和权力签发已装船提单,所以卖方未必能够从承运人处获取已装船提单。为此,《INCOTERMS®2020》在 FCA 的A6/B6 提供了一个附加项,规定买方和卖方可以约定,由买方指示其承运人在货物装船后向卖方签发已装船提单。如果在买方承担费用和风险的前提下承运人签发了已装船提单,则卖方必须向买方(通常通过银行)提交该提单,以便买方凭此提单向承运人提货。如果买卖双方约定卖方向买方提交一份收妥待运单据而非已装船提单,则卖方不需要提交已装船提单。若买卖双方约定,FCA 可提交收妥待运提单。尽管 FCA 条件下要求卖方提交已装船提单并不恰当,但主要是为了满足在特定货物销售融资中银行对已装船提单的要求。必须强调的是,即便如此,卖方也没有办理运输的义务。

第四,货物集合化的费用负担。

与 FOB 术语一样,FCA 卖方在完成交货义务之前所发生的一切费用,都须由卖方负担,而在其后所发生的费用,则由买方负担。鉴于在采用 FCA 术语时,货物大都作了集合化或成组化,例如装入集装箱或装上托盘,因此,卖方应考虑将货物集合化所需的费用也计算在价格之内。

### (二)CPT

CPT(insert named place of destination)运费付至(填入指定目的地)是指卖方将货物交给卖方指定的承运人,或取得已经如此交付的货物,即完成交货。当货物已被交给由卖方指定的承送人或另一人时,卖方即完成了交货。交货后,货物灭失或损坏的风险,以及由于发生事件而引起的任何额外费用,即从卖方转移至买方。卖方必须签订运输合同并支付将货物运至指定目的地所需的费用。该术语可适用于各种运输方式,包括多式联运。

《INCOTERMS®2020》对 CPT 卖方交货义务的规定,添加"或取得已如此交付的货物",是为了满足大宗商品转售(链式交易)的需要。

在清关适用的地方,CPT 术语要求卖方办理货物出口清关。

CPT 与 FCA 一样,适用于各种运输方式,包括多式联运。CPT 术语下卖方的交货义务与 FCA 相同。卖方的风险以在规定的期限内将货物交给承运人,或第一承运人接管时转移至买方。

CPT 与 CFR 一样,由卖方负责安排运输,而买方负责货物运输保险。卖方在将货物交给承运人接管后,应立即向买方发放已将货物交给承运人接管的交货通知。买方依据交货通知为货物办理保险。如果卖方未发出或未及时发出交货通知而造成买方漏保、迟保,根据有关货物买卖合同的适用法律,货物在运输途中遭受损坏或灭失等风险应由卖方负责。

### (三)CIP

CIP(insert named place of destination)运费、保险费付至(填入指定目的地)是指卖方自负费用签订将货物运往指定目的地的运输合同,负责办理货物运输保险,支付保险费,在规定时间将货物交给承运人或第一承运人接管,并及时通知买方,或取得已经如此交付的货物,即完成交货。卖方负担货物交给第一承运人接管时为止的一切费用与风险。

《INCOTERMS®2020》对 CIP 卖方交货义务的规定,添加"或取得已如此交付的货物",是为了满足大宗商品转售(链式交易)的需要。

在 CIP 术语中,卖方除了须承担在 CPT 术语下同样的义务外,还须对货物在运输途中灭失或损坏的买方风险取得货物保险、订立保险合同,并支付保险费。CIP 与 CPT 的不同也仅在于 CIP 卖方增加了和保险相关的货运保险办理、支付保险费,以及提交保险单。

CIP 术语下,卖方办理保险的责任,如合同中有事先约定则按合同办理;如买卖双方事先未在合同中规定保险险别和保险金额,则按照《INCOTERMS®2020》,卖方需要投保符合伦敦保险业《协会货物条款》(A)款或其他条款下类似保险范围的险别(如《中国保险条款》中的一切险)。卖方只需按最低责任的最高保险险别取得保险,最低保险金额为合同价格加10%,即 CIP 价格的 110%,并应以合同金额投保。

在清关适用的地方,CIP 术语要求卖方办理货物出口清关。此术语适用于任一种或多种运输方式,包括多式联运。

FCA、CPT、CIP 三种术语是分别从 FOB、CFR、CIF 三种传统术语发展起来的,其责任划分的基本原则是相同的,但也有区别,主要表现在以下几方面。

第一,适用的运输方式不同。

FOB、CFR、CIF 三种术语仅适用于海运和内陆水路运输,其承运人一般只限于船公司;而 FCA、CPT、CIP 则不仅适用于海运和内陆水路运输,而且也适用于陆运、空运等各种运输方式的单式运输,以及两种或两种以上不同运输方式相结合的多式运输,其承运人可以是船公司、铁路局、航空公司,也可以是安排多式运输的联合运输经营人。

第二,交货和风险转移的地点不同。

FOB、CFR、CIF 的交货点均为装运港船上,风险均以货物在装运港装上船时从卖方转移至买方。而 FCA、CPT、CIP 的交货地点,需视不同的运输方式和不同的约定而定,它可以是在卖方所在处所由承运人提供的运输工具上,也可以是在铁路、公路、航空、内陆水路、海洋运输承运人或多式运输承运人的运输站或其他收货点卖方的送货运输工具上;至于货物灭失或损坏的风险,则于卖方将货物交给承运人时,从卖方转移至买方。

第三,装卸费用负担不同。

按 FOB、CFR、CIF 术语,卖方承担货物在装运港装上船为止的一切费用。由于货物装船是连续作业,各港口的习惯做法又不尽一致,所以在使用租船运输的 FOB 合同中,应明确装货费用由何方负担,在 CFR 和 CIF 合同中,则应明确卸货费用由何方负担。而在 FCA、CPT、CIP 术语下,如涉及海洋运输,并使用租船装运,卖方将货物交给承运人时所支付的运费(CPT、CIP 术语),或由买方支付的运费(FCA 术语),已包含了承运人接管货物后在装运港的装货(装船)费用和目的港的卸货(卸船)费用。这样,在 FCA 合同中的装货(装船)费用的负担和在 CPT、CIP 合同中的卸货(卸船)费用的负担问题就不再存在。

第四,运输单据不同。

在 FOB、CFR、CIF 术语下,卖方一般应向买方提交已装船清洁提单。而在 FCA、CPT、CIP 术语下,卖方提交的运输单据则视不同的运输方式而定。如在海运和内陆水路运输方式下,卖方应提供可转让的提单,有时也可提供不可转让的海运单和内河运单;如在铁路、公路、航空运输或多种运输方式下,则应分别提供铁路运单、公路运单、航空运单或多式运输单据。

综上所述,六种常用的贸易术语异同见表 10-1。

表 10-1　六种常用的贸易术语异同

| 贸易术语 | 运输 | | 保险 | | 风险转移界限 | 适用的运输方式 |
|---|---|---|---|---|---|---|
| | 合同签订 | 费用支付 | 合同签订 | 费用支付 | | |
| FOB | 买方 | | | | 装运港船上 | 海运和内河运输 |
| CFR | 卖方 | | 买方 | | | |
| CIF | 卖方 | | | | | |
| FCA | 买方 | | | | 货交承运人 | 任一或多种运输方式 |
| CPT | 卖方 | | 买方 | | | |
| CIP | 卖方 | | | | | |

# 第四节　其他贸易术语的解释

《INCOTERMS®2020》一共收录了 11 个贸易术语,除了六个常用的贸易术语外,还包括 EXW、FAS、DPU、DAP 和 DDP 五个贸易术语。

## 一、EXW

EXW(insert named place)工厂交货(填入指定地)是指卖方按合同规定的时间,在其所在处所(工厂、工场、仓库等)将合同规定的货物置于买方处置之下时,即完成交货义务。除非合同另有约定,卖方不负责将货物装上买方备妥的车辆,也不负责出口清关。买方负担自卖方所在处所提取货物至目的地所需的一切费用和风险。这个术语是《INCOTERMS®2020》中卖方负担义务最少的术语。

如果买方要求卖方在发货时负责将货物装上收货车辆,并负担一切装货费用和风险,则应在合同中明确规定。如买方不能直接或间接地办理出口手续,则不应使用本术语,而应使用 FCA 术语。

本术语适用于任何一种或多种运输方式。

## 二、FAS

FAS(insert named port of shipment)船边交货(填入指定装运港)是指卖方必须在装运港将货物交到买方指定的船边(码头或驳船上靠船边),或取得已如此交付的货物,即完成交货。卖方负担货物交到船边为止的一切费用和风险。

《INCOTERMS®2020》对 FAS 卖方交货义务添加了"或取得已如此交付的货物"的规定,是为了适应在大宗商品销售中,对已放置于船边的货物作转售买卖(链式交易)的需要。在前述 FOB、CFR 和 CIF 交货义务中增加了同样规定。

在需要办理出口清关的情况下,FAS 术语要求卖方办理货物出口清关。

本术语仅适用于海运和内陆水路运输。

## 三、DPU

DPU(insert named place of destination)目的地卸货后交货(填入指定目的地)是指卖方负责按照合同约定,将货物在规定的交货期内运到指定目的地,并将货物从运输工具上卸下交由买方处置时,或取得已经如此交付的货物,即完成交货。买方负担在目的地处置货物后的一切风险和费用。

《INCOTERMS®2020》对 DPU 卖方交货义务添加了"或取得已如此交付的货物"的规定,是为了适应在大宗商品作转售(链式交易)的需要。

买卖双方应尽可能明确地规定指定目的地的特定地点,因为卖方要承担将货物运至该地点完成卸货的一切风险。DPU 是《INCOTERMS®2020》中唯一要求卖方在目的地完成卸货的术语,所以卖方应确保货抵目的地后能顺利完成卸货。如果买卖双方不希望卖方承担卸货的费用和风险,那么不应该使用 DPU 术语,而应该使用 DAP。

在需办理清关手续的地方,DPU 术语要求卖方办理货物出口清关,但卖方无义务办理货物进口清关。如果双方当事人希望由卖方办理货物进口清关,支付进口关税、税捐等费用,则应采用 DDP 术语。

本术语适用于任何一种或多种运输方式。

## 四、DAP

DAP(insert named place of destination)目的地交货(填入指定目的地)是卖方负责按照

合同规定,将货物在交货期内,运至指定目的地,在目的地的运输工具上,将已做好卸货准备的货物交由买方处置时,或取得已如此交付的货物,即完成交货。卖方负担将货物运至指定目的地运输工具上将货物交给买方处置时为止的一切风险和费用。

《INCOTERMS®2020》对 DAP 卖方交货义务的规定,添加"或取得已如此交付的货物",是为了满足大宗商品转售(链式交易)的需要。

买卖双方应尽可能明确地规定指定目的地的特定地点,因为卖方要承担将货物运至该地点的一切风险。如卖方按照运输合同承担目的地卸货的有关费用,除非双方另有约定,卖方无权向买方索还该项费用。

在清关适用的地方,DAP 术语要求卖方办理货物出口清关,但卖方无义务办理货物进口清关。如果买卖双方拟由卖方办理货物进口清关,支付进口关税、税捐等费用,则应采用 DDP 术语。

本术语适用于任何一种或多种运输方式。

### 五、DDP

DDP(insert named place of destination)完税后交货(填入指定目的地)是指卖方负责按照合同规定,在交货期内将货物运至合同规定的进口国指定地点,将已做好卸货准备的货物置于买方处置之下,或取得已经如此交付的货物,即完成交货。卖方负担将货物运至指定进口国指定地点为止的一切费用和风险。

《INCOTERMS®2020》对 DAP 卖方交货义务的规定,添加"或取得已如此交付的货物",是为了满足大宗商品转售(链式交易)的需要。

当事人应尽可能明确地规定在约定目的地内的特定地点,因为卖方负责货物被运至该地点的一切风险。如卖方按照运输合同负担在目的地卸货的有关费用,除非双方另有约定,卖方无权向买方索还该项费用。

在清关适用的地方,DDP 术语要求卖方办理货物出口清关和进口清关。如果卖方无法办理进口清关,或者需要买方办理进口清关,则应采用 DAP 或 DPU 术语。

在《INCOTERMS®2020》中,DDP 术语是卖方承担责任义务最大的贸易术语。卖方不仅需办理货物出口清关,也需办理进口清关,并支付任何出口和进口关税、税捐和其他费用。如果卖方不能直接或间接地取得进口许可证或其他由当局签发的进口核准书,则不应使用本术语。

如果双方当事人愿从卖方的义务中排除货物进口时需支付的某些费用,如增值税,则应就此意思加注字句,如"完税后交货,增值税未付(填入指定目的地)",以使之明确。

本术语可适用于任何一种或多种运输方式。

值得注意的是,根据《INCOTERMS®2020》的规定,如果买卖双方在合同中约定,均可以电子数据交换信息(EDI 信息)来代替通常的纸单据。即卖方向买方提交的商业发票、交货证明、运输单据和报关单据等所有单据,均可被具有同等效力的电子数据交换信息(EDI Message)所替代。

**思考题**

1. 什么是贸易术语？为什么要在国际贸易中使用贸易术语？

2. 简述和贸易术语有关的国际惯例。

3.《INCOTERMS®2020》对贸易术语的分类是怎样的？

4. 比较 FOB、CFR、CIF 三个贸易术语的异同。

5. 比较《INCOTERMS®2020》中六个常用贸易术语的异同。

# 第十一章　货物的价格

**学习目标**

1. 掌握货物价格的表示方法,佣金和折扣的含义及表达,成本核算的方法。

2. 了解国际货物买卖的定价原则。

3. 学会选择合适的计价货币,订立价格条款。

货物的价格

**案例导入**

## 货物困港陷僵局　巧妙施策促放单

2024年3月25日,一批通风设备的买方俄罗斯某公司(以下简称"俄罗斯公司")与卖方浙江某公司(以下简称"浙江公司")一起向中国贸促会/中国国际商会台州调解中心(以下简称"台州调解中心")提起调解申请,被申请人为上海某货代公司(以下简称"上海货代")。根据两位申请人描述,俄罗斯公司于2024年2月向浙江公司下单购买产品,贸易条款为FOB,由上海货代和俄罗斯某物流公司(以下简称"俄罗斯货代")分别作为两地的货运代理公司。货物于2024年2月20日到达俄罗斯目的港,浙江公司发送电放保函,要求将货物放给俄罗斯公司,然而上海货代却以未收到俄罗斯货代支付的海运费为由,迟迟不进行放单操作。此时俄罗斯货代已失联,俄罗斯公司试图与上海货代沟通更换目的港货代事宜,但上海货代认为只有在得到俄罗斯货代的授权并且提供担保的情况下,才能同意更换。双方由此陷入僵局,货物滞留港口产生大量费用。台州调解中心收到申请人求助后与浙江省国际商事法律服务中心(以下简称"省商法中心")进行沟通,希望得到支持。

省商法中心通过调查发现,俄罗斯货代实际已向上海货代支付了港口和海运费用,并通过邮件发送相关凭证和回单,证明上海货代已收到上述费用。另外,俄罗斯公司和浙江公司作为买卖双方,也已结清国内外所有代理服务费,与两家货代公司之间不存在纠纷。但多方打听后确认,两家货代公司之间存在金额约50万元人民币的合作费纠纷,因此上海货代扣押了俄罗斯货代代理的所有货物提单,本案的两位申请人属于无辜受到牵连。综合上述情况,调解员向上海货代发送敦促履约函,指出其转嫁矛盾的不当行为和应承担的违约责任,敦促其尽快放货,避免损失进一步扩大。上海货代收到函件后,仍然拖延放单。

鉴于上海货代态度坚决,调解员认为只有采取强制性措施,上海货代才会有所作为。因浙江公司和俄罗斯公司提供的证据链条清晰,所展现的事实明确,调解员建议申请人向上海海事法院申请海事强制令,法院接受申请后会在48小时内作出裁定,并找寻了相似的法院案例给申请人参考。2024年4月7日,浙江公司正式向法院递交申请。

上海海事法院受理申请后,要求浙江公司提供与货值同等金额的担保,并与上海货代电话沟通,建议上海货代主动放货。在浙江公司向法院提交担保函前,上海货代即进行了电放操作。浙江公司随后向上海海事法院提交了撤回程序的申请书。

资料来源:中国国际贸易促进委员会/中国国际商会调解中心

价格条款是国际货物买卖合同中的核心条款。价格条款应把买卖双方在交易磋商和合同订立过程中,选定的价格方案、贸易术语规定清楚,从而确认好合同的作价方法、买卖双方各自应尽的义务责任和承担风险。

贸易术语是价格条款中不可或缺的组成部分,从事进出口贸易的从业人员要在充分掌握贸易术语的基础上,正确操作价格条款,从而维护企业和国家的经济利益。

# 第一节　货物的作价方法

商品的价格,通常是指商品的单位价格,简称单价。在机电产品交易中,有时也有一笔交易含有多种产品或多种不同规格的产品而只规定一个总价的。

例如:每公吨 200 美元 FOB 上海。

US ＄　　　　　200　　　　　per M/T　　FOB Shanghai
计价货币　单位价格金额　计量单位　　贸易术语

货物的作价方法有固定价格,待定价格,部分固定价格、部分待定价格,暂定价格,以及滑动价格等。

## 一、固定价格

固定价格是常见的作价方法,是指在双方协商一致的基础上,明确具体的规定成交价格,履约时按此价格结算货款。固定价格的特点是明确、具体、便于核算;缺点是不能避免汇率或者国际市场商品价格发生重大变化所带来的风险。因为各国法律规定,合同价格一经确定,就必须执行。除非合同另有约定,或经双方协商修改,否则任何一方不得擅自变更。

## 二、待定价格

待定价格即具体价格待定,指在价格条款中不规定具体价格,而只规定定价时间和方法。具体有两种方式。

1. 明确规定定价时间和定价方法

例如:以×年×月×日中国棉花价格指数(CC Index)某种棉花收盘价为准。或以×年×月×日中国棉花价格指数某种棉花收盘价为基础加(或减)若干金额。

2. 只规定作价时间

例如:由双方在×年×月×日协商确定具体价格。

一般只应用于双方有长期交往,已形成比较固定的交易习惯的合同。

对于一些国际市场价格变动频繁、成交数量大、交货期较远，或买卖双方对市场风险难以预测的商品，可采用待定价格。优点是价格方案考虑了价格的波动情况，缺点是作价方法不明确，买卖双方可能在商定最终价格时不能达成一致，而无法履行合同，带来很大风险。

### 三、部分固定价格、部分待定价格

这个作价方法是为了照顾买卖双方的利益，解决双方在采用固定价格或非固定价格方面的分歧，对交货期近的价格在订约时固定下来，余者在交货前一定期限内作价。它有助于暂时解决双方在价格方面的分歧；解除客户对价格风险的顾虑，使之敢于签订交货期长的合同；对进出口双方，虽不能完全排除价格风险，但对出口方来说，可以不失时机地做成生意，对进口方来说，可以保证一定的转售利润。但仍然给合同带来一定的不确定性。

### 四、暂定价格

暂定价格是指在合同中先订立一个初步价格，作为开立信用证和初步付款的依据，待双方确定最后价格后再进行清算，多退少补。

例如，单价暂定 CIF 神户，每公吨 2000 美元，作价方法：以××交易所 3 个月期货，按装船月份月平均价加 8 美元计算，买方按本合同规定的暂定价格开立信用证。

### 五、滑动价格

滑动价格，即价格调整条款。在进出口贸易中，对于一些成交周期较长的商品，如成套设备、大型机械，考虑到通货膨胀导致的原材料、工资上涨而使交货时生产成本提高，为了把价格变动的风险规定在一定范围之内，以提高客户经营的信心，可以规定滑动价格。即先在合同中规定一个初始价格，同时规定如原料价格、工资发生变化，卖方要保留调整价格的权利。

例如：如卖方对其他客户的成交价高于或低于合同价格 5%，对本合同未执行的数量，双方协商调整价格。

通常使用的计算公式如下：

$$P_1 = P_0 \left( a + b \times \frac{M_1}{M_0} + c \times \frac{W_1}{W_0} \right)$$

式中：$P_1$ 为调整后的价格；$P_0$ 为订约时的基础价格；$M_1$ 为调整后的原材料价格指数；$M_0$ 为订约时的原材料价格指数；$W_1$ 为调整后的工资指数；$W_0$ 为订约时的工资指数；$a$、$b$、$c$ 为常数，分别为管理费用、原材料成本、工资成本与货物单价的比值，且 $a + b + c = 1$，由买卖双方订约时商定。

在国际货物买卖中，计价货币通常与支付货币为同一种货币，但也可以计价货币是一种货币，而支付货币为另一种甚至另几种货币。计价货币可以是出口国的货币或进口国的货币，也可以是第三国的货币，由买卖双方协商确定。在当前国际金融市场普遍实行浮动汇率制的情况下，买卖双方都将承担一定的汇率变化的风险。因此，作为交易的当事人，在选择使用何种货币时,就不能不考虑货币汇价升降的风险(即外汇风险,或称汇价风险);同时也要结合企业的经营意图、国际市场供需情况和价格水平等情况,作全面综合的分析,但需避免因单纯考虑外汇风险而影响交易的正常进行。

在进出口业务中,选择使用何种货币计价或支付时,首先要考虑货币是否可自由兑换。使用可自由兑换的货币,有利于调拨和运用,也有助于在必要时可转移货币汇价风险。

其次,需要考虑货币的稳定性。在出口业务中,一般应尽可能争取多使用从成交至收汇这段时期内汇价比较稳定且趋势上浮的货币,即所谓"硬币"或称"强币"。相反,在进口业务中,则应争取多使用从成交至付汇这段时期内汇价比较疲软且趋势下浮的货币,即所谓"软币"或称"弱币"。

为减少外汇风险,在进口和出口业务中分别使用"软币"和"硬币"是一种可行而有效的办法,但除此以外,也可采用其他的方式,主要有以下几种。

(1)压低进口价格或提高出口价格。如在商订进口合同时使用当时视为"硬币"的货币为计价货币和支付货币,可在确定价格时,将该货币在我方付汇时可能上浮的幅度考虑进去,将进口价格相应压低。如在商订出口合同时使用当时视为"软币"的货币为计价和支付货币,则在确定价格时,将该货币在我方收汇时可能下浮的幅度考虑进去,将出口价格相应提高。鉴于汇价变动十分频繁,原因复杂多样,特别是较长时期的,如一年以后的趋势,更难预测,所以,这一办法通常较多适用于成交后进口付汇或出口收汇间隔时期较短的交易。

(2)"软""硬"币结合使用。在国际金融市场上,"软""硬"币往往是针对两个货币相对而言的,而不是针对某个货币的绝对概念。例如,目前 A 币相对 B 币而言是"硬币",但可能相对 C 币而言是"软币";而且这三种货币未来会随着各自汇率变动出现新的"软""硬"币表现。因此,在不同的合同中适当地结合使用多种"软币"和"硬币",可起到减少外汇风险的作用。

(3)订立外汇保值条款。在出口合同中规定外汇保值条款的办法主要有三种:①计价货币和支付货币均为同一"软币"。确定订约时这一货币与另一"硬币"的汇率,支付时按当日汇率折算成原货币支付。②"软币"计价,"硬币"支付。即将商品单价或总金额按照计价货币与支付货币当时的汇率,折合成另一种"硬币",按另一种"硬币"支付。③"软币"计价,"软币"支付。确定计价货币与另几种货币的算术平均汇率,或用其他计算方式的汇率,按支付当日与另几种货币的算术平均汇率或其他汇率的变化作相应的调整,折算成原货币支付。这种保值可称为"一揽子汇率保值"。几种货币的综合汇率可有不同的计算办法,如采用简单的平均法、加权的平均法等。这需由双方协商同意。

此外,在跨境贸易中,如经买卖双方协商一致,可采用按人民币计价和结算的方法,规避汇率变动风险。

# 第二节　佣金和折扣

在国际货物买卖中,买方、中间商或卖方为了推进交易、开拓市场、促进销售,有时会使用佣金和折扣。

## 一、佣金的含义和作用

1. 佣金的含义

佣金(Commission)是卖方或买方付给中间商提供中介服务的酬金。中间商通常为经纪人或代理人。根据佣金是否在合同中明示,分为明佣和暗佣。

2. 佣金的表示方法

佣金的表示方法有两种。

(1)直接用文字表示。

例如:每公吨 335 美元 CIF 纽约包含佣金 2%。

US ＄ 335 per metric ton CIF New York including 2% commission.

(2)在贸易术语后面加注"C"并注明佣金的百分比。

例如:每公吨 335 美元 CIFC2%纽约。

US ＄ 335 per metric ton CIFC2% New York.

有时为了明确表示价格是净价,特地加列"净价"(net)字样。

例如:每公吨 300 美元 FOB 上海净价。

US ＄ 300 per metric ton FOB Shanghai net.

3. 含佣价与净价的换算

包含佣金的价格,称为"含佣价"。不包含佣金或折扣的价格,称为"净价"。除非双方另有约定,如果价格条款中未对佣金做出表示,通常认为是不包含佣金的价格,即卖方收款后无须支付佣金。

$$净价 = 含佣价 - 佣金$$
$$佣金 = 含佣价 \times 佣金率$$
$$净价 = 含佣价 \times (1 - 佣金率)$$
$$含佣价 = 净价 \div (1 - 佣金率)$$

4. 佣金的计算

按国际贸易惯例,佣金一般是以发票金额为基础计算的。各种贸易术语的价格构成不同,比如,FOB 或 FCA 只含有成本,而 CIF 或 CIP 术语包含成本、运费、保险费,所以按理以FOB 或 FCA 为基础计算佣金率较合适,而 CIF 或 CIP 则应该扣除运费和保险费后再计算佣金率。但在实际操作中,按交易额乘佣金率计算佣金比较简便,所以使用较多。因此,佣金的计算标准取决于买卖双方,并要在合同中明确规定。

5. 佣金的支付方法

佣金通常由出口商于收到全部货款或进口商收到符合合同要求的货物后再支付给中间商或代理商。因为中间商的服务,不仅在于促成交易,还应负责联系、督促实际买方履约,协助解决履约过程中可能发生的问题,以使合同得以圆满地履行。所以,佣金的这种支付方法应该在出口商或者进口商与中间商在双方建立业务关系之初即予以明确,并达成书面协议,以防日后中间商在交易开始时即要求支付佣金,而影响其后期对合同的督促与协调,甚至货款的顺利回收。

佣金可于合同履行后逐笔支付,也可按月、按季、按半年甚至一年汇总计付,通常由双方事先达成书面协议。

## 二、折扣的含义和作用

1. 折扣的含义

折扣(Discount)是卖方按照原价给买方以一定的减让。根据折扣是否在合同中明示,分为明扣和暗扣。

2. 折扣的表示方法

价格中的折扣一般用文字表示。

例如:每公吨 300 美元 FOB 上海减折扣 2%。

US $ 300 per metric ton FOB Shanghai less 2% discount.

一般说来,含折扣价或给予折扣的价格,应用文字或简略的方法明白表示出来。

3. 含折扣价与净价的换算

包含折扣的价格,称为"含折扣价"。除非双方另有约定,如果价格条款中未对折扣做出表示,通常认为是不含折扣的价格,即"净价",则卖方收款后无须支付折扣。

$$净价 = 含折扣价 - 折扣$$
$$折扣 = 含折扣价 × 折扣率$$
$$净价 = 含折扣价 × (1 - 折扣率)$$
$$含折扣价 = 净价 ÷ (1 - 折扣率)$$

4. 折扣的计算与支付

折扣的计算较为简单。一般按实际发票金额乘以折扣百分率,即为应减除的折扣金额,而不存在按 FOB 或 FCA 价值还是按 CIF 或 CIP 价值计算的问题。

折扣一般由买方在支付货款时扣除。

# 第三节   出口成本的核算

出口成本核算在进出口贸易中具有极其重要的地位。首先,准确核算出口成本有助于避免亏本交易和不必要的财务风险,确保贸易的营利性和持续性。通过准确计算生产、运输、关税、税费、保险和其他相关成本,企业可以灵活掌握产品定价,确保定价能够覆盖所有费用,并实现可观利润。其次,准确核算出口成本可以确保企业遵守关税、进口配额、出口管制等各种法规,避免罚款和法律纠纷。此外,出口成本核算有助于优化供应链和物流管理。通过清晰了解每个环节的成本,企业可以优化供应链、选择最经济的运输方式,提高交货的准时性,降低库存成本,从而提高运营效率。最后,出口成本核算还支持企业的财务规划和决策制定。它为企业提供了关于进出口交易的全面成本信息,有助于企业制定财务战略、预算编制以及未来市场扩张计划。总之,出口成本核算是成功进行进出口贸易的关键要素。

它有助于企业降低风险、提高竞争力、合规运营,并为长期可持续的国际贸易提供坚实的基础。

### 一、出口商品的总成本

出口商品的总成本由成本和费用两部分组成,即:

$$出口商品的总成本=成本+费用$$

**1. 成本**

对于出口商而言,成本即采购成本,即贸易商向供应商采购成品的价格。出口商在从生产商购买货物时需要支付一定的税款,这部分税款被计算为出口采购成本的一部分。如果出口商品能够享受出口退税的政策,那么出口商在购买货物时支付的税款,在货物出口后,国家会全额或按一定比例退还给出口商。简而言之,出口企业购买享受出口退税政策的商品时,应该从含税采购成本中减去与退税相关的税款,以获得实际的采购成本。

$$货价=购货成本-增值税额=\frac{购货成本}{1+增值税率}$$

$$出口退税额=购货成本\times\frac{出口退税率}{1+增值税率}$$

$$\begin{aligned}实际采购成本&=含税采购成本-出口退税额\\
&=货价\times(1+增值税率)-货价\times出口退税率\\
&=货价\times(1+增值税率-出口退税率)\\
&=含税采购成本\times\frac{1+增值税率-出口退税率}{1+增值税率}\end{aligned}$$

**2. 费用**

出口交易发生的费用名目繁多,包括国内运输费、保险费、仓储保管费、经营费等;货物正式出运前的运杂费、包装费、商品损耗费、仓储保管费、经营管理费等;出运期间商品质量认证费、商检报关费、港区港杂费、捐税和银行费用等;出口运费、出口保险费、佣金等。这些费用中,除出口运费、出口保险费和佣金的计算复杂外,其他可逐项相加,也可在采购成本的基础上按照一定的总费用率来计算,即:

$$定额费用 = 出口商品购进价 \times 定额费用率$$

定额费用率由出口商按不同出口商品实际经营情况自行核定,可取 5% ~ 10% 不等。定额费用一般包括银行利息、工资支出、邮电通信费用、交通费用、仓储费用、码头费用以及其他管理费用。

### 二、出口效益核算

**1. 出口盈亏额**

指出口销售人民币净收入与出口总成本的差额。正值为盈利,负值为亏损。

$$出口盈亏额=FOB\ 出口外汇净收入\times银行外汇买入价-出口商品总成本(退税后)$$

## 2. 出口盈亏率

指出口商品盈亏额与出口总成本的比率。正值为盈利,负值为亏损。

$$出口盈亏率=\frac{出口销售人民币净收入-出口总成本}{出口总成本}\times100\%$$

## 3. 出口换汇成本

出口换汇成本又称换汇率,是指商品出口后净收入每 1 美元所耗费的人民币成本。人们通常把出口换汇成本与当时的外汇牌价进行对比,出口换汇成本低于牌价则可保本或盈利,高于牌价则意味亏损。

$$出口换汇成本=\frac{出口商品总成本(人民币)}{FOB 出口外汇净收入(美元)}$$

其中,FOB 出口外汇净收入即货物的 FOB 价格。

## 4. 出口创汇率

又称外汇增值率,是指加工后成品出口的外汇净收入与原料外汇成本的比率。

进口原料无论以何种价格术语成交,一律折算为 CIF 价。

出口成品无论以何种价格术语成交,一律折算为 FOB 价。

若原料是国产品,其外汇成本可按出口原料的 FOB 价计算。

$$出口创汇率=\frac{成品出口的外汇净收入-原料外汇成本}{原料外汇成本}\times100\%$$

## 三、掌握价格换算方法

根据贸易术语价格不同,对不同贸易术语的价格可以进行换算。

1. 将 FOB 价格换算为其他价格

$$CFR 价=FOB 价+运费$$

$$CIF 价=FOB 价+运费+保险费$$

2. 将 CFR 价格换算为其他价格

$$FOB 价=CFR 价-运费$$

$$CIF 价=CFR 价+保险费=CFR 价/(1-投保加成\times保险费率)$$

3. 将 CIF 价格换算为其他价格

$$FOB 价=CIF 价-运费-保险费$$

$$CFR 价=CIF 价-保险费=CIF 价\times(1-投保加成\times保险费率)$$

# 第四节   买卖合同中的价格条款

买卖合同中的价格条款,一般包括单价和总值两部分内容。单价由计量单位、单价金额、计价货币和贸易术语四项内容组成。总值也称总价,即单位与数量的乘积。

规定价格条款需要注意以下事项。

（1）合理确定单价,防止作价偏高或偏低。

（2）根据经济意图和实际情况,在权衡利弊的基础上选用适当的贸易术语。

（3）争取选择有利的计价货币,以免遭受币值变动带来的风险。

（4）灵活运用各种不同的作价办法,以避免价格变动的风险。

（5）参照国际贸易的习惯做法,注意佣金和折扣的合理运用。

（6）如交货品质和数量约定有一定的机动幅度,则对机动部分的作价也应一并规定。

（7）如包装材料和包装费另行计价时,对其计价办法也应一并规定。

（8）单位中涉及的计量单位、计价货币、装卸地名称,必须书写正确、清楚,以利合同的履行。


**思考题**

1. 国际货物买卖的价格可分为哪些种类?

2. 在对进出口商品作价时,应遵循哪些原则及考虑哪些因素?

3. 在价格条款中,可以使用的货币有哪些?

4. 在对外贸易中,正确选用计价货币应该遵循哪些重要原则?如果在出口业务中不得不选用"软币",卖方应该如何避免可能的损失?

5. 在出口业务中,如何正确使用佣金和折扣?

6. 如何计算出口商品的盈亏率、换汇成本、创汇率?

7. 在国际货物买卖合同中订立价格条款时,应该注意哪些问题?

# 第十二章 国际货物运输

## 学习目标

    1. 理解国际货物运输的方式和特点。

    2. 掌握海洋运输中班轮运输的特点，运费的计收标准，国际货物运输涉及的各种运输单据。

    3. 了解铁路运输、航空运输、集装箱运输和国际多式联运等做法。

    4. 理解国际货物贸易合同中的运输条款的主要内容。

国际货物运输

## 案例导入

### 卖方货运不靠谱　买方货款打水漂

    中国某制药公司(简称 S 公司)于 2008 年 3 月同利比里亚某公司(简称 M 公司)签订 4 吨加纳籽和 8 吨斯图加特(Voacanga)籽购买合同,总金额 4.4 万美元,双方约定由 M 公司在利比里亚收购货源并出口至 S 公司,S 公司向 M 公司预付部分货款。合同签订后,S 公司派人赴利比里亚协助 M 公司采购货源,并向 M 公司支付了 2 万美元货款。在共同收购了 2 吨货源后,中方代表回国,要求 M 公司继续组织货源,并以货柜为单位集中发货。至 4 月,M 公司表示已无资金采购剩余货源和组织发货,要求 S 公司继续支付货款。S 公司由于已被套住 2 万美元,只好又向 M 公司支付了 2.1 万美元。此后,M 公司以种种理由推迟发货。11 月,M 公司代表访问 S 公司,双方签署补充协议,规定 M 公司最晚于 11 月 10 日发货,而 M 公司再次要求 S 公司提供资金支持。至此,S 公司有所警觉,拒绝了其要求。此后,虽经 S 公司多次催促,M 公司始终拒绝发货,中方预付款也无法收回。

    后经我国驻利比里亚使馆经商处调查了解,M 公司承认收到 S 公司所付货款并称已全部用于购货,只是因 S 公司要求以集装箱集中发运,先期所购货物长期存于仓库已烂掉,所以不仅拒绝退赔 S 公司货款,而且要求中方公司赔偿其自身购货损失。S 公司随后派人赴利比里亚了解情况,发现 M 公司身缠多起官司,已被当地法院冻结资产,处于破产状态。S 公司认为,追讨货款希望渺茫,通过司法程序恐也难以解决,还将为之耗费大量精力和财力,于是决定放弃追索和起诉,无奈之下只能接受损失。

    资料来源:中华人民共和国驻利比里亚共和国大使馆经济商务处

# 第一节　国际货物运输方式

## 一、国际货物运输概述

### (一)国际货物运输的含义

国际货物运输是通过一种或多种运输方式,将货物由一国运往另一国或地区的活动。简而言之就是国家与国家、国家与地区之间的货物运输。

### (二)国际货物运输的各关系方

1. 承运人

承运人(Carrier)是指在与托运人订立的货物运输合同中从事取得或实际承担运输活动的租船方或船舶所有人。通常是专门经营水上、铁路、公路、航空等运输业务的部门,如轮船公司、铁路或公路运输公司、航空公司等。

2. 托运人

托运人(Shipper or Consignor)是指本人或者委托他人以本人的名义或者委托他人为本人与承运人订立货物运输合同的任何公司或个人,是将货物交给与海上货物运输合同有关的承运人的人。前者所指托运人是与承运人订立海上货物运输合同的人,后者所指托运人是将货物交给承运人的发货人。托运人通常是运输商品的供应商或所有人。

3. 货主

货主(Cargo Owner)是指货物的所有人,通常是专门经营进出口商品业务的外贸部门或进出口商,在国际货物运输工作中为托运人或收货人(Consignee)。

4. 运输代理

运输代理是指船方和承运人之间的中介,既可以代表船方的利益,又可以代表货方的利益。按业务分为租船代理、船务代理、货运代理和咨询代理。

(1)租船代理(Shipping Broker)。又称租船经纪人、海运经纪人,是指在市场上促使船租双方达成租赁交易的中间人,根据它所代表的委托人身份的不同又分为租船代理人和船东代理人。

(2)船务代理(Shipping Agent)。指接受承运人的委托,代办与船舶有关的一切业务的人。

(3)货运代理(Freight Forwarding)。指接受货主的委托,代表货主办理有关货物报关、交接、仓储、调拨、检验、包装、转运、订舱等业务的人。

(4)咨询代理(Consultative Agent)。指专门从事咨询工作,按委托人的需要,以提供有关国际贸易运输情况、情报、资料、数据和信息服务而收取一定报酬的人。

## 二、国际货物运输方式

在现代,随着国际贸易的迅速发展和国际分工的日益细化,国际货物运输方式也日益多样化。根据使用的运输工具的不同,国际货物运输主要可分为如下几种方式。

**(一)海洋运输**

在当今的国际贸易实践中,国际贸易总运量的 80% 以上仍是通过海上运输来完成的,资源型国家(如澳大利亚)甚至达到 90% 以上。我国进出口货运总量的 80%～90% 依赖海上运输。

国际海上货物运输的优势主要体现在:第一,运输量大,对货物的适应性强。船舶的载运能力远远大于火车、汽车和飞机,是运输容量最大的运输工具,可以适应各种货物的运输。船舶可以装运如石油平台、火车、机车车辆等其他运输方式无法装运的超重大货物。第二,通过能力大。四通八达的天然航道使得海上运输更加灵便。第三,运费低廉。但这种运输方式也存在着明显的劣势,如运输的速度慢,遇到自然风险的可能性大等。海上运输还存在着战争、罢工、贸易禁运等社会风险。

国际海洋货物运输按照船舶的经营方式分为班轮运输(又称定期船运输)和租船运输(又称不定期船运输)两种运输方式。

1. 班轮运输

班轮运输(Liner Shipping)是指班轮公司将货船在固定的航线上和港口间按事先公布的船期表航行,并按事先公布的费率收取运费的经营方式。班轮运输的基本特点概括为"四固定",即航线固定、港口固定、船期固定和费率的相对固定。货物的装卸费用和理仓费用通常由船方负担,承运人与托运人双方的权利、义务、责任以及豁免以轮船公司签发的提单所记载的条款为依据。此外,由于班轮的船舶技术质量一般较高,航速快且航行时间准,货运质量有保证且便于货主安排托运,因此较适于成交数量比较灵活、批次多、交接港口分散的货物,特别有利于一般杂货和小额贸易货物的运输,如纺织品、食品等。

(1)班轮运费的构成。班轮运费由基本运费和附加费两部分组成。所谓基本运费(Rate),又称基本费率,是指班轮公司按每一计费单位(如一运费吨)对一般货物在航线各基本港口之间运输所收取的费用。班轮基本运费按计征标准可主要分为下列几种。

第一,按货物重量(Weight)计算,以"W"表示。

第二,按货物尺码或体积(Measurement)计算,以"M"表示。

第三,按货物 FOB 价收取一定的百分比作为运费,称为从价费率,以"AD VALOREM or ad. Val."表示。

第四,按货物重量、尺码或价值,选择其中一种收费较高者计算运费,用"W/M or ad. Val."表示。这是最为常用的一种计算标准。

第五,按货物重量或尺码选择其高者,再加上从价运费计算,以"W/M plus ad. Val."表示。

第六,按每件为一单位计收,如活牲畜按"每头(per head)"计收,车辆有时按"每辆(per unit)"计收。

第七,临时议定的价格。由承运、托运双方临时议定的价格收取运费。一般多用于低价货物,如粮食、煤炭等。

附加费(Surcharges)作为班轮运费的另一组成部分,是指为了保持在一定时期内基本费率的稳定,又能正确反映出各港口不同货物的航运成本,由班轮公司在基本费率之外加收的各种费用。主要包括:在燃油价格突然上涨时加收的燃油附加费(B. A. F.);在货币贬值时,船方为不减少实际收入,按基本运价的一定百分比加收的货币贬值附加费(C. A. F.);船方对凡运往非基本港(需经转船方可运往目的港)的货物收取的转船附加费;当运往非基本港的货物达到一定的货量,船公司可安排直航该港而不转船时所加收的直航附加费;有些港口由于设备条件差或装卸效率低以及其他原因,船公司加收的港口附加费;此外,还有港口拥挤附加费、选港附加费、变更卸货港附加费、超重附加费、超长附加费和超大附加费。

(2)班轮运费的计算。班轮运费的具体计算步骤如下。

第一步,根据货物的名称从货物分级表中查出有关货物的计费等级和计算标准。

第二步,从航线费率表中查出有关货物的基本费率。

第三步,加上各项须支付的附加费率,得出有关货物的单位运费(每重量吨或每尺码吨的运费)。

第四步,将计算出的单位运费乘以计费重量吨或尺码吨,即得到该批货物的运费总额。

(3)班轮运费的支付。大多数情况下,有3种支付方式可以选择。它们分别是:预付运费,指在签发提单时就将全部运费及其他费用付清;到付运费,是指收货人在提取货物之前支付全部运费及其他费用;延期付款,是指货方在赊欠协议上签字或盖章即可拿到提单,此方式只适用于预付运费。

2. 租船运输

(1)租船运输概述。租船运输(Charter Shipping)又称不定期船(Tramp)运输,是指货船没有固定的航线和固定的船期,仅在被租赁时运载货物的经营方式。与班轮运输不同,它根据租船人的需要和船东的可能,由双方洽商租船运输条件,以租船合同形式明确双方的权利与义务。船东根据租船合同将船舶出租给租船人使用以完成特定的货运任务,并按双方商定运价来收取运费。因此,租船运输没有固定的运价。此外,租船运输的提单不是一个独立的文件。船方出具的提单一般为只有正面内容的简式提单,并注明租船提单要受租船契约的约束。因此,除非信用证规定允许或要求提供租船提单,否则银行在议付时有权拒收该种提单。国际上货值较低的大宗货物主要采用租船运输,如石油、谷物、煤炭、矿石等。

(2)租船运输方式。目前,国际上使用的租船方式主要有定程租船、定期租船、光船租船和航次期租4种。

定程租船(Voyage Charter)又称航次租船,是指船舶所有人按双方事先约定的运价和条件向租船人提供船舶全部或部分舱位,并按租船合同规定的航程完成货物运输任务,同时负责船舶的经营管理以及船舶在航行中的一切费用开支。租船人按约定支付运费。它是以航程为基础的租船方式。租船双方的责任、义务以定程租船合同为准。通常情况下,双方会规定一定的航线和装运的货物种类、名称、数量以及装卸港,并按所运货物数量计算运费,同时规定一定的装卸期限或装卸率,并计算滞期费和速遣费。定程租船按运输形式不同进行的分类见表12-1。

表 12-1　定程租船按运输形式不同进行的分类

| 定程租船的分类 | 运输形式 |
| --- | --- |
| 单程租船 | 所租船舶只装运一个航次,航程结束时租船合同即告终止 |
| 来回程租船 | 租船合同规定在完成一个航次任务后接着再装运一个回程货载的运输形式 |
| 连续单程租船 | 这一运输形式要求在同一去向的航线上连续完成若干个单航次运输,一程运货,一程空放,航程较近 |
| 包运合同租船 | 船东在约定的期限内派若干条船,将规定的一批货物,按照同样的租船条件,由甲地包运到乙地,至于船舶艘数和航程次数则不作具体规定 |

定期租船(Time Charter),简称期租船。它是指船舶出租人将船舶租给租船人使用一定期限,并在规定的期限内由租船人自行调度和经营管理。租金按租期和载重吨数计算。在期租船的运输方式下,租赁期间船方只负责船舶的维护修理和机器的正常运转。船租双方的权利与义务,以期租船合同为准。此运输方式对航线和装卸港口不作规定,只规定航行区域,同时也不规定装卸期限或装卸率,不计算滞期费、速遣费,除特别规定外,可以装运各种合法货物。

光船租船(Bare Boat Charter)属于期租船的一种。与一般期租船不同的是,光船租船中船东不负责提供船员,只是将船交给租方使用,由租方自行配备船员,负责船舶的经营管理和航行各项事宜。光船租船方式在租船市场上较少采用。

航次期租(Time Charter on Trip Basis,TCT)是以完成一个航次运输为目的,按完成航次所花的时间,按约定的租金率计算租金的一种租船方式。

(3)租船的运费计算。租船运费是在租船合同中明确规定的。其高低主要取决于租船市场的供求关系,另外也受运输距离、货物种类、装卸率、港口使用、装卸费用划分和佣金高低的影响。在定程租船方式中,运费一般按航次净载重量为基础计算,同时规定一定的装卸期限或装卸率,计算滞期费、速遣费;也有规定整船包价。在定期租船方式下,租金按租期每月每吨若干金额计算。

定程租船方式下,对装卸费的收取办法有下列不同规定。

第一,船方不负担装卸费。

第二,船方负担装卸费。

第三,船方只负担装货费,而不负担卸货费。

第四,船方只负担卸货费,而不负担装货费。

**(二)国际铁路货物运输**

国际铁路货物运输已成为加快运输速度、降低运输成本必不可少的手段。铁路运输与其他运输方式相比较,具有如下特点:第一,铁路运输的准确性和连续性强。铁路运输几乎不受气候影响,一年四季可以不分昼夜地进行定期、有规律、准确地运转。第二,铁路运输速度比较快,运量较大。铁路货运速度每昼夜可达几百公里,远远高于海上运输。第三,风险较海上运输小,但初期投资大。铁路运输需要铺设轨道、建造桥梁和隧道,其初期投资大大超过其他运输方式。

我国与朝鲜、蒙古、越南、俄罗斯的进出口货物,绝大部分是通过铁路运输来完成的。我国与西欧、北欧和中东地区一些国家也要部分通过国际铁路联运来进行进出口货物的运输。铁路运输也是我国内陆与港澳地区开展贸易的一种重要的运输方式。

### (三) 航空运输

航空运输(Air Transportation)虽然起步晚,但发展极为迅速。与海洋运输、铁路运输相比较,航空运输具有交货迅速、准确方便、节省包装、减少保险和储存费用、保证运输质量且不受地面条件限制等优点。但是航空运输存在运量小、运费高、运输易受恶劣气候影响的缺点。在国际贸易中,航空运输特别适合于易腐商品、鲜活商品和季节性强的商品的运输。

国际航空货物运输的方式主要包括班机运输、包机运输、集中托运和航空快递。前两种运营形式与班轮和租船类似。

1. 班机运输

班机是指在固定的航线上定期航行的航班。这种飞机有固定始发站、到达站和途经站。一般航空公司都使用客货混合型飞机。一些较大的航空公司也在某些航线上开辟有全货机航班运输。

2. 包机运输

可分为整架包机和部分包机两种形式。整架包机是指航空公司按照事先约定的条件和费率,将整架飞机租给租机人,从一个或几个航空站装运货物至指定目的站的运输方式。它适合于运输大宗货物。部分包机是指由几家航空货运代理公司或发货人联合包租整架飞机,或者由包机公司把整架飞机的舱位分租给几家航空货运代理公司。部分包机适于一吨以上不足整机的货物运输,运费率较班机低,但运送时间较班机要长。

3. 集中托运

集中托运(Consolidation)是指航空货运代理公司把若干批单独发运的货物组成一批向航空公司办理托运,填写一份总运单将货物发运到同一目的站,由航空货运代理公司在目的站的代理人负责收货、报关,并将货物分别拨交给各收货人的一种运输方式。由于航空运输的运费按不同重量标准确定不同运费率,运量越多,费率越低。这种运输方式,可争取较低的运价,在航空运输中使用较为普遍。

4. 航空快递

航空快递(Air Express)是目前国际航空运输中最快捷的运输方式。它不同于航空邮寄和航空货运,而是由一个专门经营此项业务的机构与航空公司密切合作,设专人用最快的速度在货主、机场、收件人之间传送急件,特别适用于急需的药品、医疗器械、贵重物品、图纸资料、货样及单证等的传送,被称为"桌到桌运输"。

### (四) 集装箱运输与多式联合运输

集装箱运输是以集装箱作为运输单位进行货物运输的运输方式,目前已为国际上普遍采用。国际多式联合运输是在集装箱运输的基础上产生和发展起来的,一般以集装箱为媒介,把海上运输、铁路运输、公路运输和航空运输等传统单一的运输方式,有机地联合起来,来完成国际间的货物运输。

1. 集装箱和集装箱运输

（1）集装箱（Container）。集装箱是一种容器，是一种能反复使用的运输辅助设备。按 ISO 第 104 技术委员会的规定，集装箱应具备下列条件：①能长期反复使用；②途中转运，不动容器内的货物，可直接换装；③能快速装卸，并能从一种运输工具上直接和方便地换装到另一种运输工具上；④便于货物的装满和卸空；⑤每个容器具有一立方米（即 35.32 立方英尺）或一立方米以上的容积。

ISO 为统一集装箱的规格，推荐了三个系列 13 种规格的集装箱，在国际海洋运输中使用的主要为 20 英尺和 40 英尺两种。在国际海洋运输中普遍采用集装箱以 20 英尺作为基准换算单位（Twenty-foot Equivalent Unit，TEU），它是计算集装箱箱数的换算单位，例如 20 英尺（20′）代表集装箱的长度为 1 个 TEU，一个 40 英尺长（40′）的集装箱等于 2 个 TEU，以此类推。

为适应运输各类货物的需要，集装箱除通用的干货集装箱外，还有罐式集装箱、冷冻集装箱、框架集装箱、平台集装箱、开盖集装箱、通风集装箱、牲畜集装箱、散货集装箱、挂式集装箱等种类。

（2）集装箱运输（Container Transport）的特点。集装箱运输的优点体现在：有利于提高运输速度；有利于提高运输质量、减少货损货差；有利于节省各项费用，降低运输成本；有利于简化货运手续，便于实现更迅速的"门到门"运输。

集装箱运输也存在缺点，如需要大量投资，易产生资金困难；易受货载的限制，且航线上的货物流向不平衡，在一些支线运输中，出现空载回航或箱量大量减少的情况，从而影响了经济效益；转运如不协调，还会造成运输时间延长；当受内陆运输条件限制时，集装箱运输无法充分发挥"门到门"的运输优势；各国集装箱运输方面的法律、规章、手续及单证并不统一，也限制了该运输方式优势的充分发挥。

（3）集装箱的装载方式分为整箱装载和拼箱装载两种。整箱装载（Full Container Load，FCL）是指由货方向承运人或租赁公司租用集装箱，自行装箱后直接送至集装箱堆场，整箱货到达目的地后，送至堆场由收货人提取。堆场是指设在集装箱码头附近的集装箱中转站。

拼箱装载（Less Than Container Load，LCL）是指当货主的货物不足一整箱，由承运人在集装箱货运站（Container Freight Station，CFS）把不同货主的货物按性质、流向进行拼装，货到目的地，拼箱货送货运站由承运人拆箱后分别由收货人提取。集装箱货物交接方式应在运输单据上予以说明。国际上通用的表示方式为：①FCL/FCL 或 CY/CY（整装整拆）；②FCL/LCL 或 CY/CFS（整装拼拆）；③LCL/FCL 或 CFS/CY（拼装整拆）；④LCL/LCL 或 CFS/CFS（拼装拼拆）。

2. 多式联合运输

国际多式联运是指按照多式联运合同，以集装箱装载形式把各种运输方式连贯起来进行国际货物运输的一种新型运输方式。按照《联合国国际多式联运公约》的解释，国际多式联运必须具备以下 5 个条件:①至少采用两种不同运输方式的国际间连贯运输。②有一份多式联运合同。③使用一份全程的多式联运单据(Multimodal Transport Document, MTD)。④由一个多式联运经营人(Multimodal Transport Operator, MTO)对全程运输负责。⑤全程使用单一的运费费率。

国际多式联运的优点体现在:①手续简便,责任统一。在国际多式联运方式下,货物运程不论多远,不论由几种运输方式共同完成货物运输,也不论途中经过多少次转运,所有运输事项均由一个多式联运的承运人负责。而货主只需办理一次托运、订立一份运输合同、支付一次运费、办理一次保险,并取得一份多式联运提单。一旦在运输过程中发生货物灭失或损坏时,由多式联运经营人对全程运输负责。②货物运输更快捷。多式联运作为一个单独的运输过程被安排和协调运作,多式联运经营人通过他的通信联络和协调,在转运地使各种运输方式的交接可连续进行,从而减少了时间损失,弥补了与市场距离远和资金积压的缺陷。③节省了运杂费用,降低了运输成本。④由于使用了集装箱,集装箱运输的优点都体现在多式联运中,多式联运经营人一次性收取全程运输费用和一次性保险费用。⑤货物装箱后装上运输工具即可用多式联运提单结汇,有利于加快货物资金周转,减少利息损失,减少货物的出口费用,提高了商品在国际市场上的竞争能力。

**(五)其他运输方式**

公路运输(Road Transport)、内河运输(Inland-water Transport)、邮包运输(Parcel Post Transport)作为国际货物运输不可或缺的衔接部分,提高了国际货物运输的机动灵活性、应急性和操作简便性。

# 第二节　运输单据

## 一、海运提单

海运提单(Ocean Bill of Lading, B/L),简称提单,是指用以证明海上货物运输合同和货物已经由承运人接收或装船,以及承运人保证据以交付货物的单证。

1. 海运提单的性质和作用

海运提单的性质和作用,可以概括为以下三个方面。

(1)它是承运人应托运人的要求所签发的货物收据,表明承运人已按提单所列内容收到货物。

(2)它是一种货物所有权的凭证。提单就是货物所有权的象征,取得提单的人有权支配该货物。

(3)它是承运人与托运人之间订立的运输合同的证明。提单条款明确规定了承运人与托运人或提单持有人等各方之间的权利与义务、责任与豁免,是双方执行运输合同的依据。

提单通常有正本(Original)和副本(Copy)之分。由船长签发的提单正本通常有 2~3 份或更多,副本份数不限,船长不签字。凭一份正本提单提货后,其余各份自动失效。

2. 海运提单的种类

海运提单可从不同角度进行分类,现择其主要的分类角度列举如下。

(1)根据货物是否已经装船,分为已装船提单和备运提单。

已装船提单(On board B/L;shipped B/L)是指承运人在货物已经装上指定船舶后所签发的提单。已装船提单必须以文字表明货物已装上或已装运于某具名船只,提单签发日期即为装船日期。

备运提单(Received for shipment B/L)是指承运人已收到托运货物,等待装运期间所签发的提单。在签发备运提单情况下,发货人可在货物装船后凭以调换已装船提单;也可经承运人或其代理人在备运提单上批注货物已装上某具名船舶及装船日期,并签署后使之成为已装船提单。

按国际贸易惯例,除非另有约定,卖方有义务向买方提交已装船提单。

(2)根据提单上对货物外表状况有无不良批注可分为清洁提单和不清洁提单。

清洁提单(Clean B/L)是指货物在装船时表面状况良好,承运人在提单上不带有明确宣称货物受损及/或包装有缺陷状况的不良批注的提单。

不清洁提单(Unclean B/L)是指承运人在签发的提单上带有明确宣称货物及/或包装有缺陷状况的不良批注的提单。

按国际贸易惯例,除非另有约定,卖方有义务提交清洁提单。清洁提单是提单转让的必备条件,银行一般只接受清洁提单。

(3)根据提单收货人抬头的不同或是否可转让分为记名提单、不记名提单和指示提单。

记名提单(Straight B/L),又称"收货人抬头提单",是指提单上的收货人栏内填明特定收货人名称的提单。记名提单只能由该特定收货人提货,而不能通过背书的方式转让给第三方。

不记名提单(Bearer B/L),又称"来人抬头提单",是指提单上的收货人栏内不写明具体收货人的名称,只写明"货交提单持有人"(To bearer),或不填写任何内容的提单,承运人将货物交给提单持有人。不记名提单无须背书即可转让。其流通性很强,但一旦遗失产生的风险极大,所以极少使用。

指示提单(Order B/L)是指提单上的收货人栏内填写"凭指示"(To order)或"凭某某人指示"(To order of...)字样的提单。"凭指示"和"凭托运人指示"(To the order of shipper)的含义相同,在托运人背书转让前,物权仍归托运人。指示提单经过背书后可以转让,在国际贸易中使用最广。背书的方式又有空白背书和记名背书之分。空白背书是指背书人在提单背面签名,而不注明被背书人名称;记名背书是指背书人除在提单背面签名外,还列明被背书人名称。记名背书的提单受让人(被背书人)如需再转让,必须再加背书。目前在实际业务中使用最多的是"凭指示"并经空白背书的提单,习惯上称其为"空白抬头、空白背书"提单。

(4)根据不同的运输方式,提单又可分为直达提单、转船提单和联运提单三种。

直达提单(Direct B/L)是由承运人签发的,货物直接从装运港运往目的港的提单;转船提单(Transshipment B/L)是中途允许货物换船的提单。联运提单(Through B/L)是指货物由海运和另一种或一种以上不同运输方式运输时由船公司签发的提单。

此外,根据船舶营运方式的不同,可分为班轮提单(Liner B/L)和租船提单(Charter Party B/L)。根据提单内容的繁简,可分为全式提单(Long Form B/L)和略式提单(Short Form B/L)。根据提单使用效力,可分为正本提单(Original B/L)和副本提单(Copy B/L)。

3. 海运提单的内容

海运提单由各国船公司自己制订,但其主要内容基本一致,由正面的事实记载和背面印刷的运输条款两部分组成。

(1)提单正面的记载事项分别由托运人和承运人填写,通常包括以下事项:承运人名称;托运人名称;收货人名称;被通知人名称及地址;装货港;卸货港;船名、船籍及航次;货物的品名、标志、件数、重量和体积;运费和其他费用;提单签发地、日期及份数;船公司或其代理人签字。

(2)提单背面的条款是确定托运人与承运人之间以及承运人与收货人及提单持有人之间的权利和义务的主要依据。通常包括法律诉讼条款、运费条款、承运人责任条款、免责条款及留置权条款等。

各船公司签发的提单,其背面条款规定不一。为了统一提单背面条款的内容,国际上先后签订了下列三个国际公约:①1924 年 8 月 25 日在布鲁塞尔签订的《统一提单的若干法律规则的国际公约》,简称《海牙规则》。②1968 年 2 月 23 日在布鲁塞尔签订的《修改统一提单的若干法律规则的国际公约的议定书》,简称《维斯比规则》。③1978 年 3 月在汉堡通过的《联合国海上货物运输公约》,简称《汉堡规则》。

上述三个公约签署的时代背景不同,故其内容有别,加之参加公约的国家不一,因此各国船公司签发的提单背面的条款内容也就互有差异,但以《海牙规则》的内容为依据的居多。

## 二、海上货运单

海上货运单(sea waybill;ocean waybill),简称海运单,是证明海上货物运输合同和货物由承运人接管或装船,以及承运人保证据以将货物交付给单据所载明的收货人的一种不可流通的单据,因此又称"不可转让海运单(Non-negotiable Sea Waybill)"。

海运单不是物权凭证,不可转让。收货人不凭海运单提货,承运人也不凭海运单而凭海运单载明的收货人的提货或收货凭条交付货物,只要该凭条能证明其为运单上指明的收货人即可。目前,欧洲、北美、斯堪的纳维亚半岛和某些远东、中东地区的贸易界越来越倾向于使用不可转让的海运单,主要是因为海运单能方便进口人及时提货,简化手续,节省费用,还可以在一定程度上减少以假单据进行诈骗的现象。另外,由于 EDI 技术在国际贸易中的广泛使用,不可转让海运单更适宜于使用这种新技术。

在我国的对外贸易运输业务中,也已开始使用。

## 三、国际铁路联运运单

铁路运单正本和运单副本是国际铁路联运的主要运输单据,分别使用国际铁路货物联运单和承运货物收据。它是参加联运的发送国铁路与发货人间订立的运送合同。铁路运单仅作为货物的收据和运输合同的证明,而非物权凭证。

国际铁路货物联运的运单共有一式五联,除运单正本和运单副本外,尚有运行报单、货物交付单和货物到达通知单。运单正本随货同行,在到达站连同货物到达通知单及货物一并交给收货人,作为交接货物和结算费用的依据。运单副本交给发货人,作为向收货人证明货物已经发运并凭以结算货款的依据。货物交收货人时,收货人在货物交付单上签收,作为收妥货物的收据,退车站备查。运行报单则为铁路内部使用。

国际铁路货物联运的运单通常还需随附出口货物报关单、出口许可证、商品检验证书等单证。此外,根据不同出口货物的情况,有的还需随附磅码单、装箱单、检疫证书、兽医证明书、化验单等买卖合同所规定的以及按照海关、出入境检验、检疫等法律法规所规定的单证。

### 四、航空运单

航空运单(Airway Bill)是航空运输货物的主要单据,它是航空承运人与托运人之间缔结的运输合同的书面凭证,也是承运人或其代理人签发的接收货物的收据,但它不是物权凭证。货物运到目的地后,收货人凭承运人的到货通知提取货物。

航空运单依签发人的不同可分为主运单(Master Air Waybill,MAWB)和分运单(House Air Waybill,HAWB)。前者是由航空公司签发的,后者是由航空货运代理公司签发的,两者在内容上基本相同,法律效力也无不同。

### 五、多式联运单据

多式联运单据(Multimodal Document,简称MTD或MTB/L)是指由承运人或其代理人签发的,用以证明多式联运合同以及证明多式联运经营人接管货物,并负责按照合同条款交付货物的单据。其作用与海运提单相似,既是货物收据也是运输契约的证明,在单据作成指示抬头或不记名抬头时,可作为物权凭证,经背书可以转让。

多式联运单据表面上和联运提单相仿,但联运提单承运人只对自己执行的一段负责,而多式联运承运人对全程负责;联运提单由船公司签发,包括海洋运输在内的全程运输,多式联运单据由多式联运承运人签发,包括全程运输。

## 第三节 买卖合同中的装运条款

### 一、装运与交货

在进出口贸易中,装运(Shipment)和交货(Delivery)是两个不同的概念。因此,也就有装运时间(Time of Shipment)和交货时间(Delivery Time)两种不同的提法。

在使用FOB、CIF、CFR以及FCA、CIP、CPT等六种常用的贸易术语签订合同时,卖方在装运港或装运地将指定货物装到船上或者交付给承运人就算完成了交货义务。因此,"交货"和"装运"在这六种常用的贸易术语下往往被看作一致的。因此在实际业务中,在采用 FOB、CFR、CIF、FCA、CPT 和 CIP 术语订立的买卖合同中规定卖方应于何时、何地交货时,以使用装运时间、装运地点较为相宜。

### 二、装运(交货)时间

装运时间又称装运期。在装运港(地)交货条件下,装运时间就是卖方履行交货的时间。如果实际装运时间与合同规定的装运时间不符,卖方就要承担违约责任。因此,确定合适的装运时间对于卖方来说很重要。

1. 规定交货时间的方法

(1)规定最迟装运期限。

例如:2023 年 7 月 30 日前装运。

Shipment before July 30th ,2023.

2023 年 7 月前装运。Shipment on or before July 2023.

(2)规定一段时间作为装运期。对于交货期较长的货物或者班轮较少停靠的偏僻港口可以选择跨月装运。

例如:2023 年 5/6 月装运。

Shipment during May / June 2023.

(3)规定收到信用证后一定时间内交货。

例如:收到信用证后 30 天装运。

Shipment within 30 days after receipt of L/C.

对某些外汇管制较严的国家和地区的出口交易,或者买方资信情况欠佳或对其不够了解,或者专为买方特制的出口商品,为了防止买方不按时履行合同而造成损失,在出口合同中可采用在收到信用证后一定时间内装运的方法规定装运时间,以保障出口企业的利益。

但是,在采用此种装运期的规定时,必须同时规定有关信用证开到的期限。如不订明信用证开到期限,则可能由于买方拖延开证,使卖方无法及时安排生产、装运,而陷于被动。

例如:买方必须最迟于 6 月 15 日将有关信用证开抵卖方。

The Buyers must open the relative L/C to reach the Sellers before June 15th.

(4)笼统规定装运时间,则容易引起纠纷,不宜采用。

例如:立即装运(Immediate Shipment)、即期装运(Prompt Shipment)、尽速装运(Shipment as soon as Possibe),含义模糊,尽量避免。

2. 规定装运时间的注意事项

(1)装运时间的规定应根据货源、运输条件、商品性质、季节特点、与付款条件的衔接等,确定合适的装运时间。

(2)特别地,在政局动荡、船只缺乏、不易取得出口许可证、舱位难得或政府限制出口甚严的情况下,为防止订约后交货困难而造成被动,可在规定装运期的同时附加条款:"以取得舱位为准(Subject to shipping space available)""获得出口许可证为准(Subject to approval of export licence)"等。

### 三、装运港和目的港

装运港(Port of Shipment)即装货港,指货物开始装运的地方。装运港通常是卖方为便利货物的装运而提出,经买方同意后确认的。

目的港(Port of Destination)即卸货港,指国际货物买卖合同中规定的最后卸货港。目的港通常是由买方提出,经卖方同意后确认的。

1. 装运港和目的港的规定方法

(1)只规定一个装运港或目的港。

例如:装运港青岛,目的港纽约。

Port of shipment Qingdao, port of destination New York.

(2)根据卖方或买方的需要,规定两个或两个以上装运港或目的港。

例如:装运港大连/天津/青岛,目的港伦敦/汉堡/纽约。

Port of shipment Dalian / Tianjin / Qingdao, port of destination London / Hamburg / New York.

这时应该在合同中订明选港附加费由谁负担。

(3)笼统规定某一航区中的任一港口为目的港,容易产生纠纷,尽量避免。

例如:装运港欧洲主要港口,目的港中国主要港口。

Port of shipment——E. M. P. ,port of destination——C. M. P..

2. 规定装运港和目的港时应注意的问题

(1)装卸港必须是进出口国政府许可往来的港口,不得以我国政府不允许进行贸易往来的国家和地区的港口或地方作为目的港或目的地。

(2)装卸港的规定必须明确具体,一般不要使用"欧洲主要港口(European Main Ports, E. M. P. )","非洲主要港口(African Main Ports, A. M. P. )"之类笼统的规定方法。

(3)采用选择港(optional ports)时,备选港口不宜超过 3 个,而且必须在同一航区、同一班轮航线上。

有的国外中间商在与我商签订合同时,尚未找到合适的买主,未能确定最后的卸货地,为了取得更多的选择时间,或为了便于进行"路货"(cargo afloat)交易,有时要求采用"选择港"的办法。即允许收货人在预先提出的两个或两个以上的卸货港中,在货轮驶抵第一个备选港口前,按船公司规定的时间,将最后确定的卸货港通知船公司或其代理人,船方负责按通知的卸货港卸货。按一般航运惯例,如果货方未在规定时间将选定的卸货港通知船方,船方有权在任何一个备选港口卸货。

例如:CIF 伦敦/汉堡/鹿特丹,任选。

CIF London/Hamburg/Rotterdam, optional.

CIF 伦敦,任选汉堡/鹿特丹选港附加费由买方负担。

CIF London, optional Hamburg/Rotterdam. Optional additional for buyer's account.

(4)需要考虑装卸港与货源的距离以及装卸港本身的运输与装卸条件,尽量减少运输成本。

(5)规定的装卸港和装卸地,如有重名,应明确国别与所处方位。

### 四、分批装运和转运

1. 分批装运

分批装运(Partial Shipment)又称分期装运(Installment Shipment),是指一笔成交的货物,分若干批装运。买卖双方应该根据货源、运输条件、市场需要或资金情况,在合同中订明是否允许分批装运。如果双方一致同意分批装运,则需要进一步订明分批装运的具体时间和数量。

在合同没有规定允许分批装运的条件下,按有些国家的合同法,不等于允许分批装运。但《UCP600》第 31 条 a 款就规定"分批支款或分批装运均被允许"。按此规定,在信用证业务中,除非信用证明示不准分批装运,卖方即有权分批装运。

为防止误解,如需要分批装运的,一般应在进出口合同中作明确具体的规定。

《UCP600》第 31 条 b、c 款重申使用同一运输工具并经由同次航程运输的数套运输单据在同一次提交时,只要显示相同目的地,即使运输单据上表明的发运日期不同或装货港、接管地或发运地点不同,也不视为分批装运;货物经邮运或专递运输,如邮局收据或邮寄证明或专递收据或发运单的表面上系由信用证规定的发运地并于同一日期盖戳、签署或以其他方式证实,则该邮寄或专递装运将个作分批装运论。

分批装运的规定方法如下。

(1)笼统规定。原则上只允许卖方分批装运,而对具体日期和数量不作规定,对卖方有利。

(2)制定装运条款时,具体规定各批次的数量和装运的日期,即分期装运。

例如:3 月至 6 月分四批每月平均装运。

Shipment during March/June in four equal monthly shipment.

这种做法往往是根据买方对货物的使用或转售的需要确定的,利于卖方资金和仓储周转,但对卖方的限制较严。由于《UCP600》第 32 条对分期装运作出了"若其中有一期未按信用证规定装运,信用证对该期及以后各期均告失效"的明确规定。因此,卖方接受此类条款时,应予慎重对待,以免造成被动。

2. 转运

转运是指在信用证规定的从装运地到目的地的运输过程中,从一种运输工具上卸下、再装上另一种运输工具(不论是否为不同运输方式)的行为。在海运情况下,是指在信用证规定的装货港到卸货港之间的海运过程中,将货物由一艘船卸下再装上另一艘船的运输即转船。转运通常是为了达到节省运费和节约时间的目的。

《UCP600》从第 19 条到 24 条(第 22 条除外)规定并重申,各种运输单据包括多式或联合运输单据提单,不可转让的海运单,空运单据,公路、铁路或内陆水运单据,只要同一提单包括运输全程,则提单可以注明货物将被转运或可被转运。即使信用证禁止转运,只要提单上证实有关货物已由集装箱、拖车或子母船运输,银行仍可以接受注明将要发生或可能发生转运的提单。

以上规定仅适用于信用证业务的处理而不涉及买卖合同条款的解释,而且,如果进口人想要禁止任何形式的转运,在申请开立信用证时可以要求开证银行在信用证中清楚地写明不包括上述有关转运的条款。因此,在实际业务中,尤其是在出口合同中,还是以明确规定允许转运条款为宜。凡是在出口业务中,目的港没有直达船舶,或者直达船舶的船期不定或者航次间隔时间太长,以及成交量大而港口条件差或拥挤严重的,为利于装运,均应在合同中加订"允许转运"条款。

### 五、装运通知

装运通知(Shipping Advice)是指在卖方将货物装妥后,向买方发出的通知,规定装运通知的目的在于明确买卖双方的责任。其内容通常包括:合同号、货物品名、件数、重量、发票金额、船名及装船日期等。装运通知对掌握货物船舶动态,安排装卸港的工作,促使买卖双方互相配合,共同做好船货衔接工作极为重要。

装运通知主要有以下几种。

1. "货已备妥"通知

按照国际贸易的一般做法,在以 FOB 术语成交时,卖方应在约定的装运期开始以前若干天(一般为 30 天或 45 天)向买方发出"货已备妥"通知,以便买方按时安排船只接货。

2. 船舶到港受载日期通知

在按 FOB 术语成交时,买方收到买方的货已备妥通知后,应按照约定的时间将船名、船籍、船龄及其他船舶资料和船舶到港受载日期等通知卖方,以便卖方及时安排货物出运和准备装船。

3. 装船通知

在货物装船后(包括 CFR、CIF 术语),卖方应在约定时间及时发出装船通知,将合同号、货物的品名、重量、件数、发票金额、船名及装船日期等内容电告买方,以便买方及时办理保险,并做好接、卸货准备,同时办理进口清关手续。

### 六、装卸时间、装卸率、滞期费和速遣费

在大宗货物的国际贸易中,大多采用租船的运输方式。在这种运输方式下,船方核算租船成本时要把船舶在港停泊时间和停泊期间的费用考虑进去。船方为了降低成本、减少费用、加快船舶周转率、增加船方营收,会在租船合同中规定装卸期限、滞期费和速遣费等奖惩措施。买卖双方为了约束对方按时完成装卸任务,基于租船合同,会在买卖合同中也规定上述内容。

1. 装卸时间

装卸时间(Lay Time)是指承租人和船舶所有人在合同中规定承租人保证对合同货物完

成装卸任务的时间。它一般以固定的天数或小时数来表示。

2. 装卸率

装卸率即指每日装卸货物的数量(若干吨)。装卸率的具体确定,一般遵循习惯的正常装卸速度。装卸率的高低,关系到完成装卸任务的时间和运费水平,装卸率规定过高或过低都不合适。规定过高,完不成装卸任务,要承担滞期费的损失;反之,若规定过低,虽能提前完成装卸任务,可得到船方的速遣费,但船方会因装卸率低,船舶滞留时间长而增加运费,致使租船人得不偿失。因此,装卸率的规定应适当。

3. 滞期费和速遣费

如果在约定允许装卸时间内未能将货物装卸完,致使船舶在港内停泊时间延长,则租船人要按约定每天补偿给船方若干金额,这项补偿金为滞期费。反之,如按约定的装卸时间和装卸率提前完成装卸任务,使船方节省了船舶在港的费用开支,船方将其获取的利益的一部分分给租船人作为奖励,称之为速遣费。

滞期费和速遣费通常约定为每天若干金额,不足一天,按比例计算。速遣费通常为滞期费的一半。

## 思考题

1. 国际货物运输主要有哪些方式?海运提单的性质和作用是什么?海运提单有哪些种类?

2. 合同的装运条款应订明哪些内容?

3. 什么叫分批转运?《UCP600》对此有何规定?

4. 班轮运费的计收标准有几种?出现混装时该如何计收?

5. 规定装运时间时,应注意哪些问题?

# 第十三章　国际货物运输保险

## 学习目标

1. 了解保险的基本原则并掌握货物运输保险保障范围。

2. 了解和掌握国际海洋运输货物保险条款及险别,了解其他国际货物运输保险种类。

3. 学会订立保险条款和办理保险业务。

## 案例导入

### 多式联运经营人赔偿责任的认定

保险公司承保山东某高压开关有限公司(以下简称开关公司)出口运输的一批420千伏气体绝缘金属封闭开关。开关公司委托上海某国际货物运输代理有限公司(以下简称货代公司)将该批货物从中国泰安经海路、陆路运往印度收货人工厂,上海某物流公司(以下简称物流公司)负责安排印度陆路区段运输。货物到达收货人工厂后发现货损,收货人委托检验人对货损情况进行了检验评估,保险公司向开关公司支付保险赔偿款129万元,取得代位求偿权,货代公司与物流公司作为承运人应对货损承担连带赔偿责任,故请求判令:一、货代公司与物流公司连带赔偿货物损失129万元及利息;二、判令案件受理费、翻译费、公证费等费用由货代公司与物流公司承担。

资料来源:人民法院案例库鲁法案例〔2024〕315

## 第一节　保险概述

### 一、保险的基本原则

国际货物运输保险是财产保险的一种。投保人和保险人在订立保险合同时要共同遵守下述原则。

1. 保险利益原则

保险利益,又称可保权益,指在签订和履行保险合同的过程中,投保人或被保险人对保险标的必须具有保险利益。如果投保人对保险标的不具有保险利益,则签订的保险合同无效。

2. 最大诚信原则

最大诚信原则(The Principle of Utmost Good Faith)是指签订保险合同的各方当事人必须最大限度地按照诚实与信用精神协商签约。最大诚信原则的主要内容是告知与保证。我国

《中华人民共和国海商法》有下列规定：如果被保险人故意未将重要情况如实告知保险人，保险人有权解除合同，并且不退还保险费。

3. 补偿原则

补偿原则是指被保险人在保险合同约定的保险事故发生之后，保险人对其遭受的实际损失应当进行充分的补偿。

4. 近因原则

近因原则（The Principle of Proximate Cause）是指保险人承保风险的发生与保险标的的损害之间必须具有符合保险法的因果关系。

5. 代位追偿原则

代位追偿原则（The Principle of Subrogation）是指当保险标的物发生了保险责任范围内的、由第三者责任造成的损失，保险人向被保险人履行了损失赔偿责任后，有权在其已赔付的金额限度内取得被保险人在该项损失中向第三者责任方要求索赔的权利。

### 二、货物运输保险保障范围

国际货物运输保险因运输方式不同可分为海上运输货物保险、陆上运输货物保险、航空运输货物保险和邮包运输货物保险。在各种运输货物保险中，应用最多，历史最久的是海上运输货物保险。海上运输货物保险承保范围包括风险、损失和费用。

1. 风险

海洋运输货物保险的风险分海上风险和外来风险两类，见表13-1。

表 13-1　海洋运输货物保险的风险类型

| 风险 | 海上风险 | 自然灾害 | 恶劣气候、雷电、海啸、地震、洪水、火山爆发、浪击落海等 |
| --- | --- | --- | --- |
| | | 意外事故 | 船舶搁浅、触礁、沉没、焚毁、碰撞、失火、爆炸 |
| | 外来风险 | 一般外来风险 | 雨淋、短量、偷窃、玷污、渗漏、破碎、受潮、受热、串味、锈损和钩损等 |
| | | 特殊外来风险 | 交货不到、进口关税、曲霉素、舱面货物损失、拒收、军事、政治、国家政策法令及行政措施等，如战争、罢工 |

（1）海上风险。是指船舶或货物在海上运输过程中发生的或随附海上运输所发生的风险，包括自然灾害和意外事故。①自然灾害。自然灾害是指不以人的意志为转移的自然界力量所引起的灾害。②意外事故。意外事故是指由于偶然的，难以预料的原因造成的事故。

（2）外来风险（Extraneous Risks）。是指由于海上风险以外的其他外来原因引起的风险。外来风险又可分为一般外来风险和特殊外来风险两种。

2. 损失和费用

海上损失和费用是指被保险人因被保险货物在运输途中遭遇海上风险而造成的损失和引起的费用,通常表现为两种形式:一种是货物本身遭到损坏或灭失的损失;另一种是为营救货物而支出的费用。按各国保险业习惯,海上损失和费用,也包括与海运相连接的陆上或内河运输中所发生的损失和费用。

(1)海上损失。运输途中被保险货物本身遭到损坏或灭失的损失,按其损失程度可分为全部损失或部分损失。

①全部损失(Total Loss)。全部损失简称全损,系指整批或不可分割的一批被保险货物在运输途中全部遭受损失。全部损失又分为实际全损和推定全损。

实际全损(Actual Total Loss):实际全损是指该批被保险货物在运输途中完全灭失,或者受到严重损坏完全失去原有的形体、效用,或者不能再归被保险人所拥有。如载货船舶失踪,经过一定时间(例如两个月)后仍没有获知其消息的,视为实际全损。被保险货物在遭到实际全损时,被保险人可按其投保金额获得保险公司全部损失的赔偿。

推定全损(Constructive Total Loss):推定全损是指被保险货物在运输途中受损后,实际全损已经不可避免,或者为避免发生实际全损所需支付的费用与继续将货物运抵目的地的费用之和超过保险价值,也就是恢复、修复受损货物并将其运送到原定目的地的费用将超过该目的地的货物价值。

被保险货物发生推定全损时,被保险人可以要求保险人按部分损失赔偿,也可以要求按全部损失赔偿。如果要求按全部损失赔偿,被保险人必须向保险人发出委付通知(Notice of Abandonment)。所谓委付,就是被保险人表示愿意将保险标的的一切权利和义务转移给保险人,并要求保险人按全部损失赔偿的一种行为。委付必须经保险人同意后方能生效,但是保险人应当在合理的时间内将接受委付或不接受委付的决定通知被保险人。委付一经保险人接受,不得撤回。

②部分损失(Partial Loss)。部分损失是指不属于实际全损和推定全损的损失,即没有达到全部损失程度的损失。在保险业务中,按照造成损失的原因不同,部分损失又分为共同海损与单独海损两种。

共同海损(General Average):是指在同一海上航程中,船舶、货物和其他财产遭遇共同危险,为了共同安全,有意而合理地人为采取措施所直接造成的特殊牺牲、支付的特殊费用。

构成共同海损,必须具备以下条件:第一,导致共同海损的危险必须是真实存在的或不可避免的;第二,船方所采取的措施,必须是为了解除船、货的共同危险,有意识而且是合理的;第三,所作的牺牲具有特殊性,支出的费用是额外的,是为了解除危险,而不是由危险直接造成的;第四,牺牲和费用的支出最终必须是有效的,也就是说经过采取某种措施后,船舶和/或货物的全部或一部分最后安全抵达航程的终点港或目的港,从而避免了船、货同归于尽的局面。

根据惯例,共同海损的牺牲和费用,应由受益方,即船舶、货物和运费三方根据最后获救的价值多寡,按比例进行分摊。这种分摊称为共同海损分摊。

单独海损（Particular Average）：是指除共同海损以外的部分损失，即被保险货物遭遇海上风险受损后，其损失未达到全损程度，而且该损失应由受损方单独承担的部分损失。

共同海损与单独海损均属部分损失，两者的主要区别为：单独海损是由海上风险直接造成的货物损失，没有人为因素在内，而共同海损则是因采取人为的故意的措施而导致的损失；单独海损的损失由受损方自行承担，而共同海损的损失是由各受益方按获救财产价值的多少，按比例共同分摊。

（2）海上费用，即海上货运保险的费用。是指为营救被保险货物所支出的费用，主要有：①施救费用（Sue and Labour Expenses）。施救费用系指保险标的在遭遇保险责任范围内的灾害事故时，被保险人或其代理人、雇佣人员和保险单受让人对保险标的所采取的各种抢救、防止或减少货损的措施而支出的合理费用。保险人对这种施救费用负责赔偿。②救助费用（Salvage Charges）。救助费用系指保险标的遭遇保险责任范围内的灾害事故时，由保险人和被保险人以外的第三者采取了救助措施并获得成功而向其支付的报酬。保险人对这种费用也负责赔偿。

（3）外来风险的损失。外来风险的损失则是指海上风险以外的其他外来风险所造成的损失。按不同的原因，又可分为一般外来风险的损失和特殊外来风险的损失。前者是指在运输途中由于偷窃、短量、钩损、碰损、雨淋、玷污等一般外来风险所致的损失；后者是指由于军事、政治、国家政策法令以及行政措施，例如，由于战争、罢工、交货不到，拒收等特殊外来风险所造成的损失。

# 第二节　国际海洋运输货物保险条款

保险公司通常在其签发的保险单中列出包括保险的险别、除外责任及责任期限等内容的保险条款，用以明确规定保险公司对承保货物遭受损失时的责任范围。保险险别是确定保险人承保范围和赔偿责任范围的依据。

目前，在国际保险市场上影响最大的保险条款是伦敦保险协会所制定的"协会货物条款"（Institute Cargo Clause，ICC）。在我国，中国人民保险公司参照国际保险市场的一般习惯做法，并结合我国实际情况，制定了各种保险条款，总称为"中国保险条款"（China Insurance Clause，CIC）。"中国保险条款"按运输方式分为海洋、陆上、航空和邮包运输保险条款；对某些特殊商品，还配备有海运冷藏货物、陆运冷藏货物、海运散装桐油及活牲畜、家禽的海陆空运输保险条款；以及适用于上述各种运输方式货物保险的各种附加险条款。

我国的货物运输保险险别，按照能否单独投保，可分为基本险和附加险两类。基本险可以单独投保，而附加险不能单独投保，只有在投保某一种基本险的基础上才能加保附加险。

## 一、我国海运货物保险条款

### （一）保险险别

**1. 基本险别**

根据我国海洋运输货物保险条款，基本险别包括平安险、水渍险和一切险 3 种。

（1）平安险。平安险（Free of Particular Average，FPA）其英文原意是指单独海损不负责赔偿。但经过长期实践，当前平安险的责任范围已经超出只赔全损的限制。它是3种基本险中承保责任范围最小的一种险别，这一险别的责任范围主要包括以下几种。①在海上运输过程中，由于受到自然灾害造成被保险货物的实际全损或推定全损。②由于运输工具遭遇意外事故造成被保险货物的全部或部分损失。③船舶在运输中发生意外事故，意外事故发生之前或者以后遭遇自然灾害造成的被保险货物的部分损失。④在装卸转船过程中，一件或数件、整件保险标的物落海所造成的全部损失或部分损失。⑤被保险人对遭受承保责任内危险的货物采取抢救、防止或减少货损措施支付的合理费用，不超过该批被救货物的保险金额为限。⑥船舶遭遇自然灾害或者意外事故，需要在中途的港口或者避难港口停靠，而引起的卸货、装货、存仓以及运送货物等特别费用。⑦发生共同海损的牺牲、分摊和救助费用。⑧运输契约订有"船舶互撞责任"条款，按规定应由货方偿还船方的损失。

（2）水渍险。水渍险（With Particular Average，WPA/WA）的责任范围除了包括上列"平安险"的各项责任外，还负责被保险货物由于恶劣气候、雷电、海啸、地震、洪水等自然灾害所造成的部分损失。

（3）一切险。一切险（All Risks）的责任范围除包括上列"平安险"和"水渍险"的所有责任外，还包括货物在运输过程中，因各种一般外来原因所造成保险货物的全部损失或部分损失，不包括特别附加险和特殊附加险。除对某些运输途中损耗的货物，经保险公司与被保险人双方约定在保险单上载明的免赔外，保险公司都给予赔偿。一切险的承保范围大于平安险和水渍险。

2. 附加险别

附加险是对基本险的扩大和补充，不能单独投保，投保人只能在投保一种基本险后加保一种或数种附加险。根据我国海洋运输货物保险条款，附加险可以分为一般附加险、特别附加险和特殊附加险。

（1）一般附加险（General Additional Risk）。一般附加险与一般外来风险对应。主要有：偷窃提货不着险（Theft，Pilferage and Non-Delivery Risk，TPND）、淡水雨淋险（Fresh Water Rain Damage，FWRD）、短量险（Risk of Shortage）、混杂沾污险（Risk of Intermixture & Contamination）、渗漏险（Risk of Leakage）、碰损破碎险（Risk of Clash & Breakage）、串味险（Risk of Odour）、受热受潮险（Damage Caused by Heating & Sweating Risk）、钩损险（Hook Damage）、包装破裂险（Loss for Damage by Breakage of Packing）、锈损险（Risk of Rusting）。

（2）特别附加险（Special Additional Risk）。特别附加险与特别外来险对应。主要包括交货不到险（Failure to Delivery Risk）、进口关税险（Import Duty Risk）、曲霉素险（Aflatoxin Risk）、舱面险（On Deck Risk）、拒收险（Rejection Risk）、战争险（War Risk）和罢工险（Strikes Risk）。

**（二）保险期限**

我国的《海洋运输货物保险条款》规定，海运保险责任的起讫，主要采用"仓至仓"条款（Warehouse to Warehouse Clause，W/W Clause），即保险责任自被保险货物运离保险单所载明的起运地仓库或储存处所开始,包括正常运输中的海上、陆上、内河和驳船运输在内,直至该项货物运抵保险单所载明的目的地收货人的最后仓库或储存处所或被保险人用作分配、分派或非正当运输的其他储存处所为止。但如未抵达上述仓库或储存处,则被保险的货物在最后到达卸载港卸离海轮后,保险责任以 60 天为限。

凡加保战争险时,保险公司则按加保战争险条款的责任范围,对由于战争和其他各种敌对行为所造成的损失负赔偿责任。战争险的保险责任起讫不采取"仓至仓"条款,而是从货物装上海轮开始至货物运抵目的港卸离海轮为止,即只负水面风险。

罢工险承保由于罢工者、被迫停工工人或参加工潮、暴动、民众斗争的人员的行为,或任何人的恶意行为所造成的直接损失和上述行为所引起的共同海损的牺牲、分摊和救助费用。罢工险对保险责任起讫的规定与基本险一致,采用"仓至仓"原则。

### (三)除外责任

除外责任(Exclusions),是指保险公司明确规定不予承保的损失或费用。

我国的《海洋运输货物保险条款》规定的除外责任主要包括:被保险人的故意行为或过失所造成的损失;属于发货人责任所引起的损失;在保险责任开始前,被保险货物已存在的品质不良或数量短差所造成的损失;被保险货物的自然损耗、本质缺陷、特性以及市价跌落、运输延迟所造成的损失或费用;战争险和罢工险条款规定的责任范围和除外责任。

### (四)索赔期限

索赔期限又称索赔时效,是被保险货物发生保险责任范围内的风险与损失时,被保险人向保险人提出索赔的有效期限。我国《海洋运输货物保险条款》规定,索赔期限为 2 年,自被保险货物运抵目的港全部卸离海轮之日起计算。

## 二、英国伦敦保险业协会货物保险条款

在国际保险市场上,各国保险组织都制定有自己的保险条款,但有最广泛影响的是英国伦敦保险业协会所制订的《协会货物条款(Institute Cargo Clause)》。我国企业按 CIF 或 CIP 条件出口时,一般按《中国保险条款》投保,但如果国外客户要求按《协会货物条款》投保,我方也可以接受。因此我方需要了解英国伦敦保险业协会所制定的《协会货物条款》。

《协会货物条款》的现行规定于 2009 年 1 月 1 日修订公布,共有以下 6 种险别。

(1)协会货物条款(A)[简称 ICC(A)]。

(2)协会货物条款(B)[简称 ICC(B)]。

(3)协会货物条款(C)[简称 ICC(C)]。

(4)协会战争险条款(货物)(简称 IWCC)。

(5)协会罢工险条款(货物)(简称 ISCC)。

(6)恶意损害险(Malicious Damage Clause)。

以上 6 种险别中,ICC(A)险相当于中国保险条款中的一切险,其责任范围更为广泛,故采用承保"除外责任"之外的一切风险的方式表明其承保范围。ICC(B)险大体上相当于水

溃险。ICC(C)险相当于平安险,但承保范围较小些。ICC(B)险和ICC(C)险都采用列明风险的方式表示其承保范围。6种险别中,只有恶意损害险属于附加险别,不能单独投保,其他5种险别的结构相同,体系完整。因此,除(A)(B)(C)3种险别可以单独投保外,必要时,战争险和罢工险在征得保险公司同意后,也可作为独立的险别进行投保。

英国伦敦保险业协会海运货物保险条款和海运货物战争险条款对责任期限的规定,与我国海运货物保险条款与海运货物战争险条款的规定大体相同,但规定更为详细。

# 第三节　买卖合同中的保险条款

在进出口货物运输保险业务中,根据贸易术语的不同确定好被保险人后,被保险人通常需要完成下列工作:确定投保险别;确定保险金额;办理投保并交付保险费;领取保险单证以及在货损时办理保险索赔等。

### 一、确定保险险别

国际货物买卖合同中的保险险别的确定与合同中的贸易术语有直接关系。比如以FOB、CFR、FCA、CPT这几个贸易术语成交的,需要由买方负责办理国际货物运输保险,所以保险险别的确定等相关保险事宜都是由买方负责处理。因此可以在合同中写明"由买方负责投保(Insurance:To be covered by the Buyer)"。若买方委托卖方代办投保,则应该订明"保险由买方委托卖方按发票金额的百分之××代为投××保险,保险费由买方负担"。按CIF或CIP成交的合同,可订明"由卖方负责投保(Insurance:To be covered by the Seller)"。

一般情况下,我国对外出口合同采用CIF及CIP贸易术语的,按照中国人民保险公司制定的有关货物运输保险条款来办理投保。但有时国外客户要求采用伦敦保险协会条款时,一般也可接受。

不同的保险险别承保的责任范围不同,需要缴纳的保险费率不同,货物受损后得到的赔偿也不一样。因此,在险别的选择上,既要考虑货物常常会遇到的不同风险损失的情况,做好货物运输的保障工作;又要考虑节省不必要的保险费的支出,以降低成本。选择保险险别应该考虑:货物的种类、性质和特点;货物运输方式、运输路线及路线起止点的情况;国际上政治、经济形势的变化;货物的残损可能等。分析和预测在整个运输过程中可能会遇到哪些风险、遭遇哪些损失,再根据损失的性质和类型决定投保的险别,这样才能做到既经济又保险。

### 二、确定保险金额

保险金额是在保险事故发生时向被保险人支付赔偿的最高金额,也是保险费计算的基础。投保人在投保货物运输保险时应向保险人申报保险金额。

在国际贸易中,运输货物的保险金额一般是以发票价值为基础确定的。习惯上,保险金额是按CIF或CIP发票金额加成10%投保,即以CIF或CIP发票金额的110%投保,即:

保险金额=CIF 或 CIP 价格×(1+投保加成率)

如果合同是 CFR 或 CPT 价格,要把 CFR 或 CPT 价格换算成对应的 CIF 或 CIP 价格,可以按照如下公式计算,也可以在中国人民保险公司制定的"保险费率常用表"中将 CFR 或 CPT 价格输入常数列,即可输出对应的 CIF 或 CIP 价格。

$$CIF 或 CIP 价格 = \frac{CFR 或 CPT 价格}{1 - 保险费率 \times (1 + 投保加成率)}$$

### 三、缴纳保险费和订立保险合同

1. 保险费的计算

保险费率是计算保险费的依据。我国进出口货物保险费率是中国人民保险公司在货物损失率和赔付率的基础上,参照国际保险费率水平,并根据我国对外贸易发展的需要制定的。

投保人交付保险费,是保险合同生效的前提条件。保险费的计算方法是:

保险费=保险金额×保险费率

2. 订立保险合同

出口合同采用 CIF 或 CIP 条件时,保险由我方办理。出口企业在向当地的保险公司办理投保手续时,投保人应该据实填写保险公司的投保单相关内容,并附有关单据交给保险公司。保险公司确认无误后,投保人即可与保险公司订立正式保险合同,并交付保险费。

3. 批单

如果在保险公司出具保险单后,投保人需要更改险别、运输工具航程、保险期限、保险金额等任意项目内容,应向保险公司提出修改申请。保险公司如果接受了这项申请,则应立即出具批单,加盖骑缝章,作为保险单的组成部分附在保险单上。保险公司将按照批单内容承担保险责任。

### 四、取得保险单据

保险单据是保险公司与投保人之间订立保险合同的证明文件,也是保险公司对投保人的承保证明,它是保险人与被保险人之间订立的权利和义务关系的法律文件。当发生承保责任范围内的损失时,它是保险索赔和理赔的主要依据。目前我国进出口贸易中使用的主要有四种保险单据。

1. 保险单

保险单(Insurance Policy)俗称大保单,是由保险人签发的,载有保险合同内容的书面文件。其内容除载明被保险人、保险标的(如货物品名、数量及标志)、运输工具、保险险别、起讫地点、保险期限、保险价值和保险金额等项目外,还附有保险公司责任范围以及保险人和被保险人的权利和义务等方面的详细条款。目前,我国国内的保险公司多出具保险单。

2. 保险凭证

保险凭证(Insurance Certificate)俗称小保单,是一种简化的保险单据。保险凭证通常根据预约保险单开立。其内容除不包含保险人的责任范围和保险人与被保险人的权利义务外,其他与保险单相同。保险凭证与上述保险单具有同等法律效力。但近年来,为实现单据规范化,不少保险公司已废弃此类保险凭证。

3. 联合凭证

联合凭证(Combined Certificate)是一种将发票和保险单相结合的,比保险凭证更为简化的保险单据。保险公司将承保的险别、保险金额以及保险编号加注在投保人的发票上,并加盖印戳,其他项目均以发票上列明的为准。这种凭证目前已不再使用。

4. 预约保险单

预约保险单(Open Policy)是保险公司对被保险人将要装运的属于约定范围内的一切货物自动承保的总合同。它预先规定保险期限、保险货物的范围、险别、保险费率和每批货物的最高保险金额,但不限定总的保险价值。在承保范围内的被保险货物一经启运,保险公司即自动承保。常用于进口或大宗货物买卖合同。

### 五、保险索赔

进出口货物在保险责任有效期内发生属于保险责任范围内的损失,被保险人(投保人或保险单受让人)按照保险单的有关规定向保险公司提出赔偿要求,称为保险索赔(Insurance Claim)。保险公司将按保险条款所承担的责任进行理赔。

索赔的主要程序如下。

1. 发出损失通知

被保险人获悉货损后,应立即通知保险公司或保险单上指明的代理人。保险人接到损失通知后应即采取相应的措施,如检验损失,提出施救意见,确定保险责任和签发检验报告等。

2. 向承运人等有关方面提出索赔

被保险人除向保险公司报损外,还向承运人及有关责任方(如海关、理货公司等)索取货损货差证明,如系属承运人等方面责任的,应及时以书面方式提出索赔。

3. 采取合理的施救、整理措施

被保险人应采取必要的措施以防止损失的扩大。保险公司对此提出处理意见的,应按保险公司的要求办理。所支出的费用可由保险公司负责,但以与理赔金额之和不超过该批货物的保险金额为限。

4. 备妥索赔单证,提出索赔要求

索赔单证除正式的索赔函以外,应包括保险单证、运输单据、发票,以及检验报告、货损货差证明等。

5. 转让代位追偿权

在保险业务中,为了防止被保险人双重获益,保险人在履行全损赔偿或部分损失赔偿后,在其赔付金额内,要求被保险人转让其对造成损失的第三者责任方要求全损赔偿或相应部分赔偿的权利。这种权利称为代位追偿权,或称代位权。在实际业务中,保险人需首先向被保险人进行赔付,才能取得代位追偿权。其具体做法是,被保险人在获得赔偿的同时签署一份权益转让书,作为保险人取得代位权的证明。保险人便可凭此向第三者责任方进行追偿。

## 六、买卖合同中的保险条款

买卖合同中的保险条款,一般是根据贸易术语确定好投保人之后,对方根据本次交易特点,对需要更改的条款跟投保人做进一步沟通,并在合同中对需要明确的保险事项进行说明。保险条款的主要内容有:保险金额、投保险别、按什么保险条款投保(注明该条款的生效日期)、保险费用由何方负担、保险费的支付时间和方法等。

应注意避免使用"通常险""惯常险"或"海运保险"等笼统的规定方法。

例如:保险由卖方按 CIF/CIP 发票金额的×%投保××险、××险(险别),以×年×月×日的中国保险条款的有关海洋运输货物保险条款为准。

Insurance:To be covered by the Seller for... % of CIF/CIP total invoice value against... , as per and subject to the relevant ocean marine cargo clauses of the China Insurance Clause dated...

**思考题**

1. 投保人和保险人在订立保险合同时需遵循什么原则?

2. 构成共同海损必须具备哪些条件? 共同海损与单独海损的区别主要表现在哪里?

3. 平安险、水渍险、一切险各自承保的责任范围有哪些? 为什么要加保附加险?

4. 现行伦敦保险业协会的《协会货物条款》有哪些险别,能否单独投保?

5. 合同中的保险条款主要包括哪些内容?

# 第十四章 货款的结算

## 学习目标

1. 掌握国际贸易常用的支付工具和支付方式。
2. 了解不同结算方式的特点、种类、基本操作程序。
3. 了解 UCP600 关于信用证的新规则的修订。

货款的结算

## 案例导入

### 黑客诈骗现困局　友好协商化纠纷

2024 年 3 月 1 日,温岭市贸促会收到台州某公司(以下简称"台州公司")的紧急求助。台州公司称:其自 2013 年开始与塞尔维亚某公司(以下简称"塞尔维亚公司")、希腊某公司(以下简称"希腊公司")合作,合作基础均达十年以上。台州公司于 2023 年 11 月与塞尔维亚公司、于 2024 年 1 月与希腊公司各签订一笔货值 2 万余美元的贸易合同。由于一直未收到客户货款,台州公司一直未安排生产。期间,因一直无法与海外客户取得联系,台州公司通过指定货代向客户反馈订单情况并询问定金到账情况。2024 年 2 月 28 日,台州公司分别收到两家客户水单、合同以及邮件往来记录,才发现交易各方邮箱均遭黑客侵袭,黑客冒充台州公司给海外客户写邮件,又通过"高仿"的海外客户邮箱给台州公司写邮件。在黑客的精心设计下,海外客户根据指示将定金打入黑客指定账户,遂导致款项迟迟未到台州公司账户。此次黑客侵袭事件发生后,各方关于订单损失如何承担的问题悬而未决。台州公司遂向所在地贸促会求助,中国贸促会/中国国际商会台州调解中心受理本案。调解员经过调查,以维护长期合作为切入点,向台州公司建议:应体现最大的协商诚意,一次性提出可行性强的损失责任划分方案,高效解决纠纷,避免产生隔阂。本次纠纷在短短一周内得到了顺利解决。

资料来源:中国国际贸易促进委员会/中国国际商会调解中心

## 第一节 票据

在国际贸易中,常用的支付工具包括货币和票据。现代票据制度,形成于近代资本主义商品经济发达以后。票据的出现,大大减少了现金的使用,降低了流通费用,在国际贸易中得到了广泛应用。票据的使用为信用的扩大提供了便利条件,但是也使资本主义生产的矛盾更加尖锐化。当经济危机来临时,大量的票据失去偿还效力,会使票据持有者遭受损失。

票据可分为汇票、本票和支票三种,在国际货款结算中,主要使用汇票,有时也使用本票和支票。

### 一、汇票

根据《英国票据法》的定义,汇票是由一人签发给另一人的无条件书面命令,要求受票人见票时或于未来某一规定的或可以确定的时间,将一定金额的款项支付给某一特定的人或其指定人,或持票人。

#### (一)汇票的内容

汇票的必要项目包括:写明汇票字样、大小写金额、出票地点和日期、汇票期限、收款人、出票条款、付款人和付款地点、出票人。

#### (二)汇票的种类

根据出票人、承兑人、付款时间、有无附单据及流通范围的不同,一般将汇票分为以下几种。

(1)根据出票人不同,分为银行汇票(Banke Draft)和商业汇票(Commercial Draft)。

银行汇票的出票人和付款人都是银行。银行汇票一般为光票,不随附货运单据。商业汇票的出票人是工商企业或个人,付款人可以是工商企业或个人,也可以是银行。在国际贸易结算中,使用商业汇票居多,商业汇票通常是由出口人开立,向国外进口人或银行收取货款时使用。商业汇票的出票人不必向付款人寄送付款通知书。商业汇票大都附有货运单据。

(2)根据承兑人不同,分为商业承兑汇票(Commercial Acceptance Bill)和银行承兑汇票(Bank's Acceptance Bill)。

在商业汇票中,由工商企业出票,而以另一工商企业为付款人的远期汇票,经承兑后就成为商业承兑汇票。而由工商企业出票,以银行为付款人的远期汇票,经银行承兑后就成为银行承兑汇票。银行承兑汇票由银行承担汇票的到期付款责任。

(3)根据付款时间不同,分为即期汇票(Demand Draft;Sight Draft)和远期汇票(Time Draft;Usance Draft)。

汇票上规定见票后立即付款的(at sight 或者 on demand)为即期汇票。汇票上规定受票人先承兑,然后将来的一个确定日期(at a fixed date)或在将来的一段时间付款的(at... days after sight,at... days after date),即要求先承兑后付款的汇票,称为远期汇票。

(4)根据有无附单据,分为光票(Clean Draft)和跟单汇票(Documentary Draft)。

光票是指不附带货运单据的汇票。光票的出票人既可以是工商企业、个人或银行。付款人同样也可以是工商企业、个人或银行。光票的流通全靠汇票当事人的信用,很少用于货款结算,一般用于结算佣金、利息、样品费、货款尾数等。跟单汇票是指附有提单、发票、保险单等运输单据的汇票,经常用来结算货款。

(5)根据汇票收款人或抬头的写法不同,分为限制性抬头汇票、指示性抬头汇票和持票人或来人抬头汇票。

限制性抬头:抬头明确写出收款人名称,这种汇票不能流通转让。

例如:仅付××公司。

Pay… Co. only.

付给××公司,不准转让。

Pay… Co. not transferable.

指示性抬头:抬头有"凭指示(order 或者 to the order of)"字样,可以经过持票人背书后,交付转让。

例如:

Pay… Co. or order,Pay to the order of… Co.

付××公司或其指定人。

持票人或来人抬头:抬头有"付给来人(Pay Bearer)"或"付给持票人(Pay Holder)"字样,无须持票人背书,仅凭交付即可转让。

### (三)汇票行为

汇票行为也可以叫作汇票处理手续,具体做法如下。

1. 出票

出票是指出票人签发票据并将其交付给收款人的票据行为。汇票出票包括出票、签字和交付三个行为。

2. 提示

持票人将汇票提交付款人,要求承兑和付款的行为即为提示。提示分为承兑提示和付款提示。

承兑提示是指远期汇票持票人向付款人出示汇票,并要求付款人承诺付款的行为。

付款提示是指汇票的持票人向付款人(或远期汇票的承兑人)出示汇票要求付款人(或承兑人)付款的行为。

3. 承兑

汇票付款人承诺在远期汇票到期日支付汇票金额的票据行为。承兑由付款人在汇票正面写上"承兑"字样,注明承兑的日期,并由付款人签名,交还持票人。承兑后受票人是汇票的主债务人,承兑人必须承担到期支付票面金额的义务。

4. 付款

即期汇票付款人和远期汇票承兑人在接到付款提示时,按时付款的行为。付款后汇票上的一切债务责任即告结束。

5. 背书

背书是一种汇票的转让行为。背书人(受款人)在汇票背面签名,或者再加上受让人即被背书人的名称,并交付给受让人(被背书人,即其他债务人)。背书有三种形式,限制性背书,特别背书,空白背书或者不记名背书,背书人仅在汇票背面签名即可转让。在背书这个行为中前手背书人要对后手被背书人负责,后手对前手有追索权。

限制性背书指背书人对支付给被背书人的指示带有限制性的词语。限制性背书的汇票不能再背书转让。

例如:仅付××公司。

Pay to... Co. only.

付给××银行,不可转让。

Pay to... bank, not transferable.

空白背书又称不记名背书,是指背书人只在票据背面签名,不指定被背书人。这种汇票只凭交付就可转让。

特别背书,又称记名背书,是指背书人在票据背面签名外,还写明被背书人名称或其指定人。被背书人可以将特别背书再次背书转让。

例如:付给××银行或其指定人。

Pay... bank or order.

6. 拒付

拒付是在汇票提示付款和提示承兑时作出的不同意出票人指示的反映,即拒绝付款和拒绝承兑。除受票人明确表示拒绝付款和承兑外,受票人避而不见、死亡或宣告破产等均可称为拒付,又叫退票。

7. 追索权

汇票遭拒付后,持票人在行使或保全汇票上的权利行为(包括提示、做拒绝证书、拒绝通知)之后,有权对其前手(背书人或出票人)要求退回汇票金额、利息及因做拒付通知和拒绝证书等产生的其他有关费用。该程序叫作追索,行使追索的权利即为追索权。

**(四)汇票主要当事人的权利和义务**

汇票所涉及的主要当事人,如出票人、付款人、收款人,都对汇票负有支付票款的责任。

(1)出票人(Drawer),即发出无条件支付命令要求付款的人。要承担付款人一定付款、承兑的责任。如果付款人拒付,就追索到出票人头上,所以即期汇票在付款前,远期汇票在承兑前,出票人是主债务人,出票人对受票人是债权人,但对受款人、持票人、背书人、被背书人来说是债务人。

(2)付款人(Drawee),即受票人,接受无条件付款命令的人。在即期汇票提示时,付款人应立即付款,但有权拒付;在远期汇票提示时,付款人应办理承兑手续,但也有权拒绝承兑。如果已办理了承兑手续,就变成汇票的主债务人,不能再拒付。

(3)收款人,即受款人,接受付款的人。如果汇票未经转让,则受款人和出票人是同一人(工商企业、个人或银行),是汇票的主债权人。如果汇票经过收款人转让,则转让前的收款人就成为债务人,承担可能被追索的义务,但还可向出票人追索。

## 二、本票

本票是一人向另一人签发的,保证即期或定期或在可以确定的将来时间,对某人或其指定人或持票人支付一定金额的无条件书面承诺。

本票与汇票、支票最显著的区别是:本票的当事人只有两人,出票人和受款人。汇票和支票的当事人有三人,出票人、付款人、受款人。汇票均需委托第三人付款,支票的付款人必须是银行或其他金融机构。

本票的内容一般包括:写明本票字样、无条件支付承诺、付款期限、付款地点、收款人、出票日期和地点、出票人、金额。

### 三、支票

支票是银行存户对银行签发的、授权银行对某人或其指定人或持票人即期支付一定金额的无条件的书面支付命令。

支票内容一般包括:写明支票字样、无条件支付命令、付款银行名称、付款地点、写明"即期"字样、收款人或其指定人、出票日期和地点、出票人账号和签字、一定金额。

# 第二节　结算方式

国际贸易结算一般是买卖双方运用结算工具,通过银行间的转账结算,实现货款的转移,从而达到清偿国际间债权债务的目的。国际贸易结算的方式主要有 3 种:汇付、托收、信用证。当然,保函和备用信用证在国际贸易结算中的使用也在日益增多。

国际贸易结算方式根据其资金流向和结算工具的传送方向,可以分为顺汇和逆汇。顺汇是债务人主动向债权人结算,结算工具的传送方向与资金流动方向相同,故称为顺汇,又称汇付法。逆汇是债权人以出具票据的方式,向债务人收款,结算工具的传送方向与资金的流动方向相反,故称为逆汇,又称出票法。

### 一、汇付

汇付(Remittance),又称汇款,是指买方或卖方主动将欠款金额款项通过银行转移给债权人的行为。

#### (一)汇付业务的当事人

汇款业务 4 个基本关系人:汇款人、汇出行、汇入行或解付行、收款人。

汇付业务是付款人(债务人)要求其所在地银行,用指定的结算工具,通过该银行在海外的分支机构或代理行,把款项付给收款人所在地的银行再转交给收款人的结算方式。

#### (二)汇付的种类

1. 电汇

电汇(Telegraphic Transfer,T/T)是由汇款人委托汇出行用电报、电传、环球银行间金融电讯网络等电讯手段发出付款委托通知书给收款人所在地的汇入行,指示它解付一定金额的款项给指定收款人。

电汇的优点是到款迅速,但缺点是费用较高。

2. 信汇

信汇(Mail Transfer,M/T)与电汇类似,但汇出行是以信汇委托书或支付通知书作为结算工具,通过信件邮寄给汇入行,指示它解付一定金额的款项给指定收款人。

信汇的优点是费用较为低廉,但收款人收到的时间较迟。

3. 票汇

票汇(Demand Draft,D/D)是指汇出行应汇款人的要求,开立银行汇票,支付一定金额给收款人的一种汇款方式。票汇多用于小额汇款。

**(三)汇付方式的性质及其在国际贸易中的使用**

在使用汇付方式结算国际贸易货款时,银行只提供服务而不提供信用,因此,使用汇付方式完全取决于买卖双方的互相信任。据此,汇付方式属于商业信用性质。汇付方式主要用于定金、货款尾数,以及佣金、费用等的支付。也可用于和极可靠的客户的预付货款、随订单付现、赊账交易等。

## 二、托收

按照《托收统一规则》(国际商会第 522 号出版物)第二条的规定:托收(Collection)是指由接到委托指示的银行处理金融单据和/或商业单据以便取得承兑或付款,或凭承兑或付款交出商业单据,或凭其他条件交出单据。托收是国际结算中常见的一种方式。

金融单据(Financial Documents)指汇票、本票、支票、付款收据或者其他用于付款或取得款项的凭证。商业单据(Commercial Documents)是指发票、运输单据、物权单据或其他类似单据,或者除金融单据以外的其他单据。

**(一)托收当事人**

托收业务有 4 个主要当事人:委托人、托收行、代收行、付款人。

委托人或出票人,是开出汇票(或不开汇票)委托银行向国外付款人收款的出票人,通常就是出口商。

托收行是委托人的代理人,是接受委托人的委托转托国外银行向国外付款人代为收款的银行,通常为出口商所在地银行。

代收行是托收行的代理人,是接受托收行的委托代向付款人收款的银行,通常为进口所在地银行。

付款人是汇票的受票人,通常就是国际货物买卖合同的进口方。

**(二)托收分类**

按照是否随附有商业单据,分为光票托收和跟单托收两种。这两种托收的方式期限均含即期和远期。

1. 光票托收

光票托收是指支票、本票、汇票等金融单据不随附商业单据的托收。

2. 跟单托收

跟单托收是指金融单据需随附商业单据的托收。贸易项下的托收一般为跟单托收。跟单托收的情况下,根据交单条件的不同,又可以分为付款交单和承兑交单两种。

(1)付款交单(Documents against Payment,D/P)。是出口商的交单须以进口商的付款为条件,即出口商将汇票连同货运单据交给银行托收时,指示银行只有在进口商付清货款后,才能向进口商交出货运单据。付款交单按支付时间不同又可分为即期付款交单和远期付款交单两种。

①即期付款交单(D/P at Sight),是由出口商通过银行向进口商提示汇票和货运单据,进口商于见票(或见单)时立即付款,在付清货款后,领取货运单据。

②远期付款交单(D/P after Sight),是由出口商通过银行向进口商提示汇票和货运单据,进口商经确认无误后即在汇票上承兑,并于汇票到期日由代收银行再次向其提示时经付款后向代收银行取得单据。在汇票到期付款前,汇票和货运单据由代收行掌握。

(2)承兑交单(Documents against Acceptance,简称 D/A)。是指出口商的交单以进口商的承兑为条件。进口商承兑汇票后,即可向银行取得货运单据,待汇票到期日才付款。承兑交单只适用于远期汇票的托收。

### (三)托收方式的性质和作用

在托收方式下,结算工具的流动方向与货款的流动方向相反,属于逆汇。

按照《托收统一规则》,银行在托收业务中,只提供服务,不提供信用。银行只以委托人的代理人行事,既无保证付款人必然付款的责任,也无检查审核货运单据是否齐全、是否符合买卖合同的义务;当发生进口商拒绝付款赎单的情况后,除非事先经托收银行委托并经代收银行同意,否则代收银行没有代为提货、办理进口手续和存仓保管的义务。所以,托收方式与汇付方式一样,也属商业信用性质。出口商委托银行收取的货款,能否收到,全靠进口商的信用。而且,由于货物已先期运出,一旦遭到拒付,就会使出口商陷入极为被动的境地。无论是付款交单还是承兑交单,对出口商来说,都存在很大风险。但是,托收方式不需要进口商预垫资金,或仅需较短时间的预垫资金,因此对进口商是极为有利的。所以,托收方式容易调动进口商的经营积极性,提高交易商品在国际市场上的竞争能力,从而扩大出口销售。

### 三、信用证

1. 信用证的含义

信用证(Letter of Credit,L/C)是开证银行根据申请人的要求和指示,向受益人开立的、有一定金额的、在一定期限内、凭规定的单据承诺付款的书面保证。即信用证是银行有条件的付款承诺。国际商会《UCP600》首次界定信用证为不可撤销约定:指一项不可撤销约定,无论其如何命名或描述,该约定构成开证行对于相符提示予以兑付的确定承诺。

2. 信用证的特点

根据《UCP600》,信用证具有如下特点。

(1)开证银行负首要付款责任。信用证支付方式是由开证银行以自己的信用作保证,所以,开证银行对信用证承担第一性的付款责任。开证银行对受益人的付款责任不仅是第一性的,而且是一种独立的终局的责任。即使进口商在开证后失去偿付能力,只要出口商提交的单据符合信用证条款,开证行也要负责付款,付了款如发现有误,也不能向受益人和索偿行进行追索。

(2)信用证是一项自足文件。信用证虽然是根据买卖合同开立的,但信用证一经开立,它就成为独立于买卖合同以外的约定。信用证的各当事人的权利义务关系完全以信用证所列条款为依据,不受买卖合同的约束。

（3）信用证方式是纯单据买卖。银行处理信用证业务时,只凭单据,不问货物的真实情况,它只审查受益人所提交的单据是否与信用证条款相符,以决定其是否履行付款责任。这种审核只是确定单据表面上是否符合信用证条款,而且这种相符必须"严格相符",不仅要单单一致,还要单证一致。

3. 信用证的当事人

信用证的基本当事人有三,即开证申请人、开证行和受益人。此外,还有其他关系人,即通知行、议付行、付款行、保兑行、偿付行等。

（1）开证申请人。又称开证人,为信用证交易的发起人,一般是进口商根据买卖合同向银行提出申请开立信用证。

（2）开证行。开证行按照开证申请人的请求或为其自身行事,开立信用证,一般是进口地的银行。开证商与开证行的权利和义务以开证申请书为依据。信用证一经开出,按信用证规定的条款,开证行负有承担付款的责任。

（3）受益人。受益人一般为出口商,系指信用证上所指定的有权使用该信用证的人。受益人通常也是信用证的收件人,他有按信用证规定签发汇票向所指定的付款银行索取价款的权利,但也在法律上负有对单据的正确性和货物的合格性负责的义务。

（4）通知行。系指按开证行的请求,向出口商通知信用证的银行。通知行一般是出口人所在地的银行,而且通常是开证行的代理行。通知行只负责信用证的表面真实性,不承担其他任何责任。

（5）议付行。又称押汇银行、购票银行或贴现银行。系指根据开证行的授权买入或贴现受益人开立和提交的符合信用证规定的汇票及/或单据的银行。议付行审单无误,即可垫付汇票和/或单据的款项,在扣减垫付利息后将净款付给受益人。在信用证业务中,议付行对作为出票人的信用证受益人的付款有追索权。

（6）付款行。付款行是开证行授权进行信用证项下付款或承兑并支付受益人出具的汇票的银行。付款行通常是汇票的受票人,故亦称受票行。开证行一般兼为付款行,但付款行也可以是接受开证行委托的代为付款的另一家银行。例如,开立的信用证是以第三国货币支付时,通常指定在发行该货币的国家的银行为付款行。这种付款行又称代付行。付款行如同一般的汇票受票人,一经付款,即使事后发现有误,对受款人也无追索权。

（7）保兑行。是指应开证行请求或授权对信用证加具保兑的银行,它具有与开证行相同的责任和地位。保兑行对受益人独立负责,承担必须付款或议付的责任。在已经付款或议付之后,不论开证行倒闭或无理拒付,都不能向受益人追索。在实际业务中,保兑行通常由通知行兼任,但也可由其他银行加具保兑。

（8）偿付行。其由开证行指定,独立于信用证交易的其他方（如议付行、通知行）,仅负责资金偿付,不审核单据。仅凭开户行的声明或电报付款,不承担因单证不符而造成的损失。

4. 信用证的主要内容

（1）信用证本身方面的说明：如信用证的编号、开证日期、到期日和到期地点、交单期限、信用证的种类，信用证有关当事人的名称、地址。

（2）货物条款：包括货物的名称、规格、数量、包装、价格等。

（3）装运与保险条款：如装运港（地）、目的港（地）、装运期限、可否分批装运、转运等。有保险要求的还要写明保险金额和险别等。

（4）单据条款：规定随附单据的要求和份数。通常要求提交商业发票、运输单据和保险单据。还有包装单据，例如装箱单、重量单，以及产地证、检验证书等。

（5）价格条款和信用证金额：包括币别和总额，币别通常应包括货币的缩写与大写，总额一般分别用大写文字与阿拉伯数字书写。

（6）支付条款：包括兑付方式是即期付款、延期付款、承兑还是议付。如果需要汇票的，要包括汇票的种类、出票人、受票人、付款期限、出票条款及出票日期等。

（7）特殊条款：视具体交易的需要而异。

（8）责任条款：根据《UCP600》开立的文句，以及信用证编号、到期地点和日期、开证行签字和密押等。

5. 信用证的种类

在《UCP500》中，信用证的性质有可撤销和不可撤销之分。但在《UCP600》的解释中，信用证都是不可撤销的。除此外，信用证主要有如下分类。

（1）按有无货运单据分为光票信用证（Clean Credit）和跟单信用证（Documentary Credit）。

①光票信用证。光票信用证是指凭不附单据的汇票付款的信用证。

②跟单信用证。跟单信用证是指凭跟单汇票或仅凭单据付款的信用证。国际贸易大多数使用跟单信用证。

（2）按是否有另一家银行参加负责，保证兑付，可分为保兑信用证（Confirmed L/C）与不保兑信用证（Unconfirmed L/C）两种。

①保兑信用证。保兑信用证是指另一家银行，即保兑行应开证行请求，对其所开信用证加以保证兑付的信用证。这种信用证有开证行与保兑行两家银行对受益人负责，它对出口人的安全收汇十分有利。在实践中，保兑行通常由通知行或第三家银行担任。

②不保兑信用证。不保兑信用证是指未经除开证行以外的其他银行保兑的信用证。

（3）根据信用证兑付方式和时间不同，可分为即期付款信用证（Sight Payment L/C）、延期付款信用证（Deferred Payment L/C）和承兑信用证（Acceptance L/C）。

①即期付款信用证。即期付款信用证是指规定受益人开立即期汇票随附单据，或不需要汇票仅凭单据向指定银行提示，请求付款的信用证。对这种信用证，开证行、保兑行（如有的话）或指定付款行承担即期付款的责任。即期付款信用证的付款行有时由指定通知行兼任。

②延期付款信用证。延期付款信用证，是指仅凭受益人提交的"严格相符的"单据，由指定银行承担延期付款责任，延长一段时间直至付款到期日付款的信用证。

③承兑信用证。承兑信用证是指被信用证指定的付款行在收到符合信用证规定的远期汇票和单据时,先履行承兑手续,等到汇票到期再付款的信用证。

(4)根据受益人对信用证的权利是否可转让,可分为可转让信用证(Transferable Credit)、不可转让信用证(Non-Transferable Credit)和循环信用证(Revolving Credit)。

①可转让信用证。可转让信用证是信用证中注明"可转让"的字样的信用证。可转让信用证只能转让一次,但可以转让给一个或多个受益人。

②不可转让信用证。信用证中未注明"可转让"的,就是不可转让信用证。不可转让信用证是指受益人不能将信用证的权利转让给他人的信用证。

③循环信用证。循环信用证指信用证的金额被使用完毕后,能够恢复金额反复使用,直至达到信用证规定的循环次数或总金额为止。

# 第三节　不同支付方式的结合使用

在国际贸易的贷款结算中,可以只使用一种结算方式,但也可以根据交易的商品特点、交易对象等不同,采用两种或多种结算方式相结合的做法,发挥各种支付方式的优点,促成交易,安全结汇,使当事人受益。

## 一、信用证与汇付相结合

在矿砂、粮食等散装货物的买卖中,可以采用部分货款采用信用证支付,余额货款采用汇付支付。在预付定金的交易中,可以规定预付定金部分以汇付方式支付,其余货款以信用证方式结算。

## 二、信用证与托收相结合

在大型机械设备的交易中,按照惯例,大部分货款采用不可撤销信用证的支付方式,其余货款等货物安装调试完毕,正常运转甚至产生效益后再按照托收方式支付。

## 三、跟单托收与预付押金相结合

在包装商品的交易中,可以由进口商预付部分货款或押金,待出口商发运货物时,委托银行向进口商托收剩余款项。托收采取付款交单方式。

**思考题**

1. 什么是汇付?汇付有哪些分类和各自特点?

2. 什么是托收?托收有哪些分类和各自特点?托收的性质是什么?

3. 什么是信用证?信用证的性质和特点是什么?

4. 为什么信用证属于银行信用?

5. 信用证可以从哪些角度进行分类?

# 第十五章　争议的预防与处理

## 学习目标

1. 了解违约与索赔的含义。
2. 掌握货物检验时间地点的规定及索赔条款的规定。
3. 理解不可抗力的含义，掌握不可抗力条款的主要内容。

争议的预防与处理

## 案例导入

### 战争致海运延误遇反倾销税　浙企凭不可抗力协商化解纠纷

2024年，杭州某化工产品公司（以下简称杭州公司）与比利时某公司（以下简称比利时公司）签订买卖合同，向其销售钛白粉，货值46800欧元。杭州公司于5月14日安排货物出运，直达船预计到港日为6月23日。然而，由于战争导致海运拥堵，货船迟延到港。7月12日，欧洲开始对中国发出的钛白粉产品征收39.7%的反倾销税，这批货物到港后将需缴纳高达18579.6欧元的反倾销税。比利时公司发邮件表示货物到港后将从应付款项中扣除反倾销税款，即由杭州公司承担全额税款。双方已多次合作，一直采用赊销方式开展业务，如比利时公司不付清应付款项，将会使杭州公司遭受巨大的经济损失。杭州公司无力承担全部损失，也不想损害双方之间的合作关系，因此向省商法中心寻求帮助。调解员建议，杭州公司回复邮件时首先要从感情上对目前的情况表示遗憾，从客观上明确指出并提供证据证明货物于5月14日发运，且当时预计于6月23日到达，符合双方合同约定，是战争等不可抗力导致迟延到港，双方均无过错，有理有据。其次，希望对方本着合同约定和契约精神全额支付应付款项，否则将为自己的经营周转带来巨大影响，表达困难。最后，作为长期合作伙伴，表达与他们一起承担税款损失并希望双方能长久合作下去的意愿，以示诚意。最终，在该中心指导下，杭州公司与比利时公司经过几轮谈判达成一致方案：认为是战争这一不可抗力因素导致货物迟延到港，杭州公司不应承担全部税款损失，货物到港后，比利时公司缴纳了税款并顺利提货，之后按合同约定全额支付了这笔订单的应付款；后续订单中，杭州公司将和比利时公司另行协商折扣，以弥补其因这笔订单所遭受的反倾销税款损失。

资料来源：中国国际贸易促进委员会浙江省委员会

## 第一节　货物的检验

货物检验是指由一个公正的第三方（商品检验机构）对货物进行检验，出具货物实际状态的证明，以判明卖方所交货物是否符合合同规定或国家规定的做法。因此，货物检验分为法定检验和公证检验两种。公证检验是买卖双方交接货物的重要依据,法定检验则是进出口通关的重要依据。

## 一、检验的时间和地点

1. 在出口国检验

在出口国检验可分为产地或工厂检验、装船前或装船时检验两种。

(1)产地或工厂检验:在货物离开生产地点(如农场或矿山等)或工厂之前,由卖方或其委托的检验机构人员或买方的验收人员或买方委托的检验机构人员对货物进行检验或验收。在货物离开产地之前进行检验或验收为止的责任,由卖方承担。

(2)装船前或装船时检验:装船前或装船时在装运港检验,由双方约定的商检机构验货后出具商检证明,作为买方接收货物的依据,这种做法被称为"以离岸品质和重量为准"。货物抵达目的港后,买方无复验权。

2. 在进口国检验

此种检验又可分为在目的港或目的地卸货后检验、在买方营业处所或最终用户所在地检验两种。

(1)在目的港或目的地卸货后检验:由双方约定的目的港的商检机构验货后出具检验证明,作为买方接收货物的依据,这种做法被称为"以到岸品质和重量为准"。如果检验证书证明货物与合同规定不符合,卖方应负担相应责任。

(2)在买方营业处所或最终用户所在地检验:这　做法是将检验延伸和推迟至货物运抵买方营业处所或最终用户的所在地后的一定时间内进行,并以双方约定的该地的检验机构所出具的检验证书作为决定交货质量和数量的依据。这种做法适用于需要进行安装调试、运行平稳后进行检验的成套设备、机电仪表产品以及在口岸开箱检验后难以恢复原包装的商品。

3. 在出口国检验、在进口国复验

这种做法是以出口国装运港的检验证书作为卖方收取货款的依据,货到进口国目的港以后,买方行使复验权。若在进口国验货后发现货物不符合合同的规定,并证明这种不符不属于承运人或保险公司的责任范围,买方可在规定的时间内凭复验证书向卖方提出异议和索赔。这种做法对买卖双方都有好处,而且比较公平合理,因此,在国际贸易中被广泛采用。

## 二、检验机构

各国都有为进出口贸易服务的商品检验机构。这些检验机构按照组织性质来分,有官方的检验机构和非官方的检验机构。官方的检验机构是指由国家设立的检验机构,非官方的检验机构是指由私人或同业公会、协会等开设的检验机构。按照经营业务范围来分,有综合性的检验机构和专业性的检验机构。综合性的检验机构一般能对各种商品进行检验,专业性的检验机构只对某一类商品或特定的商品进行检验。

对商品检验机构的选择要考虑三个基本条件:一是商检机构与买卖双方没有利害关系;

二是商检机构要有足够的检验能力和检验设备;三是商检机构办事公平合理,有良好的声誉。

### 三、货物检验的内容和检验证书

根据委托人的要求,商品检验机构对进出口商品的品质、数量或重量、包装以及其他内容进行检验后,出具的证明文件称为商品检验证书。在实际业务中,买卖双方应当根据成交货物的种类、性质、有关国家的法律和贸易惯例来确定交易中应取得何种水平检验证书,并在合同中加以规定。

国际货物买卖合同中的货物检验条款一般包括:检验权的规定、检验或复验的时间与地点、检验机构、检验项目和检验证书等。

# 第二节　违约与索赔

### 一、各国法律对违约的不同解释

1.《联合国国际货物销售合同公约》对违约的解释

《联合国国际货物销售合同公约》从违约的后果和严重程度将违约分为根本违约和非根本违约。根本违约是指,一方当事人违反合同,致使该合同目的不能实现。若一方违反合同构成根本违反合同时,受损害的一方就可以宣告合同无效,同时有权向违约方提出损害赔偿的要求。如违约的情况尚未达到根本违反合同的程度,则受损害方只能要求损害赔偿而不能宣告合同无效。

2. 中国《中华人民共和国民法典》对违约的解释

《中华人民共和国民法典》规定,当事人一方不履行合同义务或者履行合同义务不符合约定的,应当承担继续履行、采取补救措施或者赔偿损失等违约责任。当事人一方不履行合同义务或者履行合同义务不符合约定,造成对方损失的,损失赔偿额应当相当于因违约所造成的损失,包括合同履行后可以获得的利益;但是,不得超过违约一方订立合同时预见到或者应当预见到的因违约可能造成的损失。

3. 英国《货物买卖法》对违约的解释

英国《货物买卖法》将违约分为违反要件( Breach of Condition )和违反担保( Breach of Warranty )。违反要件,指违反合同的核心条款,受害方有权解除合同并要求损害赔偿。违反担保,指违反合同的非核心条款,受害方只有权要求损害赔偿,但不能解除合同。

### 二、索赔和理赔

索赔是指遭受损失的合同一方当事人向违约的另外一方当事人提出损害赔偿的要求。理赔是指违约方或保险公司受理受损方的索赔要求,并进行处理的行为。理赔是索赔的对应过程。买卖双方可通过磋商在合同中对索赔具体规定。

索赔条款一般包括以下几个方面的内容。

### 1. 索赔依据

索赔依据包括法律依据和事实依据。法律依据是指当事人之间签订的合同。合同中未明确的,则用合同适用的法律或国际惯例作解释依据。事实依据是指违约事实的证明。买卖合同中对索赔依据的规定,主要是事实依据方面的,即索赔时要具备的证明文件,以及出具证明文件的机构。如果索赔时证据不全、证据不足或出证机构不符合要求,都可能遭到对方的拒赔。

### 2. 索赔期限

索赔期限是指受损害方向违约方提出索赔的期限。在规定的期限内,受损害方有权向违约方提出索赔;过了规定期限,受损害方就无权向违约方提出索赔。索赔期限的确定有两种方法:约定索赔期和法定索赔期。约定索赔期是指买卖双方在合同中规定的索赔期。索赔期的长短由买卖双方根据买卖货物的性质、运输、检验的繁简等情况通过磋商确定,然后在合同中加以规定。法定索赔期是指合同适用的法律所规定的索赔期。法定索赔期一般比较长。例如,《联合国国际货物销售合同公约》规定,索赔期自买方实际收到货物之日起2年内。我国的《中华人民共和国民法典》则规定,民事案件索赔期自当事人知道或应当知道其权利受到损害以及义务人之日起计算3年内。法定索赔期只有在买卖合同中未规定索赔期时才起作用。在法律上,约定索赔期的长度可以超过法定索赔期。

### 3. 索赔的办法和索赔金额

索赔金额是指受损害方向违约方索取损害赔偿的金额。违约后,确定损害赔偿金额的原则是:赔偿金额应与因违约而遭受的包括利润在内的损失额相等;赔偿金额应以违约方在订立合同时能预料到的合理损失为限;由于受损害一方未采取合理措施使得有可能减轻而未减轻的损失,则在赔偿金额中扣除。

### 4. 国际货物买卖合同中的索赔条款

国际货物买卖合同中的索赔条款主要有异议与索赔条款和罚金条款两种。

异议与索赔条款一般是针对卖方交货质量、数量或包装不符合合同规定而订立的,主要内容包括索赔依据、索赔期限,有的还有处理方法。

罚金条款又称违约金条款,一般适用于卖方延迟交货,或者买方延迟接货或延迟开立信用证等情况,主要内容应包括:如一方未履行或未完全履行合同规定的义务时,违约方应向受损害的一方支付一定数额的金额,以补偿对方的损失。在一般情况下,支付罚金后,并不因此而解除违约方继续履行合同的义务。

不同国家的法律对合同中的罚金条款的解释也不尽相同。有的法律承认并执行罚金条款,如法国、德国等国家;有的法律可能根据合同规定进行,也可能根据受损害方所提供的损失金额另行处理,如英国、美国等国家。对这两种情况的处理,则由法院根据当事人在合同中的表述来确定。根据公平处理的原则,罚金的数额原则上应与实际发生的损失相适应,若罚金的数额过高或过低有失公平的情况下,很多国家的法律都允许当事人请求法院或仲裁机构予以适当减少或增加。

# 第三节　不可抗力

**一、不可抗力的概念**

《中华人民共和国民法典》认为,不可抗力(Force Majeure)是指不能预见、不能避免且不能克服的客观情况。因不可抗力不能履行民事义务的,不承担民事责任。法律另有规定的,依照其规定。根据各国的法律和公约,合同当事人因不可抗力事件不能履行合同或者不能如期履行合同,均可免除全部或部分责任。不可抗力是一项免责条款。

尽管各国法律对不可抗力的解释并不统一,但认为不可抗力事件主要包括以下几个必要条件。

(1)它是在签订合同以后发生的。

(2)它不是由于任何一方当事人的过失或疏忽所造成的。

(3)它的发生及造成的后果是双方当事人无法预见、无法控制、无法避免和不能克服的。

不可抗力的成因有自然原因和社会原因两种。自然原因导致的不可抗力是由于洪水、暴风、干旱、暴风雪、地震等人类无法控制的自然界力量所引起的灾害;社会原因导致的不可抗力是由于战争、罢工、政府禁止有关商品进出口等社会原因引起的无法避免的事故。

要注意商品价格波动、汇率变化等贸易风险不属于不可抗力。

关于上述两种意外事故,国际上的解释不尽一致。对于前者,国际上的解释比较相同,但对于后者,经常存在很大分歧,其原因在于社会现象比较复杂,解释起来有一定难度,再加上有时当事人以不可抗力事件为借口企图免除本应该承担的违约责任,所以当事人在适用不可抗力条款要求免责时,经常因不可抗力事件的含义、免责范围以及通知义务发生纠纷。

**二、不可抗力事件的范围**

合同当事人在签订合同时,要考虑到合同履行可能遇到的情况,针对不可抗力事件范围取得一致意见。但应注意:不能将法律和政策不允许的事项列入不可抗力事件的范围;防止外商利用不可抗力事件范围来推卸责任。

**三、不可抗力的处理**

1. 不可抗力的后果

不可抗力事件所引起的法律后果有两种:一种是免除不履行合同的责任;另一种是免除延迟履行合同的责任,当事人迟延履行后发生不可抗力的,不免除其违约责任。至于在什么情况下可以不履行合同,什么情况下延迟履行合同,则要看事故发生的原因、性质及当事人遭受的影响程度而定,并明确具体地规定出来。

2. 不可抗力事件的通知和证明

按照交易惯例及诚实信用的原则,当发生不可抗力事件影响合同的履行时,当事人必须及时通知对方,对方也应在接到通知后及时答复和提出异议。尽管如此,为了避免纠纷和明确责任,合同当事人还要在合同中规定发生事故的通知期限和方式。在国际贸易中,当一方援引不可抗力事故要求免责时,都必须向对方提交一定机构出具的证明文件,作为不可抗力事故的证据。在国外,一般由当地的商会或合同的公证机构出具。我国是由中国国际贸易促进委员会出具。

### 四、合同中的不可抗力条款

对于不可抗力事件的认定及其解决办法,国际上并无统一的解释。为了避免引起不必要的纠纷,可以事先在合同中拟定不可抗力条款,主要规定不可抗力的范围、通知和解决办法等。

不可抗力时间的范围规定方法主要有以下三种。

(1)概括式:比较笼统,容易产生纠纷。

(2)列举式:非常具体,但仍有可能产生疏漏。

(3)综合式:将概括式与列举式相结合,可以比较全面地规定不可抗力三种方式中的任意一种,对不可抗力的范围做出规定是非常必要的。

不可抗力条件的文字必须明确具体,不能含混不清,过于笼统,否则可能造成解释上的分歧,以致产生纠纷和不必要的损失。

# 第四节　仲裁

在国际贸易过程中发生的争议,如果不能通过双方协商或第三方调解的方式进行,那么只能通过仲裁或诉讼的方式处理。

### 一、仲裁的含义与特点

仲裁是指买卖双方达成协议,自愿把争议交给双方所同意的仲裁机构进行裁决,裁决对双方都有约束力。

仲裁具有程序简单、时间短、费用低等优点,且裁决具有终局性特点,所以一般易于买卖双方所接受。目前,仲裁已成为解决国际贸易争议最重要的方法之一。

### 二、仲裁协议的形式和作用

仲裁协议主要有两种表现形式:一种是合同中的仲裁条款,它是双方当事人在争议发生之前订立的,表示同意把将来可能发生的争议提交仲裁解决的协议,一般包括在合同内,作为合同的一个条款;另一种是争议发生后双方当事人订立的同意将此争议提交仲裁的协议,此项协议是在争议发生后订立的,它是一个独立的法律文件,而不是主合同的一个条款。这两种协议的形式虽然不同,但其法律效力是相同的。

仲裁协议是通过仲裁方式解决国际贸易争议的前提条件。如果没有仲裁协议的存在,便不能发生仲裁。

除了仲裁协议无效或不可执行情形外,仲裁协议排除了法院对有关争议案件的管辖权。仲裁协议订立以后,争议案件基本上只能以仲裁方式解决,不得向法院起诉。如果一方当事人向法院起诉,另一方当事人可根据仲裁协议请求法院不予受理;法院也可以因为当事人双方订有仲裁协议而将案件退交仲裁庭裁决。因此,合同当事人若不愿将争议提交法院审理时,就应在争议发生前订立仲裁条款,以免日后发生争议。

### 三、合同中仲裁条款的主要内容

合同中仲裁条款一般包括仲裁地点、仲裁机构、仲裁程序和仲裁裁决效力四个方面的内容。

1. 仲裁地点

仲裁地点的确定是非常重要的。仲裁地点与仲裁时所适用的程序法,以及合同所适用的实体法有密切的关系。仲裁地点不同,适用的法律可能不同,买卖双方的权利义务解释结果也会有所不同。

仲裁地点一般有三种:规定在我国仲裁;规定在被告所在国仲裁;规定在双方都同意的第三国仲裁。如选择第三种方式,应选择允许受理双方当事人都不是本国公民的争议案的仲裁机构,而且该机构应具备一定的业务能力,处理事务公正。

2. 仲裁机构

合同当事人应就仲裁机构的选择和组成在合同中作出明确具体的规定。

国际贸易仲裁机构一般有如下两种方式。

(1)临时仲裁机构。为了解决某项争议,由双方当事人指定的仲裁员自行组织仲裁庭,争议处理完毕后即行解散。

(2)常设仲裁机构。负责处理仲裁事宜的专门机构。常设仲裁机构主要有国际性或区域性仲裁机构、全国性仲裁机构及附设在特定行业内的专业仲裁机构三种类型。

3. 仲裁程序

仲裁程序主要是指规定进行仲裁的具体步骤手续,包括仲裁的申请、仲裁员的指定、案件的审理、仲裁裁决的作出以及效力等,各国常设的仲裁机构一般都制订自己的仲裁规则,争议提交某一仲裁机构,通常就适用该机构的仲裁规则。

4. 仲裁裁决效力

仲裁效力主要包括仲裁裁决对当事人双方是否具有约束力,是否为终局性裁决,能否向法院起诉要求变更裁决。仲裁裁决是终局的,对双方都有约束力。各国法律一般不允许当事人对仲裁裁决不服提出诉讼。除程序违法外,法院通常不审查裁决结果。若败诉方不执行仲裁结果,仲裁机构不能强制执行,但胜诉方有权向有关法院起诉,请求法院强制执行。

申请仲裁机构仲裁,仲裁机构要收取一定数额的仲裁费用,仲裁费用一般由败诉方承担,也有规定由仲裁庭酌情决定的。

**思考题**

1. 在国际货物买卖合同中,对货物检验的时间和地点有几种规定方法? 哪一种方法容易被买卖双方接受? 为什么?

2. 什么是商品检验权? 各国法律对买方检验权有哪些规定?

3. 试举例说明买卖合同中商品检验条款一般应包括哪些内容?

4. 什么是不可抗力? 不可抗力事件是如何认定的?

5. 不可抗力的后果有哪几种?

6. 简述仲裁协议的形式及作用。

# 第十六章　国际贸易方式

## 学习目标

1. 了解国际贸易的主要方式。
2. 掌握各种贸易方式的内容、运作过程及其适用条件。

国际贸易方式

## 案例导入

### 从11.35亿美元到5.94万亿美元，中国国际经贸地位显著提升

上海洋山港码头，一艘艘满载各国特产的货轮陆续靠岸，进口商品让中国老百姓的衣食住行越来越充盈；新疆霍尔果斯口岸，一列列满载"中国制造"的火车向西驶出，出口商品让各国人民拥有更多高性价比的消费选择……

外贸已经成为拉动中国经济增长的主要动力之一，也深刻影响着世界经济的发展格局。

沿着时间维度，回望历史深处，更能体会到中国外贸发展成就来之不易：1950年，我国进出口总值仅11.35亿美元，80%以上的出口商品是初级产品，国家只能通过粮食出口换取外汇，从国外购买紧缺的工业设备和原料。那时候，中国在国际贸易市场上地位不高、缺乏优势，缺乏话语权。

斗转星移、潮起潮落。历经75年砥砺奋进，中国已成为当之无愧的贸易大国。

数据最能直观地展现今日中国在全球贸易格局中的作用和地位。

贸易体量持续壮大：2023年，我国进出口总额达5.94万亿美元，其中出口额3.38万亿美元，占国际市场份额14.2%，连续15年保持全球第一；进口额2.56万亿美元，占国际市场份额10.6%，连续15年保持全球第二；2024年上半年，我国外贸首次突破21万亿元，规模再创新高；党的十八大以来，我国外贸年均增长近1.6万亿元，相当于一个中等规模国家的年进出口总额。

贸易结构不断优化：大量出口初级产品换取工业品进口的被动局面早已扭转，高技术、高附加值、绿色产品引领全球市场；2023年，"新三样"产品（电动汽车、锂电池、太阳能电池）合计出口1.06万亿元，增长近30%；新业态蓬勃发展，全年跨境电商进出口增长15.6%。

贸易伙伴更加多元：我国与新兴市场的贸易关系越来越紧密，贸易结构越来越均衡。党的十八大以来，我国高标准自贸区网络持续扩大，与自贸伙伴贸易额约占外贸总额的三分之一。2023年，我国对共建"一带一路"国家进出口占比提升至46.6%，对拉美地区、非洲地区进出口分别增长6.8%和7.1%。

2024年9月8日，《外商投资准入特别管理措施（负面清单）（2024年版）》发布，我国制造业领域外资准入限制措施实现"清零"，扩大高水平对外开放又向前迈出重要一步。

党的十八大以来，中国高质量实施《区域全面经济伙伴关系协定》，主动对接《全面与进步跨太平洋伙伴关系协定》等国际高标准经贸规则，持续缩减外资准入负面清单，不断创新外资管理体制,稳步推进自由贸易试验区、海南自由贸易港建设,营商环境越来越稳定、透明、可预期。

面对世界各国加强国际合作的普遍愿望,中国提出共建"一带一路"倡议,用一个个"国家地标""民生工程""合作丰碑",让古老的贸易通道焕发出全新生机与活力。

面对全球企业共享中国市场大机遇的热切期待,中国国际进口博览会为各国企业进入中国庞大市场搭建起桥梁,不断拉近着中国与世界的距离。从历久弥新的百年老店,到搏击潮头的初创公司,从实力雄厚的世界500强,到产品精巧的中小企业,各国参展商竞相在进博会展示企业竞争力,探寻合作可能,让中国市场是"世界的市场、共享的市场、大家的市场"成为国际共识。

一个改革不停顿、开放不止步的中国,正以更加积极、开放、包容的姿态拥抱世界,推动经济全球化健康发展,为国际社会创造更多机遇。

资料来源:《经济日报》

我国的国际贸易在蓬勃发展中衍生出许多新的形式,分类方法多种多样,分类结果不尽相同,而且随着贸易环境的迭代,国际贸易的形式仍在持续更新中。为了认识现有主要国际贸易方式,对国际贸易方式进行了归类,见表16-1。

表16-1 国际贸易方式分类

| 分类方法 | 分类角度 | 贸易方式 | 典型形式 |
|---|---|---|---|
| 按交易主体关系划分 | 直接贸易 | 自由买断 | 逐笔售定/单边出口/单边进口 |
| | | 设立海外子公司和分支机构 | |
| | 间接贸易 | 经销和包销 | |
| | | 代理 | |
| | | 寄售 | |
| 按特定交易方式/场所划分 | 交易所交易 | 期货交易 | |
| | 公开竞买/竞卖 | 拍卖 | 国际商品拍卖 |
| | | 招标和投标 | |
| | 展览会交易 | 国际博览会与展览会 | |
| 按生产要素整合方式划分 | 投资合作 | 合资经营 | |
| | | 股权交易 | |
| | 生产合作 | 加工贸易 | |
| | 资产使用权贸易(服务贸易) | 租赁贸易 | |
| 按价值流动特征划分(对等贸易) | 易货贸易 | | |
| | 互购贸易(平行贸易) | | |
| | 补偿贸易 | | |
| 现代特定商业模式 | 电子商务 | | |
| | 特许经营 | | |

# 第一节　直接贸易

## 一、自由买断

### (一)含义

自由买断,国际贸易方式中最常用也是最普遍的一种贸易方式,又称为逐笔售定方式、单边出口方式或单边进口方式,是指买卖双方可以自由选择、只承担就某项交易达成合同条款所规定的权利和义务,交易完成后双方不再有任何关系。所谓"买断",是指买方同卖方的一次性交易。这种交易完全是由买方向卖方以某种价格买入某种商品,并支付所有价款,而卖方赚取的是买卖差价所形成的利差。

### (二)特点

该方式灵活简便,特别适合中小企业之间的交易,或短期的、一次性的贸易。综合来说,自由买断方式的主要特点有以下几点。

1. 逐笔谈判签约,逐笔完成

逐笔谈判,逐笔签订合同,在合同执行完毕后,双方责任即解除,双方灵活选择自己的客户和买家。

2. 买卖合同是售定关系

买卖双方的合同关系是售定关系。一般买断方式利润较高,但风险较大。一旦签订合同确定价格后,无论市场有无变化,发生任何风险,各方都自负盈亏。

3. 买卖对象是货物,双方不得违约

买卖的对象是货物,双方都要严格按合同规定的条件执行,即卖方必须交货,买方必须付款,否则,都要承担违约的法律后果。如果合同未作规定或者规定不够明确,事后引起纠纷,一般根据国际贸易惯例、有关国家的货物买卖法或者《联合国国际货物销售合同公约》处理。

## 二、设立海外子公司和分支机构

### (一)设立海外子公司

设立海外子公司是指出口商在目标市场按有关规定,注入一定的资本额,设立当地法人公司。海外子公司既可以是独资的,也可以是合资的。

其优点是能享受所在国当地公司的同等地位,容易直接进入目标市场。缺点是要适应所在国的政策、法律制度与社会风俗,并有可能存在资金风险。

### (二)设立海外分支机构

设立海外分支机构是指出口商在国外的目标市场直接设立分支机构,雇用当地人士,为该公司在目标市场进行商业活动。

设立海外分支机构有如下特点。

（1）更直接进入一国市场，通过建立系统的销售网络使得市场更容易控制，利润更丰厚。

（2）更易建立售后服务体系，有利于长期市场服务。

（3）更易直接获取市场信息，以调整市场战略，适应市场需求。

# 第二节　间接贸易

## 一、经销和包销

### （一）含义

经销是指一出口厂商与国外经销商就某一商品的售价、数量、销售地区、期限和其他有关主要事项达成授予经营权协议的一种常用贸易方式。

经销分为一般经销和独立经销两种方式。

（1）一般经销，也称定销，指经销商不享有独家专营权，供货商可在同一时间、同一地区内，确定几个商家经销同类商品。

（2）独立经销，也称包销，指经销商在协议规定的期限和地域内，对指定的商品享有独家专营权的经销方式。也就是说包销者对上述商品具有专营权，出口商在协议规定的时期和区域内，只能向包销者供应指定商品，不得向其他任何客户发盘成交；而包销者在取得专营权后，应保证在规定的时期内购满达成协议的商品数量或金额，并限定在指定地区内销售，且不得采购或经营其他来源的同一商品。

### （二）特点

经销业务中的经销商是买方，供货方是卖方，二者是买卖关系，即货主对货主的关系。在这种关系下，供货人按照协议规定向经销人供应指定的商品，经销人以自己的名义买进商品，自行销售，自负盈亏。如果经销人在协议规定的区域内转售此类商品，也应以自己的名义进行，接受转售商品的客户与国外供货商不构成合同关系。

包销是在出口贸易中比较常见的一种经销方式，它在推动和扩大出口方面能起到一定的积极作用；包销方式可以避免在同一地区内因为经销商过多而导致恶性竞争和由之产生的价格混乱现象，能起到稳定价格和扩大销售市场的作用。

### （三）经销协议和包销协议

经销协议（Distributorship Agreement）是经销商和供货商规定双方的权利和义务、确立双方法律关系的契约。一般来说经销协议主要包括如下内容：①经销商品的范围；②经销数量和金额；③经销的区域；④作价的方法；⑤经销期限和终止；⑥经销商的其他义务，如广告宣传、市场调研和维护供货权益等。除此之外，还应规定不可抗力及仲裁等一般条件，其规定条件与一般买卖条件大致相同。另外，经销协议也有定销和包销两种，具体要求也要视具体情况来定。

包销协议的核心内容是出口商授予包销商对指定商品的专营权，内容虽然各不一样，但基本条款一般包括以下方面。

1. 明确包销双方当事人之间的关系

包销属于买卖关系,明确规定包销商是买方,而不是卖方的代表或代理人,无权以出口商的名义或代表出口商签订合同或治谈业务。

2. 包销商品的范围

协议中必须明确规定商品的品种、规格和范围等。商品的范围应根据市场的需求情况和包销商的经营能力和资信状况确定,不宜过宽。

3. 包销区域限制

这是明确规定适用专营权的地理范围,它可以是一个国家,也可以是一个地区。范围的确定,既要考虑该商品在销售市场的适销范围和包销商的经营能力,也要考虑出口商原有销售渠道的分布情况。

4. 包销期限限制

协议一般都订有包销的有效期限,期限可长可短,按我国外贸公司以往的习惯做法,通常是一年。

5. 包销数量和金额的规定

协议中规定的商品数量或金额指出口商和包销商双方应分别履行销售和承购所做的承诺。包销商品数量或金额的制订应该持客观的态度,过高或者过低都不好。较普遍的做法是确定最低购买额。

6. 其他权利和义务的规定

主要是关于知识产权的保护问题和广告费用问题作出的规定。


## 二、代理

### (一)含义

代理是代理人按照委托人的授权,代表委托人与第三者达成交易并订立合同或办理与交易有关的其他事宜,由委托人负责由此而产生的权利与义务的贸易方式。

### (二)作用

1. 有利于扩大商品的销路

因为中介人比出口商更熟悉当地市场的情况,对商品的分级、包装、销售更能符合当地消费者的消费习惯,而且出口商能很好地利用中介人已有的销售网络。

2. 及时取得相关市场信息

通过中介人能更及时地得到国外商品市场的相关信息,而且信息成本会相对较低。

3. 缓解和冲破当地市场的垄断

国外商品市场如被当地大的贸易商所控制,通过并充分发挥中介人的作用,可缓解这种垄断局面,有利于商品的销售。

4. 充分利用中介人当地的基础设施

出口商可以充分利用中介人在当地的基础设施,如工厂、仓库等,有利于节约成本,还可以实施商品的售后服务。

（三）分类

1. 一般代理

一般代理指代理人不享有专营权利或独家代理的权利,在同一地区、同一时期内委托人可以选定一家或几家作为同一商品的代理人。代理人遵守与委托人已达成的代理协议原则,并按委托人规定的条件与当地的买主洽谈,交易达成后,由委托人与买方直接签订交易合同,代理人则根据事先的协定按商品的成交额收取一定比例的佣金。

2. 独家代理

独家代理指在协议规定的地区和时间内享有指定商品专营权利的代理人。委托人与代理人之间的关系与一般代理相同,仍是委托代销关系,不是买卖关系。委托人在授予代理商专营权后,在该地区内委托人不得另有其他代理人,作为对等条件,委托人可要求独家代理商承担一定的义务,比如在区域内对指定商品进行广告宣传、保护知识产权及承担产品的售后服务等。

3. 总代理

总代理指委托人在指定地区内的全权代表,他具有委托人授予的较为广泛的权限,除了可以代表委托人推销商品、签订合同和处理货物外,还可以代表委托人处理授权的其他业务。

4. 代理合同的主要内容

（1）委托人的主要义务:明确规定佣金的支付、代理人垫付费用的支付等事项。

（2）代理人的主要义务:明确代理人的权利范围;代理人应当向委托人公开一切必要的重要事实;代理人不得受贿或图谋私利、不得泄密,定期向委托人报账等事项。

## 三、寄售

### （一）含义

寄售指出口商先将要销售的商品运至国外销售地,委托事先约定的代销人按照寄售协议规定的条件,在当地市场上代寄售人出售,然后由代销人将扣除各项寄售费用和佣金后的货款汇付给寄售人的一种经营方式。在国际贸易中,寄售也是常用的传统间接贸易方式之一,有利于扩大出口。

### （二）特点

寄售人在商品实际售出和收到货款以前所承担的风险很大,所以,寄售并不对所有的商品和所有客户都能适用。寄售不同于售定方式,售定为直接买卖,而寄售属委托代销,货物所有权未转移。寄售特点有以下几点。

1. 商品运出国外现货出售

须先将待售的商品运至国外,凭实物进行现货买卖,与售定方式那样在货物发运前已有买方,凭成交合同和付款保证再出运货物不同。

2. 寄售人与委托人之间是商业委托关系

寄售人和委托人即代销人之间是一种商业委托关系,代销人根据寄售协议规定的条件代为销售,与寄售人并非买卖关系,因而代销人无须垫付自有资金,不承担任何风险和费用,也不负责交易的盈亏,只收取佣金作为报酬。

3. 属于需看现货才能成交的商品

在国际贸易中,采用寄售方式的一个重要原因是,由于商品本身的特性,买方需看现货才能成交,现买现付,而不像一般商品那样仅凭文字、图片说明或小样就可以成交。因而对买方来说,既可亲眼鉴定货物质量,又无须承担货物在运输途中的各种风险,并可节省资金周转的时间。

4. 商品未出售前所有权始终属于寄售人

凡寄售的商品,在出售交货以前的所有权始终属于寄售人,代销人只是根据寄售的规定代为照管货物。因而在货物出售前的一切费用,包括运费、保险费、进口税、仓储费用等,以及可能发生的意外风险和损失,除了代销人的失责或违反寄售协议的规定外,都由寄售人自行负担。

**(三)寄售贸易方式的基本程序**

1. 寄售人与代销人双方签订寄售协议

寄售协议包括以下内容:货物出售前所有权、风险和费用的划分;寄售商品的名称、寄售区域和寄售价格的确定;佣金和费用的确定;货款及支付等。

2. 寄售人按时出运货物、安排存放和出售

寄售人可以直接运交代销人出售,也可以将货物存入保税仓库或银行仓库,随售随取或者随售随向银行交款提货。如有自由贸易区域或自由港地区,可先将货物运进自由贸易区,在确定卖主后再运往销售地点。

3. 商品出售后进行结账

分为定期和不定期两种。有时寄售人还可事先要求代销人通过银行办理付还货款的担保手续。

# 第三节 特定交易方式或场所的国际贸易

## 一、期货交易

期货交易是一种特殊类型的交易,实际上是期货合同在特定的市场——期货市场的买卖,也称期货交易所内进行。期货交易是相对现货交易而言的,是商品经济的产物。到了20世纪70年代,不仅有商品期货交易,而且出现了金融期货交易,给世界经济和金融市场带来了重大影响。

**(一)含义**

期货交易所包括商品期货交易所和金融期货交易所两种类型,它是交易双方在未来一定时期内打算买进或者卖出某种商品的场所。

期货交易,是通过期货交易所,以公开议价方式确定期货交易者之间的远期交割合同。

每个交易所都各自规定商品的标准,按照严格的程序和规则以及统一的标准合同,直接进行交易。但实际交割的不是商品的实物而是交易所的期货合同。由于这种合同是标准化的,合同中唯一的变量是交割时间和在交易所内产生的期货价格,所以交易者参加期货交易的主要目的是利用期货市场价格的上下波动进行保值或赚取期货合同的买卖差价,从中谋利。另外,参加期货交易的商品是一个广义的概念,它不仅指农产品、矿产品、金属、仪器及黄金等有形的实物商品,也包括外汇、汇率、有价证券等无形的金融资产。因此按其形态特点,期货可分为商品期货和金融期货两大类。

(二)特点

期货交易相对于一般商品交易有着明显的不同,主要表现在以下几个方面。

1. 期货交易必须在期货交易市场内进行

期货交易者一般不允许在场外交易,因为期货交易必须遵循十分严格的交易程序和规则,这些只能由特定的交易所来制订和提供。交易所还可以同时提供为达成交易不可缺少的财务上的担保。

2. 期货交易买卖的是期货合同,不是实物交易

期货交易买卖的是已经标准化了的期货合同,即在期货合同中对某项商品已制订了标准化的数量、品质等级、交割地点、交割时间等条款,而不能随意变动这些规定。

3. 期货交易的商品应具备一定的条件

期货交易的商品应具备以下条件:商品的质量、规格、等级容易划分确定;商品的交易量大,要有足够的供求数量;商品价格取决于市场机制作用,价格上下波动;拥有众多买者和卖者;可保存相当时期并适宜运输等。目前,商品交易所进行的商品范围,包括农副产品,如小麦、玉米、棉花;有色金属,如铜、铝、锌、镍、黄金、白银;金融工具,如利率、外汇汇率、国债等。

4. 期货交易的买卖双方不直接见面,只能通过场内经纪人进行交易

由于大多数国家规定只有正式会员才能进入交易所大厅,所以一切交易必须通过会员或经纪人才能成交,然后由交易所对双方当事人统一结算。

5. 期货交易是保证金交易

保证金通常只是实际商品价值的10%,亦即期货交易者只需付出一笔保证金,就可做成10倍于保证金的期货交易。

6. 期货交易具备明显的"买空卖空"特征

无论是套期保值交易还是投机交易,结算方式更多的是对冲方法,即"平仓",不涉及或极少涉及实际商品的交割。

(三)功能

参加期货交易的目的,除了极少数是为了购销远期实物外,主要有两种:一是转移价格波动风险进行套期保值;二是为了盈利进行投机交易。

1. 套期保值

套期保值又称为对冲交易,指在期货市场买进(或卖出)品种与数量相同,但交易方向相反的商品(或信用工具)期货合同,以期在未来特定时期通过卖出(或买进)期货合同来抵消

因现货市场价格变动所带来的风险。

套期保值主要采用卖期保值和买期保值两种方式。

卖期保值是指在期货市场上首先卖出期货合同,以防止将来卖出现货商品(或信用工具)时因价格下降而遭受的损失。由于从事保值者处于卖方地位,所以称为"卖期保值",又称"空头"套期保值。

买期保值指在期货市场上先买入期货合同,以防止将来购买现货商品(或信用工具)时因价格上涨而带来的成本增加。由于先买入期货合同,所以称为买期保值,又称"多头"套期保值。

2. 投机交易

投机交易是指在期货市场上,以牟取利润为目的而买卖期货合同的行为。其基本原则是低价购进,高价抛出,以获取两次交易的差价。期货市场上主要的投机活动是买空和卖空。

买空又称多头,指投机商在预计价格将上涨时先买进期货合同,使自己处于多头地位,等到价格上涨后再卖出对冲,从中获利。

卖空又称空头,指投机商估计行市看跌,所以先抛出期货合同,使自己处于空头地位,等价格下跌到一定程度再补进对冲,赚取差价。

投机商是根据他们各自对期货市场价格走向进行预测的基础上来决定是买空或卖空的,能否获利主要取决于他们对行情预测的准确程度。

## 二、拍卖

### (一)含义

拍卖指专门从事公开拍卖业务的拍卖行接受货主的委托,在一定的地点和时间,按照一定的章程和规则,以买主公开叫价竞购的方式,将货物卖给出价最高的买主的一种现货交易方式。

拍卖并不适用现代国际贸易中的所有商品,而仅适合传统习惯上运用这一方式的商品,如毛皮、原毛、牲畜、羽毛、烟草、纸张、热带木材、水果、蔬菜、鱼类等。每一种国际拍卖商品都有传统的固定拍卖中心,如水貂皮的主要拍卖中心是纽约、蒙特利尔、伦敦、斯德哥尔摩等城市。羊羔皮的主要拍卖中心是伦敦和彼得堡等城市。

### (二)特点

拍卖与一般国际贸易方式不同,它不是事先通过买卖双方成交后交货,而是与寄售方式一样,事先并未售定,在拍卖现场才确定价格进行现货现卖的一种交易方式。这一方式有下列的特点。

1. 现货买卖

用于拍卖的商品,往往质量、规格、外形或味道等不能凭标准、等级或样品进行交易,买主必须以先验看或品尝作为条件,因而是一种按质论价、先看货后出价的现货交易。除内在隐蔽的质量缺点外,一般在成交后概不接受退货或索赔。

2. 买卖时间短,成交量大

国际商品拍卖通常定期举行,事先组织好各方货源并吸引来自世界各地的买主,买卖时间虽短,但成交量大。

3. 成交必须通过公开竞争

由于参加拍卖的买主众多,每一批商品的成交都须通过公开叫价,买主则竞相抬价争购,其中出价最高者才能购入。货主与拍卖组织是委托代理关系。

### (三)拍卖程序

拍卖一般经过准备、看货、正式拍卖、付款提货四个阶段。

1. 准备阶段

货主将待拍卖商品运到拍卖人指定仓库,由拍卖人挑选、分类、整理编号、刊登广告、印发拍卖目录等。

2. 看货阶段

拍卖是根据现货的状况而成交的一种特殊的贸易经营方式,买主购进商品后除隐蔽的缺点外,是不允许退货也不受理索赔的。所以买主事先必须十分谨慎地查看货样,直至验看仓库中的货物,作为他参与拍卖竞购时开价的依据。

3. 正式拍卖阶段

即在规定的时间和地点,按照拍卖目录规定的次序,逐笔喊价成交。拍卖主持人作为货主的代理人掌握拍卖的进程。货主对货物可以提出保留价,也可以无保留价。

4. 付款提货阶段

拍卖成交后,买主按规定付款和提货。拍卖行收取一定比例的佣金。

### (四)主要形式

1. 增价拍卖

增价拍卖也称买主叫价拍卖,是由拍卖人宣布预定的最低价格,然后由买主竞相加价,直至出价最高时,由拍卖人以击槌动作表示成交。

2. 减价拍卖

这一方式也称为荷兰式拍卖(Dutch Auction),是由拍卖人先开出最高价格,如无人成交,则由拍卖人逐步降低叫价,直到有人愿意接受而达成交易为止。如果有几个人都接受此价,则以最先表示接受者为成交者。

3. 密封式递价拍卖

密封式递价拍卖,也称为招标式拍卖,是由拍卖人先公布每批商品的具体情况和拍卖条件,然后由竞买者在规定时间内将密封标书递交拍卖人,由拍卖人选择出价最高者达成交易。

## 三、招标和投标

国际贸易中的招标与投标,一般在政府机构、大型企业或公用事业单位采购物资设备以及兴建工程项目时所采用。

### (一)含义

招标与投标是一种贸易方式的两个方面,而不是两种贸易方式。

招标是指招标人发出招标通知,说明拟采购的商品名称、规格、数量及交易条件,邀请投标人在规定的时间、地点按照一定的程序进行投标的行为。

投标是指投标人应招标人的邀请,按照招标的要求和条件,在规定的时间内向招标人递价,争取中标的行为。

### (二)特点

招标和投标不经历交易磋商环节,属于竞卖方式,即一个买方对多个卖方,卖方之间的竞争使买方在价格及其他条件上有较多的比较和选择,从而在一定程度上保证了采购商品和工程项目的最佳质量。

### (三)招标方式

1. 国际竞争性招标

它是指招标人邀请几个乃至几十个国内外企业参加竞标,从中选择最优投标人的方式。通常有两种做法。

一种是公开招标(Open Bidding),即招标人通过国内外各种媒体发布招标通告,说明需要采购的商品或者预备兴建工程项目的各种要求和条件、投标截止日期等事项,同时编制招标文件(招标书)供投标人购买或索取。一切愿意参加竞标的国内外企业和组织,都可参加投标,且数量不限。

另一种是选择性招标(Selected Bidding),即只邀请事先选定的厂商参加投标,只对这些为数不多的企业寄发招标通告,也称非公开性招标。由于这一招标方式在进行时投标人之间彼此不通气,无法相互串通报价,可避免招标人或其他投标人的利益受到损害,对未中标投标人的声誉也不至于产生影响。

2. 两段招标(Two-stage Bidding)

两段招标又称两步招标,指在采购某些复杂的货物时,因事先不能准备完整的技术规格采用的两步招标方法。第一步,邀请投标人提出不含报价的技术投标;第二步,邀请投标人提出价格投标。

### (四)招标与投标的基本程序

招标与投标的基本程序包括招标、投标、开标与评标及签订协议等环节。

1. 招标

招标的程序与交易条件因各国的招标法规及其传统习惯的不同而不完全一致。招标主要包括三项基本工作:编制招标单,刊发招标公告,对投标人进行资格预审。

招标单,亦称"标书",其内容一般包括招标要求、合同格式、合同条款、商品说明等。发布招标公告要根据招标的种类选择公开发布还是在一定范围内发布。资格预审主要审核投标人的能力和资信状况,包括企业的财务状况、业务范围、企业的管理能力和技术人员情况等,预审合格方才可以参加投标。

2. 投标

投标前,做好认真研究标书、实地考察项目和编制投标书等准备工作;确定适当的价格,注意价格一旦报出,便不能随意撤销或撤回;提供投标保证金;制作投标文件;正确及时递送投标文件。

3. 开标与评标

开标有公开开标和非公开开标两种方式。招标人按照预先规定的时间和地点,当众拆开密封的投标文件,审核内容,称为公开开标。非公开开标则由招标人自行选定中标人。评标是指招标人在开标后,对各个投标书中的条件进行评审、比较、选择最佳投标人为中标人的过程。

4. 签订协议

招标人选定中标人之后,要向中标人发出中标通知书,中标人就必须依约与招标人签订协议。

## 四、国际博览会与展览会

### (一)含义

国际上目前普遍采用的国际博览会和各种展览会是一种展销结合的贸易经营方式。即一面把各种丰富多彩的产品展出,显示它们的外形、性能、特点和新的技术成就;另一面在现场进行交易,以达到促进贸易和扩大宣传的目的。不同规模的博览会和展览会,其内容有所不同。大型国际博览会邀请众多国家的工商企业参加,展出的产品范围包罗万象。其主要目的是显示各参展国家在科学技术和经济文化等方面的成就和发展水平,虽为促进国际贸易服务,但并不以追求效益作为唯一目的;而且多数展览会的展品各有侧重,一般来说专业性较强,其主要目的则是扩大产品销路和发展贸易关系。

### (二)作用

1. 充分展示产品特性以促进产品销售

参展商在国际博览会与展览会上展出大量实物样品和样机演示,使买家能手感目测这些实物产品,并直接了解其性能和供应情况,促进产品销售。

2. 充分发挥广告宣传的效果

参展方可利用张贴图片、分发产品图册、适当的展位装饰、派发或出售样品等方式广泛宣传自己的产品,扩大品牌知名度。

3. 促进国际技术交流和技术进步

参展的产品,往往是当前世界具有先进水平和竞争优势的样品,这使各国与会人员通过会展平台观摩和交流,比较各国参展商品的加工工艺、产品性能及生产效率等,了解竞争对手的产品特性,促进本国相关产品的质量提高,或新产品的开发。

4. 提高举办会展城市的国际知名度

对举办国际博览会和展览会的城市来说,通过吸引各国工商人士开展国际经贸交流,可以短时间内快速提升举办会展城市的国际知名度。

5. 有利于招商引资,促进对外经济贸易的发展

通过国际博览会和展览会的举办,不仅为本国企业搭建了通向国际市场的桥梁,还能沟通国际市场信息和洽谈贸易,激发外资对本国进行经济交流和投资的兴趣,促进国际经济技术合作。

# 第四节　按生产要素整合方式划分的国际贸易

## 一、合资经营

### (一)定义

合资经营是国际贸易方式中,国外企业为回避关税,降低出口成本,利用和开发全球资源的一种非常重要的贸易方式。它是由两个或两个以上不同国家的法人或个人共同投资、共同经营、共担风险、共享利润的经营方式。

### (二)分类

1. 股份型合资经营

指根据各方当事人之间签订的协议经主管当局批准后成立的独立法律实体。各方以资金或其他协议规定形式的资本作为投资,独立核算、共同经营、共同承担法律责任,并按资本比例共负盈亏。

2. 契约型合资经营

指根据各方当事人之间签订的协约经当局主管部门批准后成立的合作经营关系。与股份型合资经营不同的是,当事人不一定联合组成新的独立法律实体,而是根据协议规定的条件,共同经营,各自承担协议规定的责任和义务,并享受其权利。

### (三)合资经营的原则

(1)经营的产品为当地或附近市场所需。

(2)体现平等互利原则。

(3)产品要有出口竞争能力,并利用国外的销售渠道,参与国际市场竞争。

合资经营不仅涉及合资企业所在国家的法律,同时也涉及参加各方当事人所在国家的法律。所以,外贸企业在采用合资经营形式之前,不仅要考虑到项目的可行性,而且要慎重了解研究国外的法律规章。

## 二、加工贸易

### (一)定义

加工贸易是国际间通常惯用的一种贸易方式,也是一个国家利用国外厂商直接投资的重要形式之一。它指由定作方提供原料,并对成品提出品质、规格、包装的要求,由承揽方提供厂房、设备和劳动力,进行加工生产或装配,并按质按量准时把成品提交给定作方在其他市场上销售,承揽方则按双方的约定收取加工费。

## (二)分类

(1)来料加工指一个国家或地区的厂商承接国外厂商的原材料和包装材料,有时也附带提供专用设备,按照委托方的品质规格、款式、技术和商标等要求进行加工生产,其制成品按规定时间交给委托方。

(2)来件装配贸易。指委托方提供元件、零部件和技术,必要时也附带提供有关专用设备,由承接方根据设计、工艺和技术要求进行装配。

(3)进料加工指从国外自购原料,加工生产出成品再销往国外。由于进口原材料的目的是扶植出口,故又称为"以进养出"。

## (三)特点

(1)加工贸易虽也有进口和出口,但因对方必须是同一个客户,实质上也就是一笔交易的两个侧面,所以只能同时达成协议,否则就无法成交。

(2)承接方除一些辅料和燃料外,不需自备物料。由于代为加工性质,故无须为购置原材料和包装物料而自备资金。

(3)承接方对委托方提供的上述原材料等,只有使用权而无所有权。

(4)和传统贸易方式相比,加工贸易持续的时间一般来说比较长。

## 三、租赁贸易

租赁贸易的基本特征是所有权与使用权的分离,即资产所有人出租它的资产,租用人支付约定的租金,保护并合理使用租用物。国际租赁是近代一种新兴的国际经济合作方式。它是世界各国利用外资、引进设备和推销资本商品的一种方式,在各国的经济生活中正发挥着越来越大的作用。

国际租赁有两种基本方式,即融资性租赁和经营性租赁。

1. 融资性租赁

融资性租赁(Financial Lease)又称为金融性租赁、资本性租赁、完全支付租赁,是国际租赁业务中使用最多和最基本的方式之一。融资性租赁是由承租人自行向制造厂商或其他供货人选定需要的设备,确定其品种、规格等,然后由租赁公司在与承租人签订租赁合同后,向该制造厂商或其他供货人按已确定的条件全款订购。租赁公司全部支付设备价款的行为,等于向承租人提供了100%的长期信贷,所以称为融资性租赁。这种租赁方式以承租人长期租用设备为前提,租用时间与设备寿命基本相同。

2. 经营性租赁

经营性租赁(Operating Lease)又称服务性租赁,也称非完全支付租赁。这一租赁方式,通常适用于一些需要专业技术进行保养和技术更新较快的设备。经营性租赁一般适用于大批通用性的设备,如计算机、电脑、电视机等的短期租赁。

## 四、股权交易

股权交易是新兴的资本交易方式。投资者进入一个国家的市场,急需进行直接投资、建立厂房、购买设备、组织机构等事宜,只需在目标国的股票市场上通过购买企业股票而实现控制某个行业的企业和进入市场的目标。投资者进出市场便捷,节省很多时间成本和谈判成本。

# 第五节　对等贸易

对等贸易(Countertrade),是从传统的易货贸易(Barter Trade)的基础上发展来的,又称为对销贸易、相对贸易或反向贸易。由它派生出好几种贸易方式,如互购贸易和补偿贸易等。

## 一、易货贸易

易货贸易,狭义的定义是传统方式下纯粹的以货换货方式,不用货币支付。其特点是交换商品的价值相等或相近,没有第三者参加的一次性交易。广义的定义即现代的易货贸易,采用比较灵活的结算方式,主要有记账式和对开信用证两种不同的做法。

### 1. 记账易货贸易

它是指一方用一种出口货物交换对方的另一种进口货物,双方都将货值记账,互相抵冲,无须使用现汇支付,货款逐笔平衡。或者在一定时期内平衡,如有逆差,再以现汇或商品支付。采用这种方式,进出口可以同时进行,也可以先后进行,但时间间隔都不长。

### 2. 对开信用证易货贸易

它是指进出口同时成交,金额大致相等,双方均采用信用证方式支付货款,即双方都开立以对方为受益人的信用证,并在信用证中规定,一方开出的信用证要在收到对方开出的信用证时才生效。也可以采用保留押金方式。具体做法是先开出的信用证先生效,但结汇后,银行将款扣下,留作该受益人开回头证时的押金。

## 二、互购贸易

互购贸易(Counterpurchase)又称为平行贸易(Parallel Trade),是最简单、最常用的对销贸易形式。即出口商在商品出口后,同意在规定的时间内,向进口商回购相当于出口销售合同金额的全部或一定比例的产品。这一贸易方式的主要特点如下:

(1)分别签订销售与回购商品的两份合同,一份合同负责出口商品的销售并规定全部用现汇支付;另一份合同规定一个总的购买义务条款,一般不具体规定商品品名,但必须规定开始回购交易的时间。这两份合同由协定统一起来。

(2)每份合同发票上开的应是双方都同意的可兑换货币,分别支付。

(3)两笔交易无须同步进行。

(4)双方互购的商品没有相关联系。

## 三、补偿贸易

补偿贸易(Compensation Trade)是对等贸易的一种衍生贸易方式,是在信贷的基础上,一方进口机器设备或技术,不用现汇支付,而以产品或劳务分期全额或部分偿还价款的一种贸易方式。

### (一)分类

#### 1. 直接补偿

直接补偿,也称返销,即在协议中规定,由设备出口方定期向进口方购买一定数量或金额的,由进口技术、设备生产出来的产品。

#### 2. 间接补偿

即购进设备技术的一方,用与该进口技术设备毫不相干的商品,或称间接产品作为抵偿给供方。

#### 3. 混合抵偿形式

即购进设备技术的一方,其价款的一部分由该设备技术投产后的直接产品抵偿,另一部分则以与该设备无关的间接产品抵偿。这种方式是上述直接补偿和间接补偿两者间的衍生方式。

#### 4. 劳务补偿

这种方式经常出现在与加工装配相结合的业务中,即由一方提供设备的同时,提供原材料,委托对方加工装配,另一方用应收的加工费分期偿还设备款。

### (二)特点

(1)补偿贸易是以进口机器设备和技术生产的产品,作为此项机器设备和技术的本金和利息,因而出口产品的品种基本上是受制约的。

(2)补偿贸易的出口产品偿还期长。

(3)补偿贸易进口的机器设备或器材属于买断性质,一般在交货后产权即属进口方所有。

(4)补偿贸易的设备进口常伴随技术许可(Technology Licensing)。

## 第六节　现代特定商业模式

### 一、电子商务

#### (一)定义

电子商务源于英文 Electronic Commerce,简写为 EC。其内容包含两个方面,一是电子方式,二是商贸活动。电子商务指的是利用简单、快捷、低成本的电子通信方式,买卖双方不见面地进行各种商贸活动。

世界贸易组织认为,电子商务是通过电子方式进行货物和服务的生产、销售、买卖和传递。这一定义奠定了审查与贸易有关的电子商务的基础,也就是继承《关税及贸易总协定》(*General Agreement on Tariffs and Trade*,GATT)的多边贸易体系框架。

### (二)特点

1. 电子商务使国际贸易的交易对象发生了很大变化

在传统的贸易体制下,货物或劳务产品的跨国交易,一般都须通过专业国际贸易公司来完成。在互联网出现以后,跨国贸易不通过贸易公司,就可以将其货物或劳务的交易活动直接在网上实现。电子商务可渗透到几乎所有贸易方式中,如跨境电商平台上的直接销售(B2C/B2B)、在线拍卖、在线招标等。

2. 网络条件下进行国际贸易,可大大提高贸易效率

传统国际贸易中,买卖双方需要大量的单据和凭证的交换,而网络条件下的国际贸易则可以把商务活动集中在网上来进行。这样可以简化交易环节,缩短交易时间,提高文件的传递速度,从而大大提高贸易的效率。

3. 电子商务为国际贸易运行机制带来了创新

电子商务的产生创造了一个以信息交换为媒介的网上虚拟市场,区块链技术进行电子提单、AI智能审单等数字化创新应用,正在推进新的国际贸易运行机制。

## 二、特许经营

### (一)定义

特许经营是指拥有(或享有)某种专利技术与服务的公司给予其他公司特许经营权,允许其他公司以其名义利用其技术、服务与管理等进行经营活动并收取费用的方式。

特许专营权的转让一般包括:专利、商标和专有技术。特许经营权的转让实际上是一揽子协议,也就是说作为转让方几乎把公司的一切(除了公司员工)都转让给了对方。与此相对应的是,受让方除了要对所转让的技术及服务进行保密外,还需要定期或不定期地接受转让方的监督和检查。

### (二)特点

(1)双方可以以较小的投入获得先进的技术,大幅节约了经营成本,增加了利润。

(2)受让方可以学习先进的经营管理方式,提升服务水平;转让方能够拓展业务空间和市场份额,而且转让的商标与经营方式等是对自身很好的宣传,能够扩大影响,增强国际市场竞争力。

(3)缺点是,受让方一般要事先支付一笔使用费,之后按利润提成,很容易与受让方在具体的利益分配问题上发生矛盾;转让方进行管理和监督而具体经营由受让方进行,很容易产生管理上的矛盾。

目前,许多国际大公司在国际贸易与合作中都采用特许经营方式,比如麦当劳公司在中国扩展分店。在这种方式中,资金和经营风险主要由受让方承担,而转让方则承担着品牌形象受损的风险,所以加强生产和服务的监督就显得尤为重要。

## 思考题

1. 什么是自由买断? 它的特点是什么?

2. 什么是期货交易？它的功能是什么？

3. 什么是空头和多头？

4. 拍卖的主要形式是什么？

5. 代理的含义是什么，有哪些分类？

6. 加工贸易有哪些形式？特点是什么？

7. 什么是对等贸易？它有哪几种形式？

8. 试述电子商务与传统国际贸易方式的区别。

# 参 考 文 献

[1]张二震,马野青,戴翔.国际贸易学教程[M].北京:高等教育出版社,2019.

[2]薛荣久.国际贸易:精简本[M].6版.北京:对外经济贸易大学出版社,2016.

[3]吴百福,徐小薇,聂清.进出口贸易实务教程[M].8版.上海:格致出版社,2021.

[4]袁建新.国际贸易实务[M].5版.上海:复旦大学出版社,2020.

[5]叶德万,陈原,李忱,等.国际贸易实务[M].5版.广州:华南理工大学出版社,2022.

[6]王丽萍,李创.国际贸易理论与实务[M].2版.北京:清华大学出版社,2016.

[7]贾金思,郎丽华,姚东旭.国际贸易——理论,政策,实务[M].3版.北京:对外经济贸易大学出版社,2013.

[8]韩长青.新编进出口贸易实务[M].3版.北京:电子工业出版社,2012.